IHNEN, lieber Pfarrer Frey,

wünschen wir einen gesegneten Ruhestand. Heide + Karl Heinz Schmidt

Idstein, 20.9.2009

Hermann Bausinger

SEELSORGER UND LEIBSORGER

Hermann Bausinger

SEELSORGER UND LEIBSORGER

Essays über Hebel, Hauff, Mörike, Vischer und Hansjakob

Klöpfer & Meyer

ISBN 978-3-940086-33-4

Umschlaggestaltung: Christiane Hemmerich Konzeption und Gestaltung, Tübingen.
Herstellung, Gestaltung und Satz: niemeyers satz, Tübingen.
Druck und Einband: Pustet, Regensburg.

Mehr über das Verlagsprogramm von Klöpfer & Meyer finden Sie unter: *www.kloepfer-meyer.de*

INHALT

SEELSORGER UND LEIBSORGER
Seite 7

GEISTREICH UND SACHLUSTIG
Johann Peter Hebel erklärt die Lust am Rauchen
Seite 19

MAGENTROST
Wilhelm Hauff präsentiert einen Meisterkoch
Seite 39

GESPRÄCH UND SELBSTGESPRÄCH
Eduard Mörike schreibt an Freunde
Seite 67

KEINE GETEILTEN MENSCHEN
Friedrich Theodor Vischer
lobt die gymnastischen Künste
Seite 95

NATUR UND POESIE
Heinrich Hansjakob attackiert die Kultur
Seite 119

TEXTNACHWEISE
Seite 135

ABBILDUNGSNACHWEISE
Seite 136

SEELSORGER UND LEIBSORGER

Über das Wort *Seelsorger* stolpert man nicht. Es ist eine etwas ausgeschmückte, aber gängige Bezeichnung für die Geistlichen, die deren wichtigste Aufgabe ja auch recht gut umschreibt – obwohl und weil niemand so genau weiß, was eine Seele ist. Der Begriff *Leibsorger* ist dagegen ungewohnt. Zu den relativ seltenen Belegen gehört das Bekenntnis des badischen Pfarrers Heinrich Hansjakob, er habe sich immer auch als Leibsorger verstanden. Er bezog sich damit auf sein soziales Engagement, sein Eintreten für die armen Leute (das waren die meisten) und sein praktisches Eingreifen in die wirtschaftlichen Bedingungen.

Im Grunde gehörten die beiden Begriffe immer zusammen: Das Seelenheil wurde zwar von der diesseitigen Welt abgerückt; aber das pastorale Wirken konnte die materielle Not und die leibliche Bedürftigkeit der Menschen nicht ignorieren, sondern nahm sie in die Sorge und Fürsorge auf. Für die in unseren Porträtskizzen anvisierte Epoche gilt das in besonderem Maß. Es gab da ja noch keine spezialisierten Behörden, Abteilungen und Sachbearbeiter für alle weltlichen

Probleme, und die Theologen waren, noch vor den Lehrern, die am besten geschulten Personen in einem Dorf oder einer Stadt, sodass ihnen fast automatisch auch Aufgaben zufielen, die mit ihrer religiösen Sendung nur ganz entfernt zusammenhingen. Es ist kein Zufall, dass die Geistlichen einen wesentlichen Beitrag zur Volksaufklärung leisteten; ein großer Teil der belehrenden Schriften, die Ende des 18. und Anfang des 19. Jahrhunderts verbreitet wurden, hatte geistliche Verfasser, und es ging darin durchaus um Ackerbau und Viehfutter, um die Ordnung in Haus und Küche, um gesunde Ernährung und den Schutz vor Krankheiten.

Die Kirchen trauern diesem Zustand manchmal nach und bemühen sich in ihren Bildungs- und Freizeitprogrammen, möglichst viele Lebenszusammenhänge in ihren Kompetenzbereich zu ziehen; in den Angeboten der geistlichen Akademien tauchen Fragen der Ökonomie so gut auf wie Sport und Tanz – aber das wird dann doch eher als Ausgriff empfunden: schließlich gibt es für all diese Bereiche die legitimierten Leibsorger. Es ist auch nicht verwunderlich, dass dieser Begriff zuerst mit einem anderen Metier verbunden war. Vor fast 500 Jahren benützte der Naturforscher Paracelsus den Namen für diejenigen, die sich der ärztlichen Kunst zuwenden wollten; und wenn sich auch die Bezeichnung nicht durchgesetzt hat, so sind doch die Ärzte mehr und mehr die Leibsorger im engeren Sinn geworden.

Friedrich Nietzsche ging sogar von einer totalen Verlagerung aus und wies den Ärzten auch ein großes Stück Seelsorge zu: *Es gibt jetzt keinen Beruf, der eine so hohe Steigerung zuließe, wie der des Arztes; namentlich nachdem die geistlichen Ärzte, die sogenannten Seelsorger, ihre Beschwörungskünste nicht mehr unter öffentlichem Beifalle treiben dürfen und ein Gebildeter ihnen aus dem Wege geht* – die Ärzte sollten neben diagnostischen Fähigkeiten *eine Beredsamkeit haben, die sich jedem Individuum anpasst und ihm das Herz aus dem Leibe zieht,* und er erwartet von ihnen *die Feinheit eines Polizeiagenten und Advokaten, die Geheimnisse einer Seele zu verstehen, ohne sie zu verraten.* Das ist nun freilich, wie oft bei Nietzsche, zugespitzt und in der Realität nicht gedeckt: Zwar kennt man eine Hinwendung zum Psychosomatischen im medizinischen Bereich; aber vermutlich gibt es inzwischen mehr Ärzte, die mit Hilfe aufwendiger Apparaturen Teilgebiete des Körpers kontrollieren, als solche, die sich um die ganze leiblich-seelische Situation ihrer Patienten kümmern können und wollen. Und ein Monopol für Seelsorge haben die Mediziner jedenfalls nicht.

Die wechselseitige Beeinflussung von Leib und Seele ist ein Problem, das weder für Ärzte noch für Theologen reserviert ist. Für diese allerdings handelt es sich um eine besonders spannungsreiche Beziehung. Das zeigen die in den folgenden Essays behandelten Beispiele. Die Literaten, die zu Wort kommen, haben alle fünf ein Theologiestudium durchlaufen und abgeschlossen; dem geistlichen Beruf ein Leben lang treu geblieben sind nur zwei: *Johann Peter Hebel*, der es bis zum evangelischen Prälaten in Karlsruhe brachte, und *Heinrich Hansjakob*, der über 40 Jahre lang katholischer Priester war. *Wilhelm Hauff* trat nach seinem Studium gar nicht richtig in den kirchlichen Dienst; *Friedrich Theodor Vischer* quittierte den Pfarrdienst nach einer kurzen Vikariatszeit; und *Eduard Mörike* wird zwar immer wieder als freundlicher Landpfarrer vor- und dargestellt – mit guten Gründen, da dies seinem ganzen Habitus entsprach, aber er gab, als er noch keine vierzig war, den ungeliebten Pfarrberuf auf. Doch Leibsorger und Seelsorger waren sie alle fünf.

Johann Peter Hebel (1760–1826) war ein Vertreter jener gemäßigten Aufklärung, von der schon die Rede war. Im Bemühen, den Leuten vernünftige Begriffe beizubringen, sah er keinen Gegensatz zu seiner geistlichen Aufgabe, sondern einen wesentlichen Teil davon. Wenn heute von Hebel gesprochen wird, dann meist vom Verfasser der *Alemannischen Gedichte* oder einiger weniger besonders bekannter Erzählungen wie *Kannitverstan* oder die Geschichte vom *unverhofften Wiedersehen*. Aber diese Erzählungen brachte er zum Druck in dem badischen Landkalender, dem er viele Jahre als Autor, Redakteur und Herausgeber diente. Der Kalender sollte unterhaltende Aufklärung vermitteln, und Hebel war ein Meister darin, Belehrungen gefällig zu kostümieren. Er wandte sich gegen den Aberglauben, auch dort, wo sich dieser in einem frommen Habit versteckte, und er lockte die Leser in die Auseinandersetzung, indem er den Ton altkluger Weisungen annahm und so zunächst den Anschein erweckte, er liefere neue magische Rezepte: *Die Leute sollen in zunehmendem Mond nicht mehr essen und trinken und schlafen, allein oder selbander, als ihnen nützlich und gut ist, und im abnehmenden nicht mehr als im zunehmenden, so werden viele gesund bleiben.* So führt er auf vergnügliche Weise dubiose Glaubensvorstellungen ad absurdum, spricht über Mondphasen und Horoskope, Nutztiere und Schädlinge, Essen und Trinken – und immer aus einer vernünftigen Perspektive. Dass diese nicht in allen Fällen der heute gültigen Auffassung entspricht, ist nicht verwunderlich. Das gilt zum Beispiel für seine recht positive Einstellung zum Rauchen, die hier etwas ausführlicher dargestellt wird; sie hinkt der erstaunlich rasch wachsenden Skepsis gegen diese Gewohnheit nach, überbietet aber die neueren Diskussionen darin, dass sie mit großem Einfühlungsvermögen nach Gründen für die Lust am Rauchen sucht. Für Hebel fielen solche Dinge in den Kompetenzbereich der Pfarrer, und zwar nicht etwa, weil er sie krampfhaft in eine religiöse Perspektive rücken wollte, sondern weil er davon ausging, dass die Geistlichen von allen Gebildeten den engsten Kontakt zum Volk haben. Als er, noch ehe er selbst das Kalendergeschäft übernommen hatte, Reformschritte dafür empfahl, schrieb er, dieses Geschäft solle *nicht an viele* übertragen werden, *sondern an einen Bearbeiter, nicht in der Stadt, sondern an einen, der beobachtend mit und unter dem Volk lebt, an einen Landgeistlichen, der Talent, guten Willen und Muße dazu haben kann.* Praktisch bahnte er mit dieser Bemerkung den Weg zu seiner eigenen Belastung, auch wenn er nicht mehr auf dem Land, sondern schon viele Jahre in der Residenzstadt lebte.

Wilhelm Hauff (1802–1827) schwenkte nach seiner Tübinger Schulzeit in den üblichen württembergischen Ausbildungsgang für protestantische Theologen ein, fand sich im *Klosterpferch* des Blaubeurer Seminars aber nur schlecht zurecht und genoss am meisten das freie Leben in der studentischen Verbindung der »Feuerreiter«, in der er unter dem Kneipnamen *Bemperle* und mit dem leicht geschwollenen Zusatz: *der Seelenhirtschaft Anbildling* geführt wurde. Der »Anbildling« wurde aber dann kein Seelenhirte. Eine Pfarrei in der Nördlinger Gegend schlug er aus und übernahm in Stuttgart eine einträgliche Hofmeisterstelle. Nach dem zweiten Examen predigte er als Aushilfe in der Schlosskirche, und er ließ sich von der Kirche auch nur beurlauben; aber inzwischen war seine literarische Produktion schon so ausgedehnt und erfolgreich, dass der Gründung einer Familie nichts im Weg stand und dass er sich weite Reisen und manchen, wenn auch bescheidenen Luxus leisten konnte. Er war bereits ein berühmter und auch umstrittener Autor, als ihn ein schweres »Nervenfieber« außer Gefecht setzte; was sich hinter solchen älteren Diagnosen verbarg, lässt sich kaum rekonstruieren. Er erlebte die Geburt einer Tochter im Krankenbett, etwas mehr als zwei Wochen danach starb er, noch nicht einmal ganz 25-jährig. Schon im dritten Jahr nach seinem Tod erschien eine erste Gesamtausgabe seiner Werke mit 36 Bänden – das bezeugt nicht nur die unbegreifliche Quantität der Produktion weniger Jahre, sondern auch das Ansehen, das Hauff trotz kritischer Einwände genoss. Was in der Kritik immer wieder hervorgehoben wurde, ist sein ausgeprägter Wirklichkeitssinn, der ein Gegengewicht zu gelegentlichen sentimentalen Anflügen bildete und der ihn vor allzu luftigen romantischen Eskapaden bewahrte. Er bewegte sich schwärmerisch in der Natur, und er mengte den landesgeschichtlichen Episoden, die er in seinem Roman *Lichtenstein* schilderte, hemmungslos phantastische Züge bei; aber er war auch darauf bedacht, die Leute in ihren alltäglichen Zuständen und Verrichtungen zu schildern und dabei ihr Aussehen und ihre Gewohnheiten zur Geltung zu bringen. Das gilt paradoxerweise gerade auch für seine Märchen, in die er orientalische Farben mischte, die aber den deutschen und manchmal schwäbischen Grund durchscheinen lassen.

Bei *Eduard Mörike* (1804–1877) ruft das Stichwort

Leibsorger zuerst Assoziationen ab, die mit seinem eigenen körperlichen Befinden zu tun haben. Krank war er oft, und kränklich eigentlich immer; zeitlebens musste er besorgt sein um seine Gesundheit. Mit Anteilnahme und Bedauern liest man von den Schwierigkeiten, denen er seine Poesie – und darunter ja durchaus heitere Gedichte und Geschichten – abtrotzte; aber manchmal wird ihm auch die Rolle des Hypochonders zugewiesen, der sich pausenlos ängstlich selbst beobachtete. Schon in seinen Dreißigern erreichte er eine Art Altersteilzeit und reduzierte seine kirchlichen Pflichten, und mit 39 gelang es ihm, diese Pflichten gänzlich abzuschütteln. Als Folge der Krankheit, die ihn auch tagsüber meist zur Ruhe zwang? Oder unter dem Vorwand der Erkrankung, die seine Versäumnisse entschuldigte? Ein genaues Urteil darüber ist kaum möglich; man ist ja nicht einmal sicher, um welche Krankheit es sich handelte (viel spricht für eine Form der Multiplen Sklerose). Aber in seinen Briefen gibt es Hinweise auf seinen Umgang mit äußeren und inneren Schwierigkeiten, und es fällt auf, wie zurückhaltend, scheu und auch selten er darüber in diesen relativ intimen Zeugnissen spricht. Dagegen erfährt man eine Menge über ganz alltägliche Dinge und über die Art und das Leben seiner Pfarrkinder und Nachbarn. Und man kann verfolgen, wie konsequent Mörike die ausführliche Kommunikation mit seinen Partnern brieflich aufrecht erhielt und wie intensiv er sich das

Befinden seiner Freunde vergegenwärtigte – als Seelsorger und Leibsorger.

Auch *Friedrich Theodor Vischer* (1807–1887), Ludwigsburger wie Mörike, verabschiedete sich früh aus der Karriere eines Geistlichen – allerdings, um mit Energie und Leidenschaft einen neuen Beruf zu ergreifen: den eines Gelehrten, der ihn auf Professuren in Tübingen, Zürich und Stuttgart führte. Vischer notierte einmal: *Ich habe schlechterdings kein theologisches Blut*. Damit zielte er wohl darauf, dass er sich mit den kirchlichen Glaubensvorstellungen nicht wirklich anfreunden konnte. Aber auch er erhielt seine Ausbildung im Seminar (in Blaubeuren und Maulbronn) und im Tübinger Stift, wo er später sogar kurze Zeit als Repetent wirkte, und er hatte vorübergehend eine Vikarsstelle. Wie gut er dabei den Geist und die Atmosphäre eines schwäbischen Pfarrhauses kennen lernte, bewies er Jahrzehnte später in seinem Lustspiel *Nicht I a* – die Klassifizierung bezog sich auf die Examensnote, die der Pfarrherr von seinem Vikar erwartete, die dieser aber nicht erreichte. Vischer schloss sein Studium mit dem theologischen Doktor ab, und er beschäftigte sich auch weiterhin mit theologischen Fragen, aber von einem kritischen Standpunkt. *Seit ich nichts mehr glaube, bin ich erst religiös geworden*, schrieb er. Eine Pfarrstelle lehnte er ab, und in einer ganzen Reihe von Artikeln und Aufsätzen setzte er sich mit der Kirche auseinander. Er wollte sich nicht abfinden mit dem harmlosen Bild Gottes als Person: *hast du ihn gesehen?* fragte er ironisch, und weiter: *Du tust, als hättest mit ihm zu Mittag gegessen.* Und er übte auch Kritik am christlichen Menschenbild, das nach seiner Auffassung die körperliche Seite ignorierte oder verteufelte. Dagegen brachte er, ein wirklicher Leibsorger, die Gymnastik und das Turnen in Stellung, das sich damals, vor allem auch im akademischen Bereich, auszubreiten begann.

Bei *Heinrich Hansjakob* (1837–1916) hat das Wort Seelsorger seinen sichersten Platz. Auch wenn von ihm als Dichter die Rede ist, wird fast immer vom Pfarrer Hansjakob gesprochen. Aus gutem Grund: Fast 15 Jahre hatte er die Pfarrstelle in Hagnau am Bodensee, und beinahe 30 Jahre war er Stadtpfarrer an St. Martin in Freiburg. Seinem ursprünglichen Berufswunsch entsprach das allerdings nicht. Nach dem Studium der Katholischen Theologie und der Priesterweihe legte Hansjakob das philologische Staatsexamen ab, war Lehrpraktikant und wurde danach Schulvorstand der Höheren Bürgerschule in Waldshut. Baden hatte damals eine liberale Regierung, die viel für die Modernisierung des Landes bewirkte, die aber mit den Vertretern der katholischen Kirche keineswegs liberal verfuhr. Als Hansjakob in einer Wahlrede für die neu gegründete Katholische Volkspartei die Regierung angriff, wurde er zu einer Gefängnisstrafe verurteilt und aus dem Schuldienst entfernt – aber von der Kirche aufgefangen. In Waldshut hatte er nebenbei eine Kaplansstelle versehen; jetzt wurde ihm die Pfarrei am See übertragen, zuerst als Pfarrverweser, weil die Regierung die Besetzung einer vollen Pfarrstelle hätte blockieren können. Heinrich Hansjakob blieb ein wehrhafter Verteidiger des christlichen Glaubens, allerdings nicht immer streng im Sinn der vorherrschenden kirchlichen Lehre. Mit seiner Partei, für die er im Landtag saß, geriet er in Konflikt, als er sich der Position der Regierung annäherte, um weitergehende Einschränkungen der Kirche zu verhindern. Ein Mitläufer war er nie, sondern ein eigenwilliger und oft eigensinniger Kopf. Obwohl er mit seinen Schriften großen Erfolg hatte, zog er sich nicht in seine Studierstube zurück; er war ständig auch mit praktischen Problemen befasst und bemüht, auch die materielle Situation seiner Pfarrkinder zu verbessern. Es ist kein Zufall, dass er zur Charakterisierung seiner Arbeit die Bezeichnung *Leibsorger* neben den *Seelsorger* gestellt hat. Er war beides.

Wie auch die andern hier porträtierten Personen. Das Mischungsverhältnis war verschieden. Es gab die Ausdehnung der pastoralen Tätigkeit auf weltliche Verhältnisse aus der Mitte des Glaubens heraus; aber es gab mit dem Blick auf praktische Probleme auch die Distanzierung von der Theologie, entschiedenes Engagement in sozialen Fragen und gleichzeitig die Entfaltung weltlicher Formen der Seelsorge. Die Kombination von Seelsorge und Leibsorge war (und ist) im Grunde unvermeidlich; sie entspricht ja doch dem Wesen des Menschen und dem doppelten Zuschnitt seiner Schwierigkeiten und Möglichkeiten.

GEISTREICH UND SACHLUSTIG

Johann Peter Hebel
erklärt die Lust am Rauchen

In den Debatten um Rauchverbote war viel von Gefährdungen der Gesundheit und auch von der vertrackten Verquickung mit Steuerfragen die Rede, wenig dagegen davon, was Raucher und Raucherinnen zu ihrem fragwürdigen Tun antreibt. Erstaunlich wenig – schließlich geht diese Motivation doch der ganzen Problematik voraus, und die Tabakkonsumenten sind ja nicht angetreten, um systematisch die Volksgesundheit zu ruinieren oder um dem Staat zusätzliche Steuereinnahmen zu verschaffen. Warum also rauchen die Menschen, nicht alle, aber immer noch ziemlich viele?

Eine zwar sicher nicht erschöpfende, aber recht plausible Antwort auf diese Frage findet sich bei einem Autor, mit dem man in diesem Zusammenhang kaum gerechnet hätte: Johann Peter Hebel. Vorweg: Hebel, Gymnasialprofessor und später Prälat in Karlsruhe, hat selbst gern gelegentlich sein Tabakspfeiflein angezündet, und in seinen Erzählungen und Gedichten kommt die Tabakspfeife immer wieder einmal vor; mit Zigarren scheint sich der Dichter nicht angefreundet zu haben, und die Zigaretten kamen bei uns bekanntlich erst in der zweiten Hälfte des 19. Jahrhunderts auf. Die Pfeife dagegen ist bei Hebel geradezu ein Symbol für Zufriedenheit und Gemütlichkeit. In einer seiner Geschichten stopft sich der Offizier, der aus dem Urlaub zurück fährt, ein Pfeifchen Tabak; desgleichen der junge Bursche, der sich in der Kutsche mitnehmen lässt. Ein Mann, der in Ungarn aus einem regelrechten Winterschlaf erwacht, greift zuerst nach seiner Tasche, *ob er ein Pfeiflein Tabak rauchen könne*, und einer erzählt, er sei *von der Insel Capri aus eine halbe Stunde weit durch das Mittelländische Meer gegangen*, habe dabei mit der linken Hand *die Pfeife gehalten, und mit der rechten ein wenig gerudert.*

Die Tabakspfeife findet also auch in Lügengeschichten ihren Platz, und vor allem ist sie ein wichtiges Requisit, manchmal sogar der eigentliche Gegenstand in den alemannischen Dialektgedichten. Da ist ein Biedermann, *e Biderma*, der *zündet s Pfifli a*, und gewiss nicht nur des Reimes wegen. Da ist der *Ätti*, der Großvater, der um Rücksicht auf den einschlafenden Säugling gebeten wird, weil das Tabakschneiden zu viel Lärm macht, der aber dann ungestört rauchen darf – offenbar sah man darin kein Problem für das kleine Kind. In einer langen gereimten Epistel wendet sich der Autor an den Vogt, um sich über einen Mann zu beschweren, der ihm schon viele Wochen seine Meerschaumpfeife, die er reinigen sollte, nicht zurückbringt. Das Gedicht *Der zufriedene Landmann* setzt gleich mit dem Griff nach dem Rauchtabak ein; und der Tabak wandert auch in Thema und Titel eines Gedichts: *Der allezeit vergnügte Tabakraucher* erlebt die vier Jahreszeiten intensiv in ihrem Wechsel, aber die bleibende Erfahrung ist, dass das Pfeiflein so gut schmeckt.

Doch die Pfeife gehört für Hebel nicht nur zum Repertoire seiner poetischen Genrebilder, er fragt auch ganz sachlich nach den Gründen für die Beliebtheit dieses Instruments. *Vom Tabakrauchen* ist seine kleine Betrachtung überschrieben, und sie macht schon in den ersten Sätzen deutlich, wie merkwürdig diese Gewohnheit ist, welche die meisten Menschen eben *als Gewohnheit* betrachten, ohne nach den Hintergründen zu fragen: *Es ist eine eigene Sache um das Tabakrauchen. Tausende rauchen und wissen nicht warum – müssen rauchen und wissen nicht warum.* Unser Alltag setzt sich über weite Strecken aus unerklärten Gewohnheiten zusammen; die Gewöhnung verdrängt gewissermaßen die Frage nach Erklärungen. Das ist eine vernünftige Einrichtung, eine Entlastung – kaum auszudenken, wie banale Verrichtungen und Gegebenheiten funktionieren sollten, wenn vor jeder Handlung Rechenschaft über die Gründe gesucht werden müsste. Aber es gibt Gewohnheiten, bei denen man sich mit diesem Automatismus nicht zufrieden geben sollte, und das Rauchen gehört für Hebel dazu. Ihm drängt sich die Frage auf, *was der Sinn des Geschmackes Angenehmes dabei empfinde, wie ihm der stinkende Rauch dieses Krautes Bedürfnis sei;* und er konstatiert: *Es scheint unbegreiflich, wie jemand hat mögen anfangen Tabak zum Vergnügen zu rauchen.*

Zweifellos haben die Produzenten inzwischen einiges getan, um den stinkenden Rauch weg zu parfümieren; aber eine gewisse Paradoxie liegt noch immer im Vergnügen am Rauchen, sodass Hebels Frage nicht passé ist: *Was hat die seltsame Gewohnheit Angenehmes? Worin besteht das Vergnügen davon?* Hebels Antwort lautet in aller Kürze: *Positiv in nichts.* Aber da hat er dem »Nichts« bereits eine so schlüssige Struktur und so viel Farbe gegeben, dass Nichtraucher bekehrt werden könnten oder sich zumindest fragen müssen, ob sie nicht in der Apparatur ihrer Sinnlichkeit ernsthaft beeinträchtigt sind. Hebel geht davon aus, dass die menschlichen Sinne ständig einen Zustand der Aktivierung, der Beschäftigung suchen. Solange der Mensch wacht, ist das Auge *unaufhörlich beschäftigt*, und die Inaktivierung wird als Belastung empfunden: *Wie langweilig und lästig ist uns gänzliche Finsternis!* Für das Ohr leuchtet diese Einschätzung nicht sofort ein – schließlich meldet sich in unseren lärmenden Zeiten oft genug das Bedürfnis nach Stille. Aber nicht nach totaler Stille, hätte Hebel eingewendet; er malt mit hübschen Beobachtungen aus, wie auch das Ohr ruhelos aktiv ist: *Ein unaufhörliches Geräusch gibt ihm den ganzen Tag über Beschäftigung, sei es auch nur unser eigener Fußtritt, unsers Atmens Rauschen (…). Unwillkürlich klimpern wir eher mit den Fingern, rauschen mit einem Papierchen, schleppen, wo wir einsam gehen, den Stock auf dem Boden nach, damit er rassele, oder schwingen ihn einmal in der Luft herum, dass er sause, sprechen ein paar laute Worte, tun einen einem lauten Seufzer ähnlichen Atemzug, singen oder pfeifen, wecken irgendeinen Schall in der Luft und fühlen ein dunkles Wohlbehagen dabei.*

Auch für den Tastsinn (Hebel nennt ihn *Gefühl*) und den Geruchssinn werden Beispiele angeführt, die das ständige Aktivieren und damit etwas wie Funktionslust belegen; aber der Geschmackssinn, *an einer zurückgezogenen, verborgenen, eingeschlossenen Stelle des Körpers angebracht,* ist oft zur Untätigkeit verdammt, *wenn die andern Sinne alle etwas zu tun und zu spielen haben.* Und an dieser Stelle nimmt Hebel die Kurve zum Rauchen: *Aber wie der Mensch dem Ohr durch selbst geweckte Töne, dem Gefühl durch Druck und Reiben, dem Geruch durch Blumen und Lavendelwasser zu Hilfe zu kommen weiß, so fand er auch etwas für den Geschmack. Ob die Natur den Kopf dazu nickte oder schüttelte, ist hier einerlei …*

Was der Mensch gefunden hat, beschreibt Hebel mit einem Seitenblick auf die Möglichkeiten der anderen Sinne: *Wir können, ohne es zu wissen, stundenlang den Rauch einsaugen und ausblasen, wie wir, ohne es zu wissen, stundenlang eine Wand, eine Tür, einen Tisch im Auge haben, das ferne Rauschen des Wassers oder der Fußtritte auf der benachbarten Straße usw. hören, den Druck übereinandergelegter Glieder oder sanft gebissener Lippen usw. fühlen. Aber wenn wir's eine*

Zeitlang entbehren, so wird uns die Leere des Gefühls so lästig als lange Finsternis und öde Stille. Und es besteht nicht nur eine Parallele zu den anderen Sinnesempfindungen, sondern diese sind beim Rauchen auch einbezogen – *der Geruch durch das, was von dem Rauch der Nase zuteil wird; das Auge durch die in tausenderlei Gestalt schwimmenden und wirbelnden und zerfließenden Wölkchen; selbst, wiewohl sehr schwach, das Ohr durch jene wiederholte Aufschnellung der Lippen und das Gefühl durch das Herumfahren der Pfeife in Hand und Mund.*

Die Analyse ist sicher ergänzungsbedürftig. Sie ignoriert, dass die Karriere der Raucher meist als Initiationsritual beginnt, als Schritt zum Erwachsenwerden, und dass auch danach soziale Anpassungszwänge im Spiel sind. Und sie ignoriert andererseits auch eine physiologische Dimension der Konditionierung, der raschen Gewöhnung, die ja die Grenze zur Sucht überschreiten kann. Trotzdem – Hebels Text sagt eine Menge aus zur Psychologie des Rauchens.

Aber sagt diese Skizze auch etwas aus über Johann Peter Hebel? Er hat in der literarischen Tradition seinen Platz als Dichter liebenswürdiger Idyllen und als begnadeter Erzähler; Ernst Bloch wird immer wieder zitiert mit seiner Einschätzung, Hebels »*Unverhofftes Wiedersehen*« rühme man nicht zu viel, *wenn man es die schönste Geschichte von der Welt nennt.* Setzt man so die Akzente, dann wäre Hebels Tabaks-Essay eine

Trouvaille, ein unverhoffter Fund, der gerade dadurch Interesse hervorruft, dass er, ganz an der Peripherie des literarischen Werks angesiedelt, eine Kuriosität darstellt. Löst man sich aber von den (wohlverstanden: legitimen) literarhistorischen Hierarchisierungen und versucht Hebel mit all seinen Schriften in seine Zeit zu stellen, dann kehrt sich das Verhältnis beinahe um. Nach den 1803 veröffentlichten alemannischen Gedichten konzentrierte sich Hebels literarische Tätigkeit fast ausschließlich auf Beiträge für den badischen Landkalender, der ihm so am Herzen lag, dass er sich sogar zur Übernahme der Redaktion überreden ließ. Für die jährlich erscheinenden Kalender schrieb er all seine schönen Geschichten; einen Teil fasste er später in der Sammlung »*Schatzkästlein des rheinischen Hausfreundes*« zusammen. Aber er schrieb für die Kalender auch kurze geschichtliche Darstellungen, Beschreibungen von Naturphänomenen und andere wissenschaftliche Abhandlungen, philosophische Betrachtungen und kurze Belehrungen zum richtigen Sprachgebrauch, Anekdoten und Sprichworterläuterungen, Rechenexempel und andere Denksportaufgaben. Ein buntes Potpourri also, das aber bei aller Vielfalt der Gegenstände nicht diffus wirkt, weil es ein Kompendium praktischer Aufklärung darstellt.

Hebel war ein Aufklärer. Wer diese Zuordnung bei einem Theologen vornimmt, gerät in ein Spannungsfeld. Aber es ist zu bedenken, dass damals fast das ganze Bildungswesen mitbestimmt war von Theologen, die auch alle höheren Positionen in den Schulen besetzt hielten – auch der Theologe Hebel hatte während der Jahre seines Engagements für den Kalender sein Hauptamt am Karlsruher Gymnasium als Professor und später als Direktor. Und was die praktizierenden Pfarrer anlangt, so waren sie dem Alltag und den Alltagssorgen der einfachen Menschen am nächsten, und daraus ergab sich nicht nur eine geistliche, sondern auch eine geistige Fürsorgepflicht. Der geistliche Hintergrund neutralisierte zwar manche Intentionen der Aufklärung, aber er bot andererseits einen Schutz dagegen, dass alles Dunkle und Unverständliche im Leben der Menschen auf Banalitäten herunterdividiert wurde – zu den »Plattisten«, wie die flachen Aufklärer manchmal genannt wurden, gehörte Hebel ganz sicher nicht. Doch die Bemühung, möglichst vielen Menschen richtige Anschauungen und vernünftige Begriffe beizubringen, bestimmt Hebels literarische Arbeit und hält ihn trotz manchen Schwierigkeiten am Kalender fest. In der Einleitung zu einer kleinen Erzählung sagt Hebel von sich: *was er in gelehrte Bücher hineinstiftet, lesen nicht viel Leute, am wenigsten die Gelehrten selber,* der Kalender aber habe *nach den neuesten Zählungen 700 000 Leser.* Bezieht man diesen Wert auf die Zahl der Menschen, die im Verbreitungsgebiet des Kalenders lebten, so kann man durchaus noch Abstriche machen und landet doch bei einer

Relation, die alle Bestsellerbefunde von heute hinter sich lässt.

Das war freilich nicht von Anfang an so. Im Winter 1805/06 registrierte man bei der badischen Regierung besorgt, dass die Nachfrage nach dem *Curfürstlich badischen Landkalender* immer schwächer wurde. Man gründete eine Kommission, die sich Gedanken über die Gründe machen sollte. Ihr gehörte Hebel an, und er verfasste zwei ausführliche Stellungnahmen zu Aufbau und Inhalt des Kalenders und machte darin Vorschläge *für eine vorteilhaftere Einrichtung* desselben. Er ging ins Detail, sprach von der Einführung eines attraktiven Namens als Lockspeise, regte die Verwendung größerer Lettern und rotfarbiger Bilder an. Vor allem aber sollte es künftig nur *einen* Bearbeiter geben. Hebel brachte sich damit nicht dezidiert selbst ins Spiel; er wünschte sich *einen, der beobachtend mit und unter dem Volk lebt, einen Landgeistlichen.* Aber die meisten Charakterisierungen treffen sehr genau auf ihn selbst zu, und er dürfte wenigstens mit dem Gedanken der Übernahme gespielt haben, als er am Ende des zweiten Gutachtens formulierte, man möge die Bearbeitung *gegen ein erkleckliches und aufmunterndes Honorarium einem geistreichen und sachlustigen Mann* übergeben.

Hebel war geistreich, und er war sachlustig. Dieses Wort findet sich in keinem Lexikon, nicht einmal im Grimmschen Wörterbuch – vielleicht hat es Hebel erfunden und es ist nur dieses eine Mal gebraucht worden. Dabei trifft es präzise die unentbehrliche journalistische Tugend, mit Neugier und Interesse möglichst viel von der bunten Vielfalt der Dinge und Ereignisse in unserer Welt zu begreifen. Es dauerte noch einige Jahre, bis Hebel die Redaktion übernahm und unter dem Namen »*Rheinländischer Hausfreund*« vier Jahrgänge des Kalenders betreute. Den ersten Jahrgang eröffnete er mit *Allgemeinen Betrachtungen über das Weltgebäude*, in denen er astronomische Erkenntnisse vermittelte, und bald folgten Artikel über die Unterscheidung nützlicher von giftigen Schlangen, über Spinnen, Eidechsen und fliegende Fische, über die Besonderheiten von Pflanzen und ihre Gefährdung durch Schädlinge wie die Prozessionsraupen, über ferne Länder und historische Ereignisse.

Das Wörtchen sachlustig zielt an sich nicht auf Komik – so wenig wie streitlustig oder spottlustig. Es will besagen, dass die Sachen wichtig genommen werden und dass man aufgeschlossen damit umgeht. Aber ein wenig gleitet die Bedeutung doch ins Feld des Vergnüglichen hinüber. Jedenfalls betont Hebel in seinen Gutachten: *Die Absicht, zu belehren und zu nützen, sollte nicht voranstehen, sondern hinter dem studio placendi (Eifer zu gefallen) maskiert und desto sicherer erreicht werden.* Und im Blick auf historische Artikel schreibt er, diese *müssten viel zweckmäßiger gewählt, populärer, sinniger, reiner und unter einer lustigen Außenseite lehrreicher bearbeitet werden* – eine Forderung, die er selbst meisterlich erfüllte: Viele seiner Abhandlungen und Erzählungen sind lustig, ohne aber die sachliche Richtigkeit preiszugeben.

Hebel betont diesen indirekten Weg, weil er sich über die Schwierigkeit und auch die Grenzen aufklärender Belehrung im klaren ist. Auch *über die Frage, wie dem Gebrauch anstößiger Volkslieder am sichersten vorzubeugen sein möchte,* schrieb Hebel ein Gutachten, aus dem deutlich wird, wie skeptisch er die pädagogischen Chancen beurteilte. Das Angebot *besserer Lieder* allein wird nach seiner Auffassung *sittenwidrige Lieder* nicht verdrängen – diese seien nicht deshalb im Schwang, weil keine edleren verfügbar sind, sondern weil sie dem *Charakter und Geschmack des Volks* entsprechen, sodass bestenfalls hier anzusetzen wäre. Hebel hängt aber das ganze Problem auch tiefer, indem er beispielsweise darauf hinweist, dass die Texte für die Singenden gar nicht so wichtig sind: *Sie wollen bei dem Gesang nichts denken und nichts fühlen, nur einen Text haben für die Töne.*

Eine Abwertung der bildungsfernen Schichten war für Hebel damit nicht verbunden. In einem Schreiben ans badische Innenministerium sagte er vom *gemeinen Mann*, er sei *in seiner Art ebenso neugierig als der Gebildete* – eben deshalb bemühte er sich um vernünftige Vermittlungswege. Seine nüchterne Einschätzung der Wirklichkeit kam ihm dabei zu Hilfe; sie hielt ihn fern von falschen Anbiederungen. Was aber gewiss zum Erfolg seiner Schriften beitrug, war die Tatsache, dass sein Realismus gepaart war mit einer optimistischen Sicht auf die Möglichkeiten, sodass der hoffnungsvolle Grundton auch in der Schilderung von Zeitereignissen jener von Krieg und Not bestimmten Epoche nicht ganz verloren ging. Anflügen von Katastrophenstimmung stellt sich Hebel entgegen. In konkreten Zusammenhängen – so etwa, wenn er den warmen Winter 1806/07 zum Anlass nimmt, aus alten Chroniken vergleichbare Extreme anzuführen, und am Ende urteilt: *Es ist besser, wenn am St. Stephanstag die Bäume treiben, als wenn am St. Johannistag Eiszapfen daran hängen.* Oder auch in allgemeiner Form. Ausgehend von den Vergleichen, welche die Leute gerne mit den früher angeblich besseren Zeiten anstellen, nimmt er sich einmal die genauen Erträge und Preise vergangener Epochen vor und kommt zu dem Schluss: *Also sind die Zeiten seit sechshundert Jahren trotz Pest und Kriegen und Revolutionen und Pariser Kaiserregierung im ganzen immer ein wenig besser worden.*

Die freundliche Schilderung von Lebensformen und Lebenswelten seiner Zeit führt leicht dazu, dass der konservative Zug, den es in Hebels Denken und Handeln zweifellos gab, überschätzt wird. Auch wo ihm sentimentale Anhänglichkeit an die verlorene ländliche Kindheit die Feder führt, fehlen im allgemeinen Attacken gegen Neuerungen; und ausdrücklich sucht und fordert er eine Balance zwischen Treue zum Alten und Offenheit gegenüber Neuem. Zu Versuchen, Verbesserungen in Ackerbau oder Viehzucht einzuführen, sagen nach Hebels Beobachtung die meisten: *Wir wollen bei der Weise unserer Väter bleiben, und wie sie's getrieben haben, so treiben wir's auch.* Hebel stimmt dem zu – aber er leitet daraus keinen Stillstand ab: *unsere Väter und Voreltern haben lange und vielerlei versucht und guten Rat nicht verachtet. Manches ist misslungen; manches ist wohlgeraten und besser worden, und so können wir auch noch in Zukunft weiterkommen und unsern Ackerbau und Wohlstand verbessern, wenn wir nur Wort halten und dem Beispiel unserer lernbegierigen und fleißigen Vorfahren folgen.*

Hebel, den man oft dem vermeintlich unveränderlichen Jahrtausendrhythmus des Bäuerlichen zuwies und den man manchmal zum altväterischen Verteidiger von Idyllen stilisierte, sah die Vielfalt der Lebensformen, und er respektierte das Veränderungspotenzial, das in dieser Vielfalt lag und liegt. Seine ironische und selbstironische Offenheit gegenüber Menschen, Dingen und Ereignissen wird gerade dort am deutlichsten, wo andere die Tür schließen und ihre Zuhörer oder Leser auf Dogmen verpflichten: im Moralisieren. Dass Poesie ganz in den Dienst der Moral gestellt wird, galt Jahrhunderte lang für große Teile der Literatur und war vom Publikum akzeptiert und sogar gewünscht, hat aber in der jüngeren Zeit an Kredit verloren:

So fühlt man Absicht, und man ist verstimmt, heißt es in Goethes »Tasso«, und es ist kein Zufall, dass dies zum geflügelten Wort geworden ist. Bei Hebel aber merkt man die Absicht, und man ist keineswegs verstimmt. Warum?

Es muss an der Art liegen, wie er Moral predigt. Bei näherem Zusehen kann man feststellen, dass er das Metier des poetischen Moralisierens erst allmählich gelernt und dann verfeinert hat. In einem seiner ersten Kalenderbeiträge erzählt er von dem undankbaren Sohn, der seinem alten Vater im Armenspital nicht einmal zwei Decken gönnt, aber erfahren muss, dass er von seinem eigenen Sohn auch keine andere Behandlung zu erwarten hat. *Was lernen wir daraus?* fragt Hebel am Ende, und dann bezieht er die Geschichte pauschal auf das Bibelwort *»Ehre Vater und Mutter, auf dass es Dir wohlgehe!«* Zehn Jahre später – er ist inzwischen Herausgeber des Landkalenders geworden und kommt so als *»Hausfreund«* in fast jede Stube vom südlichen Schwarzwald bis ins Karlsruher Unterland und darüber hinaus – destilliert er nur noch selten kompakte Gebrauchsanweisungen aus seinen Geschichten. Da erzählt er beispielsweise von einem streitlustigen Ehepaar, dessen Wortwechsel oft in Handgreiflichkeiten überging, dem aber der Pfarrer zu helfen wusste: Er gab der Frau *geweihtes Wasser*, das in Wirklichkeit mit Rosenöl versetztes Quellwasser war, und forderte sie auf, davon ein Schlückchen zu nehmen und im Mund zu behalten, sobald sich ein Streit anbahne. *Die Frau befolgte den Rat; das geweihte Wasser bewährte seine Kraft, und die Nachbarsleute sagen oft zusammen: ›Unsere Nachbarn sind ganz anders worden. Man hört nichts mehr.‹* Und dann macht Hebel einen Gedankenstrich, hebt gewissermaßen den Zeigefinger, schreibt aber nur ein einziges Wörtlein: *Merke* und schließt mit einem Ausrufezeichen. Merke – das ist die herkömmliche Einleitung des moralischen Beschlusses; aber der bleibt aus, oder vielmehr: er wird nicht vorgekaut, sondern der Leser muss sich selber fragen, was an der Geschichte im eigentlichen Wortsinn merk-würdig ist, und der Weg zu eigenen moralischen Überlegungen wird nicht abgeschnitten, etwa zu der, dass ja wohl auch der Mann ein wenig geweihtes Wasser hätte vertragen können.

Der Hausfreund denkt etwas dabei, aber er sagt's nicht, heißt es am Ende einer weiteren Geschichte. Aber auch wo der Hausfreund etwas sagt, spricht er keine Verpflichtung aus, sondern macht ein Angebot. Von der naiven Geradlinigkeit vieler Aufklärungspädagogen, für die sich Tugend immer klar erkennbar präsentierte und für die Glück eine notwendige Folge der Tugend war, entfernt sich Hebel; er schlägt Haken, und er erlaubt sich und der Leserschaft spielerische Um- und Abwege. Er lässt seine Leser nicht im Zweifel darüber, dass er die Fäden seiner Geschichten in der Hand hält – unabhängig davon, ob es sich um eine wahre Begebenheit oder um eine erfundene Szene handelt. Eine seiner Erzählungen, die von den *drei Dieben*, leitet Hebel mit dem Satz ein: *Der geneigte Leser wird ermahnt, nicht alles für wahr zu halten, was in dieser Erzählung vorkommt.* Es geht ihm also nicht um objektive Richtigkeit; der Autor ist in der Lage und berechtigt, unabhängig von ihr die Weichen zu stellen. In einer Geschichte aus dem Dreißigjährigen Krieg kommt ein Mann nach vielen Jahren bei der Armee zu seinem alten Meister zurück und vermacht ihm sein ganzes Erbe. *Der Meister aber*, schreibt Hebel, *rührte das Geld nicht an, sondern stiftete es für die Armen.* Und dann relativiert er diese Feststellung und gibt ihr eben dadurch noch mehr Gewicht:

Merke: Der Hausfreund kann letzteres nicht für gewiss sagen. Aber er denkt so: War der Jobbi ein guter Knecht, so war der Meister ein guter Mensch. Fromme Herrschaft zieht gutes Gesinde (...). Ist also der Wirt ein so räsonabler Mann gewesen, hat er auch das Geld den Armen geschenkt.

Wenn es ihm angebracht scheint, tritt Hebel mitten in einer Geschichte aus dem Gang der Handlung heraus und wendet sich an die Leser. Ein »fechtender«, also um Unterstützung bittender Handwerksbursche kommt zu einer allein lebenden kranken Witwe und verlässt, ohne bemerkt worden zu sein, leise wieder das Zimmer. Hebel weiß, was seine Leser jetzt erwarten, und deshalb fügt er eine Warnung ein: *Lieber Leser, denke nicht, der hat's lassen drauf ankommen, ob jemand in der Stube ist, hat seinen Zehrpfennig selber wollen nehmen: Sonst musst du dich schämen und in deinem Heruzen einem edlen Menschen Abbitte tun* – der Handwerksbursche kommt nämlich nach fünf Stunden wieder und versorgt die Frau mit dem Nötigsten. In einer anderen Geschichte aus dem Krieg wird ein Amtmann als Spion verdächtigt, und es droht ihm der Strick. Als sich alle Verdachtsmomente gegen ihn kehren, beruhigt Hebel seine Leser: *Dem Hausfreund ist's aber bei dieser Geschichte nicht halb so angst als dem geneigten Leser; denn ohne seinen Willen kann der Amtmann nicht sterben* – und er muss auch nicht sterben, weil der über ihn zu Gericht sitzende Hauptmann in ihm seinen Retter entdeckt, der ihn drei Tage vor den Franzosen versteckt hatte. Am Ende sitzen sie beide bei einer Mahlzeit am Familientisch des Hauptmanns, – *und der Hausfreund tut auch einen Freudentrunk, dass er wieder ein Exempel der Gerechtigkeit statuiert hat.*

Der Autor nimmt den Leser freundlich an der Hand, ohne ihn zu gängeln – dies gilt, wenn Hebel beispielsweise in der bekannten Geschichte »*Kannitverstan*« zeigt, dass auch ein Missverständnis seine guten Seiten haben kann; es gilt aber auch für Belehrungen wie die kleine Studie zum Tabakrauchen. Die Erzählungen und die belehrenden Sachartikel, die ja auch in bunter Mischung im Kalender erschienen, gehören zusammen. Hebel zieht seine Leser hinein in spannendes Geschehen wie in interessante Sachzusammenhänge, mit dem ausdrücklichen oder stillschweigenden Appell, aus dem Erzählten und Beschriebenen zu lernen, aber ohne dogmatische Enge. Merke!

MAGENTROST

Wilhelm Hauff
präsentiert einen Meisterkoch

Unter den seltsamen Gewohnheiten des Fernsehpublikums ist vielleicht die merkwürdigste, dass Leute stundenlang verfolgen, wie auf dem Bildschirm delikate Speisen zubereitet werden – Speisen, die von den Moderatoren oder den Köchen selbst überschwänglich gerühmt werden und deren Exzellenz auch durch die verzückten Mienen der Gäste im Studio vermittelt wird, an denen sich aber die Zuschauer höchstens satt *sehen* können. Das reicht offensichtlich aus, um solche Sendungen zu einem Format zu machen, das man in allen Sendern verfolgen kann, und es wäre nicht verwunderlich, wenn es bald einen Kanal gäbe, in dem rund um die Uhr neue Kreationen in und aus der Küche und märchenhafte Mahlzeiten gezeigt werden.

Märchenhaft? Wer in den bekannten Märchensammlungen nach einem noblen Speiseangebot und festlich gedeckten Tafeln sucht, wird eher enttäuscht. Es gibt das Tischlein-deck-dich, das keine Wünsche offen lässt, aber das ist die Ausnahme, und es wird auch kaum ausgemalt, was auf dem Tischchen steht. *Ein silberner Teller stand da, silberne Messer und Gabeln lagen dabei, vorn ein Kristallglas mit rotem Wein gefüllt, und rund herum die schönsten Schüsseln voll Essen* – so steht es in der ursprünglichen Fassung der *Kinder- und Haus-*

märchen der Brüder Grimm. In ihrer Bearbeitung lassen sie *Schüsseln mit Gesottenem und Gebratenem* auffahren; aber eine genauere Speisekarte legen sie nicht vor, und sie lassen auch das Silber verschwinden und reden nur noch von *Messer und Gabel.* Schon das war ja zu ihrer Zeit nicht in allen bäuerlichen Haushalten selbstverständlich; im Gegensatz zum Messer fand die Gabel erst spät und zunächst überwiegend in adeligen Häusern Verbreitung.

Die zurückhaltende Schilderung – und in vielen Fällen die Nicht-Schilderung – von Speisen erklärt sich aus der Situation der Menschen, die Märchen erzählten. Sie lebten in bescheidenen Verhältnissen und oft genug in Not; das Glücksversprechen der Märchen erfüllte sich schon in der Linderung dieser Not und brauchte keine detaillierte Auflistung von Reichtümern. Es gibt dafür ein anrührendes Zeugnis aus dem Lager Theresienstadt; dort schrieb ein hungerndes junges Mädchen ein Märchen in zwei Sätzen nieder: *Es war einmal ein König und der hatte Hunger. Er ging zum Schalter und sagte: Zweimal.* Das ist der phantasierte Ausbruch aus einer Extremsituation; aber früher waren auch die normaleren Bedingungen so, dass schon die Überwindung des Hungers ein positives Signal war. Das Schicksal von Hänsel und Gretel ist im Blick auf die arme Holzhackerfamilie nicht realitätsfremd, und wo die Beiden im tiefen Wald mit einer irrealen Situation konfrontiert sind, erhalten sie *gutes Essen* wie *Milch und Pfann-*

kuchen mit Zucker, keine raffiniert ausgesuchten und zubereiteten Speisen.

Auch dort, wo ein gewisser Wohlstand herrschte, überließen sich die Märchenerzähler nicht leicht dem lockeren Phantasiespiel um üppiges Essen und maßloses Trinken, sondern stimmten die Zuhörenden – und entsprechend auch die Leserinnen und Leser – auf maßvolle Zufriedenheit ein. Die Geschichte vom *süßen Brei* endet zwar nicht mit der Katastrophe, stellt aber jedenfalls den Überfluss als gefährlich dar, und das *Schlaraffenland,* in der Sammlung der Brüder Grimm ein Land, in dem es verrückt zugeht, ist meistens mehr Warn- als Wunschgeschichte: Wer darauf wartet, dass ihm gebratene Tauben ins Maul fliegen, bringt es zu nichts. Goethe hat in diesem Sinn Brei und Schlaraffen zusammengebracht:

Die Welt ist nicht aus Brei und Mus geschaffen,
Deswegen haltet euch nicht wie Schlaraffen …

Es wäre allerdings ein Irrtum, wenn man annähme, im Märchen seien edle Speisen grundsätzlich ausgeschlossen. Der Italiener Giambattista Basile beispielsweise, der im 17. Jahrhundert eine der frühesten Märchendichtungen publizierte, gefiel sich nicht nur in rauschenden Wortkaskaden, sondern auch in der bunten Ausmalung seiner Szenerien – und dazu gehörten auch ausgewählte Mahlzeiten. Der König lässt für die Schwester seiner Braut *Knoblauchtunke, Senfsoße,*

Pfefferpaste und tausend andere Gaumenkitzler auffahren, um den Appetit anzuregen, und als statt dessen der Wunsch nach etwas Süßem kommt, *flogen schon die Karamellen wie Flocken vom Himmel, und da ergoss sich eine Flut von Mandeltörtchen und Honiggebäck, und dann gab es einen Bergrutsch von Nougatwürfeln, und bei strahlendem Wetter regnete es Puderzucker.* Und in einer anderen Geschichte betört das Mädchen Marchetta mit einem *Göttermahl* eine Menschenfresserin so sehr, dass diese bereit ist, der Köchin alles zu geben.

Auch in den Erzählungen des Parisers Charles Perrault und in anderen französischen Feenmärchen werden den Märchenfiguren und damit den Lesern kostbare Speisen aufgetischt. Der Verdacht drängt sich auf, dass die asketischere Fassung der Märchen teutonischen Skrupeln zu verdanken ist. Schließlich gehen in Deutschland die Bedeutungsfelder von *Gourmand* und *Gourmet* ineinander über; der Gastronomiepapst Siebeck urteilt zynisch, die Deutschen seien von ihrer *Plumpsküche* nicht weg gekommen; und tatsächlich zählen hier große Portionen oft mehr als feine Küche. Ganz lässt sich der Verdacht nicht entkräften; aber man sollte wohl nicht bei der Gegenüberstellung von Nationalcharakteren stehen bleiben. Die angeführten Beispiele führen in ein anderes Milieu als die in der romantischen Epoche gesammelten deutschen Märchen; die italienischen und französischen Literaten bewegten sich in Adels- und Patrizierkreisen und schrieben zum Amüsement eines vornehmen und gebildeten Publikums, und vielleicht ist die Gattung des Märchens ja insgesamt dem Bereich zuzuordnen, den man etwas herablassend mit dem Etikett *gesunkenes Kulturgut* versehen hat.

Jedenfalls gibt es zumindest einen deutschen Märchendichter, der gutes Essen nicht nur pauschal benennt, sondern sich ausdrücklich auf die Zubereitung, den Geschmack und die Verfeinerung von Speisen einlässt: *Wilhelm Hauff*, der mit seinem *Zwerg Nase* einen höchst merkwürdigen Meisterkoch präsentiert. Die Voraussetzungen für seine literarische Arbeit sind andere als die der Brüder Grimm. Sie fühlen sich der Tradition verpflichtet, und sie suchen ihre poetischen Ambitionen mit ihrem wissenschaftlichen Interesse in Einklang zu bringen; sie pochen auf die *Märchentreue*, auch wenn sie die von ihnen gesammelten Geschichten bearbeiten. Jacob Grimm hat dieses Verfahren mit einem Vergleich beschrieben und verteidigt: Wenn man ein Ei ausschlage, bleibe zwar Eiweiß an der Schale kleben, aber den Dotter könne man erhalten. Hauff dagegen hatte keine Vorlagen, keinen Dotter, den er schonen musste. Er hielt sich zwar an die Grundstruktur des Märchens, die über allerlei Zwischenfälle und Prüfungen auf ein glückliches Ende zuführt, und er orientierte sich auch an einzelnen Motiven des traditionellen Märchenguts, aber er hatte die Freiheit, eigene

Geschichten auszudenken und der Phantasie ihren Lauf zu lassen.

Wilhelm Hauff brachte die Märchen in einem *Märchenalmanach* heraus, der dreimal, von 1826 bis 1828, als eine Art Jahrbuch erschien. Zum ersten steuerte er eine Vorrede bei, in der sich das personifizierte Märchen bei der *Königin Phantasie* darüber beklagt, dass ihm *kalte Blicke* begegnen und dass ihm selbst die Kinder *altklug den Rücken zu* wenden. Die Menschen hätten *kluge Wächter aufgestellt*, die alles aus dem Reich der Phantasie *mit scharfem Blicke mustern und prüfen*. Das war nun freilich eine etwas überholte Feststellung, denn längst hatten die Romantiker – auch die romantischen Märchendichter – gegen die *Plattisten* Front gemacht, die Flachheiten und Auswüchse der Aufklärung verworfen und die Leserinnen und Leser an ein freieres Spiel der Gedanken und Emotionen gewöhnt. Entsprechend freundlich war denn auch die Aufnahme der Hauffschen Erzählungen, von denen einige auch heute noch lebendig sind: die Geschichten von *Kalif Storch* und vom *kleinen Muck*, *Das Wirtshaus im Spessart* und *Das kalte Herz*, und eben die Erzählung *Der Zwerg Nase.*

Sie beginnt mit einer Alltagsszene aus einer deutschen Stadt. Ein armer Schuster ist auf den Zusatzverdienst seiner Frau angewiesen, die auf dem Markt selbst gezogenes Gemüse anbietet: *sie hatte vor sich einige Körbe mit Kohl und anderm Gemüse, allerlei*

Kräuter und Sämereien, auch in einem kleineren Körbchen frühe Birnen, Äpfel und Aprikosen. Ihr Sohn, *der kleine Jakob*, ruft die Ware aus, und *ein altes Weib* kommt auf die Gemüsehändlerin zu. Hauff schildert sie: *sie sah etwas zerrissen und zerlumpt aus, hatte ein kleines, spitziges Gesicht, vom Alter ganz eingefurcht, rote Augen und eine spitzige, gebogene Nase, die gegen das Kinn hinabstrebte; sie ging an einem langen Stock, und doch konnte man nicht sagen, wie sie ging; denn sie hinkte und rutschte und wankte*. Ohne dass dieser Name fällt, wird deutlich, dass es sich um eine Hexe handelt, jedenfalls um eine Frau, die Böses im Schilde führt. Fürs erste lebt sie ihre Bosheit ganz ohne übersinnliche Qualitäten aus; sie betatscht die Kräuter und riecht an ihnen, nimmt die Kohlhäupter, drückt sie zusammen und wirft alles zurück in den Korb: *Schlechtes Zeug, schlechtes Kraut* ... Die Schustersfrau, ängstlich und vorsichtig, sagt nichts, aber der kleine Jakob muckt auf: *Höre, du bist ein unverschämtes altes Weib, ... erst fährst du mit deinen garstigen braunen Fingern in die schönen Kräuter hinein und drückst sie zusammen, dann hältst du sie an deine lange Nase, dass sie niemand mehr kaufen mag, wer zugesehen, und jetzt schimpfst du noch unsere Ware schlechtes Zeug, und doch kauft selbst der Koch des Herzogs alles bei uns!* Für die fremde Frau (die Händlerin hat sie noch nie auf dem Markt gesehen) ist das nur die Aufforderung, erneut den Kohl zu drücken, was wiederum Jakob zu einer direkten Beschimpfung ihrer Gestalt verführt: *Wackle nur nicht so garstig mit dem Kopf hin und her, … dein Hals ist ja so dünne wie ein Kohlstengel, der könnte leicht abbrechen, und dann fiele dein Kopf hinein in den Korb …*

Diese Eingangsszene übersteigt noch nicht die Realität; aber das Aussehen der Alten öffnet schon die Tür zur Märchenwirklichkeit, und die mutige Äußerung des Kindes lässt als Entgegnung eine Strafe erwarten, wie sie nicht in den Gesetzbüchern steht. Tatsächlich kündigt die alte Frau dem Jungen nicht nur an, dass er auch eine Nase haben solle *mitten im Gesicht bis übers Kinn herab*, sondern auch, dass er gar keinen Hals haben solle und dass sein Kopf *in den Schultern stecken* muss. Sie kauft sechs Kohlhäupter, verlangt aber, dass der kleine Jakob diese zu ihr nach Hause bringt. Der folgt widerwillig und traurig und kommt mit der Alten in ein Zauberhaus voller Überraschungen:

Das Innere des Hauses war prachtvoll ausgeschmückt, von Marmor waren die Decke und die Wände, die Gerätschaften vom schönsten Ebenholz, mit Gold und geschliffenen Steinen eingelegt, der Boden aber war von Glas und so glatt, dass der Kleine einige Mal ausgleitete und umfiel. Die Alte aber zog ein silbernes Pfeifchen aus der Tasche und pfiff eine Weise darauf, die gellend durch das Haus tönte. Da kamen sogleich einige Meerschweinchen die Treppe herab; dem Jakob wollte es aber ganz sonderbar dünken, dass sie aufrecht auf zwei Beinen gingen, Nussschalen statt Schuhen an den Pfoten trugen, menschliche Kleider angelegt und sogar Hüte nach der neuesten Mode auf die Köpfe gesetzt hatten. »Wo habt ihr meine Pantoffel, schlechtes Gesindel?« rief die Alte und schlug mit dem Stock nach ihnen, dass sie jammernd in die Höhe sprangen; »wie lange soll ich noch so dastehen?« Sie sprangen schnell die Treppe hinauf und kamen wieder mit ein paar Schalen von Kokosnuss, mit Leder gefüttert, welche sie der Alten geschickt an die Füße steckten.

Das hört und sieht sich noch ganz putzig an; aber dann stellt sich heraus, dass der Kleine keine Kohlköpfe, sondern Menschenköpfe getragen hat; er ist *vor Schrecken außer sich*, aber er schweigt, weil er an seine Mutter denkt, deren Geschäft am Ende wäre, wenn irgend jemand von den Menschenköpfen erführe. Die Alte verspricht dem Kind einen *Lohn* für seinen Botendienst; aber die folgenden Worte machen klar, dass dies ironisch gemeint ist: *gedulde dich nur ein Weilchen, will dir ein Süppchen einbrocken, an das du dein Leben lang denken wirst.* Sie pfeift wieder, und Jakob befindet sich vollends in einer phantastischen Welt:

Da kamen zuerst viele Meerschweinchen in menschlichen Kleidern; sie hatten Küchenschürzen umgebunden und im Gürtel Rührlöffel und Tranchiermesser; nach diesen kam eine Menge Eichhörnchen hereingehüpft; sie hatten weite türkische Beinkleider an, gingen aufrecht, und auf dem Kopf trugen sie grüne Mützchen von Samt. Diese schienen die Küchenjungen zu sein, denn sie kletterten mit großer Geschwindigkeit an den Wänden hinauf und brachten Pfannen und Schüsseln, Eier und Butter, Kräuter und Mehl herab und trugen es auf den Herd; dort aber fuhr die alte Frau auf ihren Pantoffeln von Kokosschalen beständig hin und her, und der Kleine sah, dass sie es sich recht angelegen sein lasse, ihm etwas Gutes zu kochen. Jetzt knisterte das Feuer höher empor, jetzt rauchte und sott es in der Pfanne, ein angenehmer Geruch verbreitete sich im Zimmer; die Alte aber rannte auf und ab, die Eichhörnchen und Meerschweinchen ihr nach, und so oft sie am Herde vorbeikam, guckte sie mit ihrer langen Nase in den Topf. Endlich fing es an zu sprudeln und zu zischen, Dampf stieg aus dem Topf hervor, und der Schaum floss herab ins Feuer. Da nahm sie ihn weg, goss davon in eine silberne Schale und setzte sie dem kleinen Jakob vor.

Die Alte kündigt in Worten, die der Kleine nicht recht versteht, die Wirkung an: *iss nur dieses Süppchen, dann hast du alles, was dir an mir so gefallen!* – und sie stellt ihm auch in Aussicht, dass er *ein geschickter Koch* werde. Es ist eine festliche Mahlzeit. *Der Duft von feinen Kräutern und Gewürzen stieg aus der Suppe auf, dabei war sie süß und säuerlich zugleich und sehr stark*; und die Meerschweinchen zünden *arabischen Weihrauch* an, der den Kleinen schließlich betäubt. *Sonderbare Träume kamen über ihn*; aber was er zu träumen glaubt, geschieht wirklich mit ihm – *wirklich* nach dem Maßstab des Märchens. Er wird in ein Eichhörnchen verwandelt und tritt in die Dienste der alten Frau, zuerst als Schuhputzer, dann musste er *Sonnenstäubchen fangen*, aus denen Brot für die zahnlose Alte bereitet wurde; der nächste Job bestand in der Aufgabe, mit Haselnussschalen Tau aus den Rosen zu schöpfen als Trinkwasser; darauf folgte als Innendienst die Säuberung der Glasböden. Dann, es war schon im vierten Jahr, *ward er endlich zur Küche versetzt*, wo er vom Küchenjungen aufsteigt *zum ersten Pastetenmacher* und *die schwierigsten Sachen* meistert: *Pasteten von zweihunderterlei Essenzen, Kräutersuppen, von allen Kräutlein der Erde zusammengesetzt, alles lernte er, alles verstand er schnell und kräftig zu machen.*

Eines Tages sucht er bei der Zubereitung einer Hühnersuppe Kräuter zusammen und findet *ein Kräutlein von ganz besonderer Gestalt und Farbe*, das den gleichen Geruch ausströmt wie das geheimnisvolle Süppchen der Alten. Der Geruch ist so stark, dass er niesen muss und schließlich niesend erwacht. Er findet sich auf dem Sofa der alten Frau, auf dem er eingeschlafen war, rafft sich auf, registriert gewisse Schwierigkeiten, als er *den Kopf nicht recht hin und her bewegen* kann und als er mit seiner Nase immer wieder irgendwo anstößt – aber er glaubt nur geträumt zu haben und macht sich schnell auf den Weg zu seiner Mutter. Unterwegs hört er die Leute rufen: *Ei, sehet den hässlichen Zwerg!*

und muss seine Neugier bezähmen, denn er hat Riesen, Zwerge und überhaupt absonderliche Gestalten immer gern gesehen. Der Gedanke, dass er selbst der hässliche Zwerg ist, liegt ihm fern und gewinnt auch dann noch keine klare Kontur, als die Mutter ihn abweist und dabei mit den Beschimpfungen durch andere Marktweiber unterstützt wird. Der Vater in seiner Werkstatt spricht ihn zunächst höflich als *kleiner Herr* an, erzählt ihm, dass sein Sohn vor sieben Jahren mit einer alten Frau – *es könne wohl die Fee Kräuterweis gewesen sein* – verschwunden sei, erkennt ihn aber nicht und macht ihm den vielleicht gut gemeinten, aber zynisch wirkenden Vorschlag, für seine lange Nase ein Futteral *von rosenfarbigem Glanzleder* zu machen. Das zwingt den Kleinen vollends zur schmerzlichen Selbsterkenntnis. Er bittet den benachbarten Barbier, in den Spiegel schauen zu dürfen, und der begleitet die Erlaubnis mit einem ironischen Kompliment: *Ihr seid ein hübsches Bürschchen, schlank und fein, ein Hälschen wie ein Schwan, Händchen wie eine Königin, und ein Stumpfnäschen, man kann es nicht schöner sehen.* Der Blick in den Spiegel macht Jakob endgültig deutlich, was mit ihm passiert ist: *Seine Augen waren klein geworden, wie die der Schweine, seine Nase war ungeheuer und hing über Mund und Kinn herunter, der Hals schien gänzlich weggenommen worden zu sein; denn sein Kopf stak tief in den Schultern, und nur mit den größten Schmerzen konnte er ihn bewegen.* Er ist zwar gewachsen seit seinem zwölften Lebensjahr, aber nur in die Breite: er war *zum missgestalteten Zwerg* geworden. Dass seine Eltern ihn abgewiesen hatten, verstand er nun – übrigens im Gegensatz zu einigen Märcheninterpreten, die Hauff unterstellen, er habe vor allem deren Herzlosigkeit anprangern wollen.

Richtig ist allerdings, dass die Eltern auch den zweiten Annäherungsversuch nicht akzeptieren; sie können den Bericht Jakobs nicht glauben, und der Vater prügelt ihn aus seiner Werkstatt. Jakob ist allein auf sich gestellt. Er fühlt, dass die Alte zwar seinen Körper verändern, aber *seinem Geist nichts anhaben* konnte; das Ansinnen des Frisörs, vor dessen Geschäft die Leute anzulocken, lehnt er ab und wagt den Weg zum Herzog – der *war ein bekannter Schlemmer und Lecker, der eine gute Tafel liebte und feine Köche in allen Weltteilen aufsuchte.* Im Palast wird der Zwerg von den Bediensteten verspottet, schließlich aber doch zum *Oberküchenmeister* geführt, der ihn erst auslacht – *Meinst du, unsere Herde seien so niedrig, dass du nur auf einen hinaufschauen kannst, wenn du dich auch auf die Zehen stellst und den Kopf recht aus den Schultern herausarbeitest?* –, dann aber *um des Spaßes willen* doch den Versuch macht, Jakob einzustellen. Der Herr hat zum Frühstück *die dänische Suppe geruht zu befehlen und rote Hamburger Klößchen.* Der Küchenchef gibt den Wunsch weiter an den Zwerg, überzeugt, dass dieser das geheime Rezept nicht kennt. Der aber *hatte diese Speisen als Eichhörnchen oft gemacht*; er fordert laut die Zutaten zur Suppe und fügt dann leiser hinzu: *zu den Klößchen brauche ich viererlei Fleisch, etwas Wein, Entenschmalz, Ingwer und ein gewisses Kraut, das man Magentrost heißt*. Das bringt den Frühstückskoch zu dem Ausruf: *Ha! Bei St. Benedikt! Bei welchem Zauberer hast du gelernt?* und er muss zugeben, dass er vom Kräutlein Magentrost selbst nichts wusste. Der Oberküchenmeister lässt mit zusammengesetzten Stühlen einen Zugang zum Herd für den Kleinen schaffen, der bereitet alles zu, setzt die Töpfe aufs Feuer, zählt bis 500, dann werden die Töpfe abgesetzt, und Jakob lädt *den Küchenmeister ein, zu kosten.*

Der Mundkoch ließ sich von einem Küchenjungen einen goldenen Löffel reichen, spülte ihn im Bach (der floss mitten durch die Küche und diente auch als *Fischbehälter*) *und überreichte ihn dem Oberküchenmeister. Dieser trat mit feierlicher Miene an den Herd, nahm von den Speisen, kostete, drückte die Augen zu, schnalzte vor Vergnügen mit der Zunge und sprach dann: Köstlich, bei des Herzogs Leben, köstlich!* Das Frühstück wird dem Herzog gebracht, der alles aufisst und nach dem Koch fragt. Der Zwerg wird zum Herzog geführt, der ihm den Namen *Nase* zuteilt und ihn zum *Unterküchenmeister* ernennt. Er macht seine Sache so gut, dass der Herzog, der früher oft *die Schüsseln und Platten, die man ihm auftrug,* zornig den Köchen an den Kopf warf, wie umgewandelt war. *Der Herr aß jetzt statt dreimal des Tages fünfmal, um sich an der Kunst seines kleinen Dieners recht zu laben, und dennoch verzog er nie eine Miene zum Unmut. Nein, er fand alles neu, trefflich, war leutselig und angenehm und wurde von Tag zu Tag fetter.* Der Ruhm des neuen Kochs bleibt nicht auf den Hof beschränkt: *Der Zwerg war das Wunder der Stadt.* Die Vornehmen durften ihn kochen sehen und ihre Diener zum Unterricht zu ihm schicken.

Er hatte seine Eltern nicht vergessen; der Gedanke an sie betrübte ihn – aber er war jetzt in einer anderen Stadt. Er ließ es sich nicht nehmen, *immer selbst auf den Markt* zu gehen, *um Geflügel und Früchte einzukaufen* – und erneut erlebt er ein kleines Wunder: Eine von drei Gänsen, die er im Käfig vom Markt trägt, schnattert nicht wie die andern; er hält sie für *halb krank* und will sie schnell zurichten; aber sie fängt an zu sprechen, verrät ihren Namen *Mimi* (womit Hauff wahrscheinlich auf den kitschig-sentimentalen Erfolgsroman »*Mimili*« anspielte) und berichtet, dass sie die von einer Fee verwünschte Tochter eines Zauberers auf der Insel Gotland ist. Sie kennt sich aus mit Kräutern und stellt ihm in Aussicht, dass er rückverwandelt werden könne, wenn er die Pflanze finde, mit der das verhängnisvolle Süppchen gewürzt war. Aber zunächst spitzt sich die Situation wieder zu, und es wird eng für Zwerg Nase.

Der Herzog erwartet den Besuch eines befreundeten

Fürsten aus der Nachbarschaft, und er fordert von seinem kleinen Koch die äußerste Anstrengung: *Und wenn du Gold und Diamanten in Schmalz backen musst, so tu es! Ich will lieber ein armer Mann werden, als erröten vor ihm.* Zwerg Nase nimmt den Auftrag ernst; *man sah ihn den ganzen Tag in eine Wolke von Rauch und Feuer eingehüllt, und seine Stimme hallte beständig durch das Gewölbe der Küche.* Das Ergebnis seiner Kochkünste bleibt Wilhelm Hauff schuldig und verweist eben dadurch auf den Reichtum und die Vielfalt der Speisen, deren Schilderung einfach zu aufwändig wäre: *Ich könnte es machen wie die Kameltreiber von Aleppo, wenn sie in ihren Geschichten, die sie den Reisenden erzählen, die Menschen herrlich speisen lassen. Sie führen eine ganze Stunde lang alle die Gerichte an, die aufgetragen worden sind, und erwecken dadurch große Sehnsucht und noch größeren Hunger in ihren Zuhörern, so dass diese unwillkürlich die Vorräte öffnen und eine Mahlzeit halten und den Kameltreibern reichlich mitteilen.* Aber Hauff ist kein Kameltreiber – *doch ich nicht also,* fügt er an und konzentriert sich auf wenige besondere Speisewünsche des Gastes, die den Zwerg in Schwierigkeiten bringen.

Der Fürst lobt die Qualität und die Variationsfreude seines Angebots, vermisst aber *die Königin der Speisen, die Pastete Souzeraine.* Zwerg Nase redet sich heraus, dass er diese für das Abschiedsessen des Fürsten aufgespart habe – tatsächlich aber wusste er nicht, *wie er die*

Pastete machen sollte. Aber die Gans Mimi, mit der er sich über all seine Nöte unterhält, weiß ungefähr das Rezept und vertraut darauf, dass die Herren *keinen so feinen Geschmack haben*, irgendwelche fehlenden Substanzen zu bemerken. Doch das erweist sich als Irrtum; der Herzog schaut zwar überwältigt zur Decke, nachdem er den ersten Biss getan hat, aber der Fürst bemerkt lakonisch, die Pastete sei *recht artig gemacht – aber die Souzeraine ist es denn doch nicht ganz.* Das wirft seinen Gastgeber, den Herzog, zurück in seine jähzornige Pose; er droht dem Zwerg den Tod an, und weil dieser ängstlich nachfragt, was denn in der Pastete fehlt, belehrt ihn der fremde Fürst, es fehle *ein Kräutlein, das man hier gar nicht kennt, das Kraut Niesmitlust,* ohne das *die Pastete ohne Würze* bleibe. Wieder muss Mimi den Zwerg trösten: sie kenne alle Kräuter, auch das Kraut Niesmitlust, und es sei gerade Neumond, da komme es zur Blüte.

Zwerg Nase hat Hausarrest, aber den Zugang zum Garten erlaubt ihm der Türhüter. Er trägt die Gans mit sich, und als er sie absetzt, strebt sie dem See zu, wo sie unter einem alten Baum stehen bleibt, mit den Flügeln schlägt, etwas abpflückt und mit dem Schnabel überreicht: *Das ist das Kräutlein, und hier wächst eine Menge davon, so dass es dir nie daran fehlen kann.* Zwerg Nase riecht daran; der Geruch und die Farben erinnern ihn: *ich glaube, es ist dasselbe Kraut, das mich aus einem Eichhörnchen in diese schändliche Gestalt umwandelte.* Gemeinsam gehen sie zurück, schnüren seine Habseligkeiten und Ersparnisse zusammen – dann steckt der Zwerg seine Nase in die Kräuter und zieht den Duft ein. *Da zog und knackte es in all seinen Gliedern, er fühlte, wie sich sein Kopf aus den Schultern hob, er schielte herab auf seine Nase und sah sie kleiner und kleiner werden, sein Rücken und seine Brust fingen an, sich zu ebnen, und seine Beine wurden länger.* Die Gans bewundert den schönen jungen Mann, den es drängt, zu seinen Eltern zu eilen; aber vorher bringt er Mimi zu ihrem Vater, der sie *entzaubert.* Jakob verlässt Gotland, mit Geschenken beladen, die seinen Eltern den Kauf eines Ladens ermöglichen. Die abenteuerliche Verwandlungsreise findet ein glückliches Ende für alle.

Zuerst nur für *fast* alle: Im Palast des Herzogs entsteht große Unruhe, als man die Flucht bemerkt; und der fremde Fürst beschuldigt den Herrn des benachbarten Territoriums, er habe den Zwerg *heimlich entkommen lassen, um sich nicht seines besten Kochs zu berauben.* Die Folge: *ein großer Krieg zwischen beiden Fürsten, der in der Geschichte unter dem Namen »Kräuterkrieg« wohlbekannt ist; es wurde manche Schlacht geschlagen, aber am Ende doch Friede gemacht, und diesen Frieden nennt man bei uns den »Pastetenfrieden«, weil beim Versöhnungsfest durch den Koch des Fürsten die Souzeraine, die Königin der Pasteten, zubereitet wurde, welche sich der Herr Herzog trefflich schmecken ließ.*

Man kann die Erzählung von Hauff einfach als heitere Glücksgeschichte genießen, in der Unglücksfälle, Beeinträchtigungen und Beschwerlichkeiten dazu dienen, im Kontrast das endlich erreichte Glück hell strahlen zu lassen. Das ist gewiss kein falscher Umgang mit einem Märchen. Aber man kann natürlich auch fragen nach dem tieferen Sinn der erzählten Episoden, und die Märchenforschung ist eine ehrgeizige Wissenschaft: Es gibt eine *Enzyklopädie des Märchens*, die in etwas mehr als 30 Jahren auf fast 9000 Seiten angewachsen ist, obwohl die letzten Buchstaben des Alphabets noch gar nicht bearbeitet sind. Da ist es nicht verwunderlich, dass auch Hauffs Märchenuniversum abgeklopft wurde nach archaischen magischen Relikten und nach der hintergründigen Bedeutung seiner Geschichten. Verwandlungen von Menschen in Tiere, aber auch Tiere, die menschliche Fähigkeiten aufweisen, gehören ja doch zum Grundbestand vorzeitlicher Glaubensvorstellungen. Der Dichter zielte jedoch sicher nicht darauf, solche Vorstellungen zu konservieren – das wird schon aus der Wahl der in die Märchenhandlung eingeführten Tiere deutlich. Gänse tauchen auch in anderen Märchen auf, wenn auch kaum solche, die unter Tränen ihre Dankbarkeit ausdrücken wie die Gans Mimi; aber die Meerschweinchen und Eichhörnchen sind eine eigenartige und eigenwillige Erfindung, mit der Hauff den spielerischen Charakter seiner Erzählung betont.

Der kann verbogen oder verfehlt werden, wenn man

versucht, aus dem farbigen Märchengeschehen eine handfeste Botschaft zu destillieren. Die Interpretation bleibt dann leicht an Jakobs aus der Situation heraus verständlichem, aber doch herzlosem Spott über das Aussehen der Alten hängen; fehlendes Mitgefühl, das ja auch in der Reaktion der Eltern auf den Zwerg zum Ausdruck kommt, gerät dann zum scheinbaren Leitmotiv, und aus dem schwerelosen Phantasiegebilde wird eine gewichtige moralische Geschichte. Sie lässt sich auch auf die gesellschaftlich-politische Ebene versetzen: Erbarmungsloser Handelsgeist beherrscht in diesen frühkapitalistischen Zeiten die Menschen, denen aber strahlender Reichtum trotzdem versagt bleibt – das Märchen endet, wenn man von Kräuterkrieg und Pastetenfrieden absieht, in einer relativ bescheidenen Verbesserung der Ausgangssituation, im Kauf eines Ladens.

Gewiss stecken auch solche Bezüge in der Geschichte. Dass sich Hauff mit den Veränderungen der ökonomischen und sozialen Lage befasste, wird vor allem aus der Erzählung *Das kalte Herz* deutlich, in dem ein weiser alter Mann gegen Ende resümiert: *Es ist doch besser, zufrieden zu sein mit wenigem, als Gold und Güter haben und ein kaltes Herz*. Und was die Aufklärer an Erziehungsgedanken in ihre – in der Realität angesiedelten – moralischen Geschichten verpackten, blieb der Märchendichtung nicht fremd. Aber man wird ihr nicht gerecht, wenn man ihre kaleidoskopischen Phantasiespiele auf einen einfachen moralischen Generalnenner herunterbügelt. Es gibt schließlich die Eichhörnchen und die Meerschweinchen, die in derartigen Interpretationen kaum einen richtigen Platz finden, und es gibt in der Geschichte von Zwerg Nase die Entfaltung von Kochkünsten, die sich ebenfalls nicht in ein Erklärungsschema pressen lässt.

Sie ist es, die auf Leser oder Zuhörer einen besonderen Reiz ausübt. Die Speisen und Gewürze, die ausdrücklich genannt werden, provozieren Identifikationsversuche. Das *Kräutlein Niesmitlust* verrät sich als eigenwillige Erfindung von Hauff; und für den *Magentrost* gibt es zwar viele reale Möglichkeiten, aber sie beziehen sich auf Getränke, oft auf solche, mit denen ein Kater bekämpft werden kann. Magentrost-Tee aus Fenchel, Anis und Pfefferminz; Magentrost-Cocktail, Wurzelsepp-Magentrost-Likör, Pfarrer Kneipp's Magentrost (der in der moderneren Verkaufspalette fehlt) – man tut wohl gut daran, dem Gewürzkraut Magentrost sein eigenes Recht zu belassen. Als *Dänische Suppe* lässt sich vielleicht eine Fischsuppe definieren, und *Hamburger Klöße* gibt es in mancherlei Varianten. Man hat auch politische Anspielungen in diesen Bezeichnungen sehen wollen – und gewiss hatten die Dänen nach dem Bombardement Kopenhagens und dem Verlust von Helgoland und Norwegen eine böse Suppe auszulöffeln, und der Handelsstadt Hamburg bescherte die Kontinentalsperre schwer verdauliche Klöße. Aber es gibt eigentlich keinen Grund, hier um die Ecke zu denken; vermutlich hat Wilhelm Hauff einfach Gerichte genannt, die er kannte, die aber zumal in seiner süddeutschen Heimat einigermaßen exotisch wirkten.

Die Pastete *Souzeraine* hat ebenfalls Vermutungen ausgelöst; sie konzentrieren sich auf die Etymologie des Wortes. Im Internet finden sich, nicht von Literatur- oder Sprachwissenschaftlern, sondern von Liebhabern des Märchens, ein paar Dutzend Bemerkungen dazu, von denen aber keine zu einer plausiblen Erklärung führt – auch die nicht, in der sich ein Beiträger stolz einen Lesefehler zunutze macht: *Suzeränität* bedeute französisch *Oberherrlichkeit*, kann man in seiner Notiz lesen. Souveräner bleibt wohl die Deutung, dass es sich um eine spielerische Worterfindung handelt für eine Speise, die es nur im Märchen gibt.

Doch nicht nur die im Märchen erwähnten Speisen und Rezepte verdienen Interesse, sondern auch die Tatsache, dass Wilhelm Hauff Küche und Kochkunst so entschieden ins Zentrum seiner Erzählung gerückt hat. Es gab zur Zeit der Niederschrift seiner Märchen zwei ziemlich gegensätzliche Motive für die besondere Aufmerksamkeit auf diesen Bereich. In vielen deutschen Regionen hatten die Menschen unter den Kriegszügen der napoleonischen Zeit gelitten, und als endlich Frieden war, gab es Missernten und schreckliche Hungerjahre. Die Notzeiten führten dazu, dass die Ernährung in der Folge als volkswirtschaftliches und gesundheitliches Problem ernst genommen wurde; staatliche Behörden und wissenschaftliche Instanzen griffen ein in den Kreislauf landwirtschaftlicher Produktion und sinnvoller Verwertung der Lebensmittel. Andererseits handelte es sich aber auch um die Phase, in der eine verfeinerte Küche, wie sie bisher fast nur in aristokratischen Kreisen kultiviert wurde, in die wohlhabenden Bürgerhäuser Eingang fand.

Beide Tendenzen lassen sich in Veröffentlichungen nachweisen, die zur Zeit Hauffs erschienen. 1822 kam »*Geist der Kochkunst von Joseph König*« auf den Markt. Der Name des angeblichen Verfassers war nicht frei erfunden; aber es handelte sich um den Koch des Mannes, der das Buch tatsächlich geschrieben hatte: der Kunsthistoriker *Karl Friedrich von Rumohr*, der sich dann zur zweiten Auflage bekannte. Es ist eine knappe, klar formulierte gastrosophische Studie, in der die Überlegenheit der italienischen Küche betont, aber auch der Wert der deutschen *Provinzialgerichte* herausgestellt wird. Die Adressaten gehörten gewiss vor allem zum gehobenen Bürgerstand; aber Rumohr dachte auch an die ärmeren Schichten. Die *vergeudende Gefräßigkeit oder gefräßige Vergeudung*, der andere Kochbücher zuarbeiteten, verwarf er; *Zierde und Zurichtung* sollten nicht übertrieben werden, vielmehr ging es ihm darum, die *Nahrhaftigkeit* der *Grundstoffe* beim Kochen zu bewahren. Wenige Jahre später, 1826, erschien in Frankreich »*La Physiologie du Goût*«

(Die Physiologie des Geschmacks) aus der Feder des Richters und Philosophen *Jean Anthèlme Brillat-Savarin*. Ihm ging es mehr um die Feinheiten der Tafel und die Zubereitung exquisiter Speisen als um elementare Fragen der Ernährung und der Küche, und es ist kein Zufall, dass eine Reihe besonders kostbarer Speisen noch heute nach ihm benannt wird.

Wilhelm Hauff, der mit dem literarischen Markt seiner Zeit in all seinen Sparten vertraut war, kannte gewiss das Buch von Rumohr; aber da er 1826 durch Frankreich reiste und mehrere Wochen in Paris verbrachte, mag er auch auf die Darstellung Brillat-Savarins gestoßen sein. Jedenfalls bewegte er sich in der durch die beiden Schriftsteller markierten geistigen Landschaft, als er die Geschichte von Zwerg Nase ausdachte. Ein Märchen – aber auch ein Beitrag zum respektvollen Umgang mit den nur scheinbar banalen Fragen der Ernährung und mit deren Repräsentanten, den Köchen. Hauff wusste, dass sie nicht nur für das leibliche Wohl sorgten, sondern auch für das seelische Gleichgewicht – dass *Magentrost* nicht nur ein praktisches Würzmittel ist, sondern dass es auch eine Art virtuellen Magentrost gibt, Ausgleich und Besänftigung durch gutes und vernünftiges Essen. *Zwerg Nase* hat nicht nur in der Literaturgeschichte seinen Platz, sondern auch in der Geschichte der Esskultur.

Den zweiten Band des Märchenalmanachs, in dem die Erzählung erschien, hatte Hauff für das Jahr 1827 zusammengestellt. Es war das Todesjahr des noch nicht einmal ganz 25-Jährigen, der in wenigen Jahren eine unglaubliche Vielfalt von literarischen Publikationen produziert hatte – Gedichte, Erzählungen, Romane, Parodien, Essays. Schon zu seinen Lebzeiten fanden seine Schriften ein großes Publikum, sodass es ihm möglich war, auf eine feste Anstellung zu verzichten und mit Hilfe der Tantiemen einen Hausstand zu gründen – freilich nicht ohne Risiko: Eine Woche vor der Geburt seiner Tochter und zwei Wochen vor seinem Tod bat er einen Freund, schnell den neuen Märchenalmanach zu rezensieren, damit er gekauft werde – er sei gewissermaßen sein Dach: *Er muss meine Wohnung decken …*

Manche seiner Schriften wurden bald vergessen; andere blieben lebendig. Dazu gehören einzelne Märchen und gehört auch »*Lichtenstein*«, der historische Roman, mit dem Hauff die von *Walter Scott* begründete Gattung in Deutschland populär machte. Mit diesem Roman hat Hauff übrigens auf Umwegen ganz konkret zu Modalitäten der Esskultur beigetragen: Das Schloss Lichtenstein wurde nach dem literarischen Vorbild gebaut, und die Touristen, die dort hinauf fahren, kehren entweder droben im Alten Forsthaus ein oder unten im Tal, wo eine Forellenzucht eingerichtet wurde und wo man in der Küche der Gasthäuser dem genialen Zwerg in der Kochkunst nacheifert.

GESPRÄCH UND SELBSTGESPRÄCH

Eduard Mörike
schreibt an Freunde

Wenn sich Literaturwissenschaftler mit Dichterbriefen beschäftigen, sind sie meist auf der Suche nach Äußerungen zu den Werken; sie hoffen auf authentische Kommentierungen oder doch auf Hinweise zu den Dominanten der spezifischen Mentalität, die einem einzelnen Werk oder auch der Gesamtheit eines dichterischen Werks zugrunde lag. Dieses Ziel verfolge ich nicht oder höchstens sehr mittelbar, ich nehme die Briefe nicht als Vehikel zur Werkinterpretation, sondern als eigene Größe. An dieser Akzentsetzung ist Mörike allerdings nicht ganz unschuldig: Dass er in seinen Briefen Einblicke gibt in die detaillierte Auseinandersetzung mit einem literarischen Stoff oder in Strukturüberlegungen zu literarischen Projekten, ist nicht die Regel, sondern die große Ausnahme.

Mörike unterscheidet sich darin von vielen anderen Dichtern. Man darf nur an den Briefwechsel zwischen Goethe und Schiller denken, den Mörike kannte und den er *in seiner Art ein Buch aller Bücher* nannte. Dieser Briefwechsel erschließt die Gegensätzlichkeit der inneren Anschauungen und der literarischen Produktion der beiden und bringt sie in einen fruchtbaren Dialog; und die Veröffentlichung der Briefe (obwohl sie erst spät, wenige Jahre vor Goethes Tod, erfolgte) lag von Anfang an im Horizont des Möglichen: Goethe hatte schon aus den Briefen an Frau von Stein seine »*Italienische Reise*« geformt, die manchmal als Briefroman bezeichnet wird, und mit dem Komponisten Carl Friedrich Zelter verhandelte er darüber, wie nach beider Tod die Tantiemen für ihren dann zu publizierenden Briefwechsel unter den Erben aufzuteilen seien. Für Goethe waren Briefe nicht immer, aber oft eine Form literarischer Äußerung – für Mörike waren sie es im Prinzip nicht.

Goethe zählte Briefe *unter die wichtigsten Denkmäler, die der einzelne Mensch hinterlassen kann.* So steht es in seiner Winckelmann-Studie, und er fährt fort: *Lebhafte Personen stellen sich schon bei ihren Selbstgesprächen manchmal einen abwesenden Freund als gegenwärtig vor, dem sie ihre innersten Gesinnungen mitteilen; und so ist auch der Brief eine Art von Selbstgespräch.* Das Selbstgespräch als Aufschluss des Innersten erscheint so an den Denkmalcharakter der Briefe und damit an unbegrenzte Publizität gebunden – das ist eine anspruchsvolle Paradoxie, wie sie Mörike kaum gewagt hätte.

Natürlich trifft die Charakteristik als *Selbstgespräch* auch für seine Briefe zu. Aber die Bedeutung ist dann banaler und einfacher. Es gibt in den Briefen Passagen einer – meist ängstlichen – Selbstbeobachtung, es gibt die oft mit Unsicherheiten behaftete Ausbreitung eigener Gefühle; und wenn Mörike in seiner Korrespondenz immer wieder eingeht auf Nöte der eigenen

Existenz, dann beschränkt er sich nicht auf Schwierigkeiten und Widrigkeiten des äußeren Daseins, sondern bezieht sich auch auf die inneren Probleme. Aber im Vordergrund steht fast immer die Schilderung der kleinen Welt, in der er sich gerade bewegte oder in die er eingeschlossen war. Der *kleinen* Welt – im Unterschied zum kaum begrenzbaren Milieu des großen Olympiers.

Mörike zielte nicht auf eine Publikation seiner Briefe; wahrscheinlich ist gerade das *ein* Hauptgrund dafür, dass seine Briefe den Glanz des Augenblicks, die Lebendigkeit der jeweiligen Situation vermitteln; und in dieser Situation war der Adressat oder die Adressatin kaum je die beliebige Auffangstelle für eine fällige Entäußerung des Schreibers, sondern prinzipiell ein in die Äußerung einbezogener Partner. Anders gesagt: Das Selbstgespräch war Teil eines *Gesprächs.*

Ein Jahrhundert vor Mörike hatte Gellert (der zu Unrecht – vielleicht auch wegen seiner Vornamen *Christian Fürchtegott* – nur als moralisierender Fabeldichter in Erinnerung geblieben ist) den Brief aus dem amtlichen Gepräge und formalen Korsett gelöst und darin eine *Nachahmung des Gesprächs* empfohlen. Allerdings stand in Gellerts Vorstellung sicher auch *Gespräch* im Bann formaler Vorgaben, und es bedurfte erst der Subjektivierungsschübe der folgenden Jahrzehnte, um dem Briefgespräch mehr Freiheit und Spontaneität zu geben. Ich sollte wohl einflechten, dass daran auch Goethe einen wichtigen Anteil hatte; bei Kontrastierungen, wie ich sie zwischen Goethe und Mörike vorgenommen habe, ist man ja immer versucht, dem einen Exponenten die Krätze anzudichten, um ihn jucken zu können (wie sich Lessing einmal ausgedrückt hat).

Aber es scheint mir legitim, einen graduellen Unterschied festzuhalten: Mörikes Briefe waren persönlicher, und zwar nicht unbedingt im Blick auf die eigene Person, sondern vor allem im Blick auf die Empfänger seiner Botschaften. In biographischen Skizzen wird Mörike manchmal als Hypochonder dargestellt, dessen Gedanken um wirkliche und eingebildete Krankheiten kreisten und dessen Egozentrik man nur verzeiht, weil man sie in geheimer Verbindung mit der poetischen Exzellenz sieht. Tatsächlich aber hatte Mörike bei aller sensiblen und tatsächlich ans Hypochondrische grenzenden Selbstbeobachtung eine große Scheu, von sich selbst zu reden. Er tut es dann, wenn er sich missverstanden sieht, wenn er sich zur Wehr setzt gegen Unterstellungen, die ihn in die Nähe zu Simulanten rücken. Und er spricht dann von sich, wenn er der freundschaftlichen Gesinnung seines Briefpartners sicher sein kann. Aber auch dann tut er es entschuldigend: Er mache *vom Recht der Patienten, dem Doktor gegenüber zuerst von sich selber zu reden, Gebrauch*, schreibt er einem Freund, dem er dann lebhaft nicht nur seine rheumatischen Schmerzen, sondern auch das

Cleversulzbacher Haus als *eine Eisgrube Sommers und Winters* schildert. Voraussetzung ist die Nähe der angesprochenen Person; *irgend eine mir nur einigermaßen fremde Person*, die sich ihm nähere, so steht es in einem frühen Brief an Wilhelm Waiblinger, versetze ihn *in das entsetzlichste bangste Unbehagen* und ängstige ihn. Auch für die Briefe gilt: Nur die Kreditlinie der Freundschaft erlaubt riskantere Investitionen ganz persönlicher Gedanken und Gefühle.

Mörike war – auf diesen Nenner lässt sich ein Großteil seiner Briefaktivitäten bringen – ein Genie der Freundschaft. Ich weiß, dass auch das kein geschützter Begriff ist; er ist immer wieder einmal in Anspruch genommen worden. Aber mir scheint, er begleite Mörike durch die verschiedensten Epochen seines Lebens und bezeichne so eine zentrale Kontinuität. Freundschaft ist sicher auch ein Moment des Epochenstils, entstanden in den hitzigen Wellen der Sturm-und-Drang-Zeit, fortgesetzt und erneuert in der Romantik, und in ruhigere Bahnen gelenkt im bürgerlichen Biedermeier; aber doch selten so zentral und so persistent, so ausdauernd wie bei Mörike.

Wollte man – was in diesem Rahmen nicht möglich ist – eine Entwicklungsgeschichte von Mörikes Freundschaft präsentieren, so müsste man jedenfalls die frühe Internatsphase herausstellen, in der sich Freundschaften schwärmerisch herausbilden und teilweise verfestigen – die Zeit also, die in Mörikes an *Musen-atque*

Busenfreunde gerichteten brieflichen Erinnerungen nicht frei bleibt von homoerotischen Assoziationen, manchmal schwülstig und manchmal im niedlichen Hanni-und-Nanni-Stil – ein Vergleich, den seriöse Mörike-Liebhaber vermutlich nur deshalb nicht zurückweisen, weil sie Hanni und Nanni nicht kennen. Mörike sucht in dieser Phase emphatisch *das uneingeschränkteste Vertrauen*; er reflektiert (etwa in einem Brief, den der 17-Jährige aus Urach an Waiblinger schreibt) über die Ambivalenz seiner Absicht, den Freunden in einer vorteilhaften Maske entgegen zu treten und ihnen doch *unbefangen* sein Inneres aufzuschließen. Mörike bringt aber bald seine Freundschaftsbeziehungen in eine ruhigere Gangart, die es ihm erlaubt, auch Zeiten der Entfernung schadlos zu überbrücken: *Der Körper unsrer Freundschaft ist gesund das weiß ich gar nicht anders, aber die Hand, ein Arm, womit man sich berührt u. aussen faßt, ist eingeschlafen u. wie pelzen* – heißt es in einem Brief von 1845, und das verwendete Bild besagt ja doch, dass die verlorene oder beeinträchtigte Nähe – sei es durch Besuche oder durch Briefe – wieder herzustellen ist. Freundschaft schließt für Mörike absolutes Vertrauen ein – nicht nur die rückhaltlose Offenheit, sondern auch die Gewissheit, dass ein Freund Fehlern und Versäumnissen mit Nachsicht begegnet. *Ich thue besser mit Entschuldigungen gar nicht anzufangen, denn was man auch in solchem Fall mit Grund zu seinen Gunsten sagen kann, es bleibt immer ein Rest der nur im guten Willen des Andern, d.h. im rechten alten Glauben (Orthodoxie) der Freundschaft aufgeht.*

In einem frühen Brief an die Schwester spricht Mörike vom Glück, von wenigen *ehrenvollen Freunden (...) einigermaßen, zum Theil ganz gekannt zu seyn* – das gebe ihm *Muth zur Freundlichkeit auch gegen die mich nicht kennen, noch wollen.* In der Tat schöpft Mörike aus wenigen Vertrauensverhältnissen die generelle Gelassenheit im Umgang, aus der er nur selten heraus fällt. Das schließt nicht aus, dass er ungesuchte und unwillkommene Bekanntschaften auf Distanz hält. Mehrfach notiert er in Briefen, wie er sich einem ungeliebten Besuch entzogen oder vor ihm versteckt hat. Umso engagierter vertieft er sich in die wenigen anerkannten Freundschaften, und in vielen Fällen überwiegt in den Briefgesprächen die Besorgnis um das Tun und die Gefühle des Partners die Reflexion der eigenen Lage. Notiz an Friedrich Theodor Vischer, mit dem der alte Mörike nach längeren Zeiten der Trennung in Stuttgart regelmäßiger zusammentraf: *Lieber Vischer! Mittwoch von 3 Uhr an erwartet Dich auf meiner heiteren, vor jeder Störung sichern Altanstube der Cafe, bei dessen Zubereitung meine Leute nicht vergessen werden, daß Du ein absoluter Anticichorianer bist.* Die Rücksicht reicht also bis zu den Liebhabereien und Idiosynkrasien. Und als er, ebenfalls im Alter, dem Besuch seines Illustrators Moritz von Schwind entgegensieht, bedauert er ehrlich das Fehlen eines Gastzimmers: … *ein Gast in Pantoffeln und Schlafrock beim Frühstück gibt erst das wahre Behagen.*

Die These von der für Mörike notwendigen intensiven Kultivierung weniger Freundschaften lässt sich noch zuspitzen. Mit einiger Berechtigung kann man sagen, dass es durch all die Jahrzehnte *eine* Freundschaftsbeziehung war, die diesem in vieler Hinsicht gejagten und geplagten Mann inneren Halt gab: der Kontakt mit Wilhelm Hartlaub, der aus dem fränkischen Dorf Wermutshausen kam, der in Urach wie beim Tübinger Studium der gleichen Promotion angehörte, der (im Gegensatz zu Mörike) seine Pfarrstellen lange beibehielt (in seinem Geburtsort Wermutshausen und auf der Stöckenburg bei Vellberg war er jeweils 20 Jahre) und überhaupt nur zweimal den Dienstort wechselte, und mit dem die Verbindung trotz zeitweiliger Meinungsverschiedenheiten nie abbrach. Die erstaunliche Dominanz dieser Beziehung lässt sich quantitativ ausdrücken: Die sorgfältigen Register in den zuletzt erschienenen Briefbänden der großen Gesamtausgabe erlauben die Feststellung, dass etwa ein Sechstel aller ermittelten Briefe Mörikes an Hartlaub gingen; und das Verhältnis wird noch sehr viel krasser, wenn statt der Zahl der Briefe die der geschriebenen Seiten als Grundlage genommen wird; denn für diese Beziehung waren nicht kurze Notizen charakteristisch, sondern breit ausgemalte Berichte, Erzählungen, Erklärungen, Komplimente. Wilhelm Hartlaub war sich seiner Sonderstellung bewusst, und nicht ohne leichte Verunsicherung registrierte er Mörikes engere Kontakte zu Anderen. Aber Mörike konnte ihn beruhigen und bestätigte die herausgehobene Position: *Vor meinem hiesigen Umgang, Geliebtester, darf Dir nicht grauen. Die Vischer, Rapp u. Günthert schaden mir wahrlich nicht. Mein Herz hat, sozusagen, zwei Taschen, die zwar nah bei einander stehn doch immerhin zwei bleiben.*

Auch dem heutigen Leser der Briefe vermittelt sich die Besonderheit dieser einen Freundschaftsbeziehung. Er liest vom *Wunder* der *Liebe engverbundner Freunde* als dem schönsten Wunder, *das es geben kann*, und er erfährt in diesem Zusammenhang, dass Hartlaub dem Freund 500 Gulden, weit mehr als ein Jahresgehalt, zur Verfügung gestellt hat, damit der die Schulden seines Bruders bezahlen konnte. Normalerweise neigt man als Kind einer materialistischen Epoche dazu, aus dieser Geldgabe das enthusiastische Freundschaftslob abzuleiten, sodass es rissig wird: erst kommt das Geld, und dann die moralische Interpretation. Aber im Kontext des Briefwechsels zwischen diesen Freunden bleibt ein solcher Gedanke fern. Zu deutlich und glaubhaft sind die Bekundungen innerer Nähe – etwa, wenn Mörike bei der Anfahrt Hartlaubs zu einem Freundschaftsbesuch anhand der Karte die Stationen der Schlittenfahrt verfolgt, als empfinge er die Koordinaten über ein Handy: *Wo sind sie jetzt? (…) »Soeben Ailringen passirt!« Und später: »Der Schlitten hält noch immer, aber schon bespannt, in Krautheim …«* – und so fort. Oder wenn Mörike die *rührende Stille im Zimmer* schildert, nachdem die befreundeten Gäste das Haus verlassen haben. Oder wenn er (mehr als einmal kommt das in den Briefen zum Ausdruck!) über die Entfernung hinweg die vorbehaltlose Gemeinsamkeit des Denkens und Fühlens empfindet. *Ist es nicht herrlich* – so steht es in einem relativ frühen Brief an Hartlaub – *wenn zwei sagen können, es ist auch kein erlogen Fädlein zwischen uns!*

Ein so extremer Anspruch definiert Freundschaft als rückhaltlose Zweierbeziehung. Aber wichtig ist auch, dass Mörike seine freundschaftlichen Beziehungen immer einbettet in das familiäre Umfeld – sein eigenes wie das der Freunde. Ich habe den statistischen Befund nicht ganz korrekt wiedergegeben: Ein Sechstel der Briefe ging nicht an Wilhelm Hartlaub allein, sondern an alle Hartlaubs, an die Familie, an die Frau und auch an die Kinder, die bei den Mörikes (gleichgültig fast, wo sie gerade wohnten) ein abwechslungsreiches Refugium fanden. Die Kinder waren immer ins Familienleben und Freundschaftsverhältnis einbezogen – und auch die Tiere. Schon der 22-jährige Mörike schildert Hartlaub seine Vogelmenagerie in Möhringen und besonders den gezähmten Star: *Du glaubst nicht was dieses Thier mein Freund geworden ist, ich träume oft von ihm, und habe dann, immer als wär er in Lebensgefahr, schon viel um ihn geweint.* Mit diesem Freund führt Mörike – wenigstens nach seinen brieflichen Berichten – Gespräche über musikalische Stile, und der Star antwortet *bald sanft bald schmeichelnd bald in den rasendsten Expektorationen seiner kauderwelschen Waldsprache.* Später meldet Hartlaub Mörike, dass sein Hund verloren ging und unerwartet wieder auftauchte; Mörike schreibt prompt zurück, dass er *diese rührende Geschichte … nach dem Nachtessen* seinem Hund, dem Joli, erzählte, *indem ich ihn dazu eigens auf meinen Schooß heraufnahm und er machte ein sehr andächtiges Gesicht dazu.* Mörike nimmt hier ein Bild auf, das er schon vier Jahre vorher entworfen hatte: Damals hatte sich Joli im Schönbuch verlaufen und war erst nach mehr als einer Woche nach Ochsenwang zurückgekehrt, wo ihm Mörike (so behauptet er in einem Brief) *seinen Steckbrief in der Zeitung* vorlas: *Ein angenehmes Roth überzog dabei seine kindliche Wange, ich weiß nicht ob aus Beschämung über das schmeichelhafte Signalement oder über die Dummheit seines Verlaufens.* Ob Mörike hier eine reale Szene nachzeichnet (zuzutrauen wäre sie ihm!) oder ein fiktives Bild malt, ist eigentlich gleichgültig – jedenfalls ist auch das ein Freundschaftszeugnis.

Dokumente der Freundschaft – und über weite Strecken Dokumente *einer* Freundschaft: Das ist ein

Etikett, das an der Sammlung der Briefe haften bleibt, auch wenn sie alles andere als einheitlich ist. Das Stichwort *Freundschaft* kann dabei aber noch in zwei Dimensionen erweitert werden. Noch vor einer Generation konnte man auf dem Land hören, dass zu einer Hochzeit die Freundschaft geladen oder dass zu einer Beerdigung die ganze Freundschaft gekommen sei. Damit aber war nicht etwa eine Inflation von Herzens- und Busenfreunden gemeint, sondern die weit gefasste Verwandtschaft. Mörike dürfte diese Bedeutung gekannt haben, hat sie aber gemieden. Doch was diese Verzweigung der Bedeutungsgeschichte zeigt, hat die Kommunikation im Umkreis Mörikes mit geprägt. Von einer Stuttgarter Teegesellschaft berichtet Mörike, dass man sich dort über die zwischen den Anwesenden kreuz und quer verlaufenden Verwandtschaften unterhielt; und einer meinte dazu: Wenn im Gespräch ein Vetter zum Vorschein komme, sei das nicht verwunderlich – *Im umgekehrten Fall vielmehr sey es am Platze zu erstaunen: »Ach wie? ist es möglich? kein Vetter, kein Onkel?« – und wenns der Nachtwächter von Hagelloch wäre*. In der Tat: Die württembergische Ehrbarkeit, die in diesen Kreisen bestimmend war, bildete ein dichtes Gefüge, in dem die Verwandtschaft kontinuierlich durch Hochzeiten und Patenschaften erweitert wurde und das nach außen – man kann auch sagen: nach unten abgeschlossen war. Freundschaftliche Kontakte waren also durch Verwandtschaftsverhältnisse vorgegeben oder erhielten durch die Einbeziehung von Verwandtschaften einen weiteren Hof.

Schließlich: In die mit *Freundschaft* beschriftete und schon gut gefüllte Schublade lassen sich versuchsweise auch fast alle Liebesbriefe Mörikes einordnen. ... *also bleibe es bei diesem ewigen Kreislauf der Liebe unter uns*, schreibt Mörike an Hartlaub, und in der schon zitierten Briefstelle bezeichnet er den Freund als *Geliebtesten.* Liebende Zuneigung ist Teil der Freundschaft, ist von ihr nicht zu trennen. Das ist, von Mörike vielleicht besonders bereitwillig aufgenommen, der Stil der Zeit. Aber in welch ausgeprägter Form die Liebesbeziehungen vom Vokabular und der Gesinnung der Freundschaft geprägt sind, das ist nicht nur, ist weniger der Zeitstil als Mörikes ganz eigene Akzentuierung. Gewiss, in manchen Liebesbriefen (vor allem an Luise Rau) begegnen auch Zierlichkeiten und sprachliches Zuckerwerk: Mörike nennt seine Braut *Seelchen*, betont *die süßeste Beklemmung*, schwelgt im *Nachgenuss* des Wiedersehens; und auch Küsse werden hier und im späteren schriftlichen Liebesverkehr ausgetauscht. Aber Mörike meidet expressis verbis *leidenschaftliche Ergüsse*, plädiert für *Geduld haben und fein bleiben* und rückt so seine erotischen Gefühle ins ruhigere Fahrwasser der Freundschaft.

Eigentümliche Scheu bestimmt die Liebeskommunikation, bestimmt allgemein sein Reden über die Liebe, in dem Sexuelles fast völlig ausgeblendet bleibt.

Mörike ist hier gebremst durch die Konvention – das zeigen einzelne ›Ausreißer‹ in den Dichtungen wie in den Briefen. Während er Schlegels *»Lucinde« in jedem Betracht unausstehlich* findet, bemüht er sich wenige Monate später um *das Göthesche Erotikon*, ohne zu vermerken, welches der freizügigen Gedichte Goethes damit gemeint war. Nicht ohne Spott berichtet er von einem Stuttgarter Staatsrat, der seine Tochter von seinem Literaturunterricht fern hielt, weil er dort *»Werther«* behandelte. Und in einem seiner Briefe an Hartlaub versteckt er sich hinter Jacob und Wilhelm Grimm, denen er von ihm selbst erfundene gewagte Wortbelege zuweist, die allerdings bezeichnenderweise mehr ins Skatologische als ins Sexuelle reichen. Im ganzen finden prickelnde erotische Gefühle und auch etwa heiße Peregrina-Erinnerungen in den Briefen keinen Platz. Ebendies trägt zum fast durchgängig freundlichen und auch freundschaftlichen Ton der Briefe bei; und es ist wie eine symbolische Verdichtung dieses Sachverhalts, wenn er die Schwester Klärchen und seine spätere Frau Margarete wechselweise als *Geliebte* anspricht und oft ganz ähnliche Freundschaftsbezeugungen an sie richtet wie an die Hartlaubs.

Mörike verlässt den Bereich einer ›gemütlichen‹ und sicheren Kommunikation kaum einmal zugunsten riskanterer Formen leidenschaftlicher Ausbrüche, aber auch nicht in Richtung der konventionellen Geselligkeitskultur. Allerdings ist bei diesem Thema besondere

Vorsicht angebracht. Schon ein nüchterner Blick auf das penibel geführte Mergentheimer Haushaltungsbuch zeigt, dass Mörike das frugale Leben gerne hin und wieder zurückließ, zum Beispiel als Badegast; und auch in Briefen schildert er gelegentlich seine Beteiligung an meist munteren Gesellschaften, die er natürlich in Stuttgart eher vorfand als in Ochsenwang. Andererseits ist es aber nicht *nur* eine briefliche Selbststilisierung, wenn er sich – manchmal durchaus eigenbrötlerisch – als jemand vorstellt, der vor allem seine Ruhe braucht und den alles Ungewohnte und Fremde ängstigt. *Gestern,* schreibt der 27-Jährige an seine Mutter, *war ein unendlich langweiliger Mensch zum Abendbesuch bei mir, Schulmeisters Sohn, eine stumme Klette, die ungeachtet aller meiner deutlichen Anspielungen auf Zeit und Uhr u. Glockenschlag u. des Nachtwächters Stimme und auf den Vortheil des frühen Schlafengehens und desto bäldern Aufstehens, – 2. Stunden auf Deinem Hocker festklebte. Hätte derselbe noch eine Lehne gehabt, ich hätte ihn vor Mitternacht nicht fortgekriegt. (Wir wollen den Hocker künftig für dergleichen Visiten bestimmt haben, oder einen Stuhl auf 3. Füßen, der eine mühsame Balance erfordert).* Der 34-Jährige entschuldigt sich für den versäumten Besuch bei einem Studienfreund: *Seit Jahren tauge ich für Gesellschaft nicht mehr.* Der 43-Jährige berichtet: *Gestern entging ich einem Stuttgarter Langweiler …, indem ich mich mit der noch feuchten Zei-*

tung im hintersten Zimmer verbarg auf eine am Boden liegenden Matrazze mich hinwarf ... Und der 61-Jährige meldet zufrieden an Frau und Tochter: *Einige Besuche, worunter ein fremder Herr wurden in diesen Tagen glücklich versäumt.*

Bei solchen Reaktionen ist zu bedenken, dass Mörike vor allem in seinen späteren Jahren zu einer kritischen Instanz des literarischen Lebens geworden war. Er regierte nicht gerade ein *literarisches Hauptquartier*, wie man Gustav Schwabs Stuttgarter Wohnung bezeichnet hat, war aber doch eine wichtige Adresse für poetische Debütanten. Mörike las längere Zeit geduldig die ihm übersandten Proben, landete in seinen Antworten aber meist schnell in einem Schema, das er sich offensichtlich zurechtgelegt hatte: Freundliche Worte über das eine oder andere Gedicht, eine zurückhaltend positive Bemerkung zur durchaus vorhandenen Begabung der poetischen Adepten, dann aber – unter Verweis auf die eigene *Herzensnoth,* weil er die Erwartungen der Einsender enttäuschen müsse – recht entschieden der Rat, zunächst doch ja nicht eine Veröffentlichung anzustreben, sondern die Poesie erst zu größerer Reife zu bringen. Trotz dieser partiellen Standardisierung blieb aber die briefliche und auch die persönliche Belagerung so massiv, dass er eine Anzeige in die Zeitung rückte, er könne Manuskripte und Bücher künftig nicht mehr annehmen.

Mörike schirmte sich aber nicht nur gegen Langweiler und aufdringliche Bittsteller ab. Er öffnet sich ganz generell nur zögernd und halbherzig weiteren Horizonten. Es ist bezeichnend, wie wenig politische Äußerungen sich über all die Jahre weg in den Briefen finden. Ganz fehlen sie allerdings nicht. Die Aufgeregtheiten der 48er-Zeit beispielsweise finden auch bei ihm ein Echo: *Die Nachrichten aus Frankreich aber verschlingen billig jedes andere Interesse und lassen einen selbst die Sorge um den eignen kranken Leib vergessen.* Er verabscheut die rabiateren Formen der revolutionären Aktionen: *Die neuesten polit. Symptome machen auch mich im höchsten Grad bedenklich …* Aber auf längere Sicht sieht er eine heilsame Wirkung. Von Hartlaub hatte er *ein paar schwere Flüche über die Geburt unsrer Freiheit* erhalten; ihn mahnt er: *Verschütt Er aber nur nicht gar das Kindlein samt dem Bade; wir werden doch noch Freude dran erleben!* Auf dem Weg zur nationalen Einigung macht er eine positive Wendung zu Preußen und Bismarck mit – gegen das Urteil der engsten Freunde, die er beruhigt: *Hab ich Unrecht, so schadet es z. wenigsten der Sache nichts, da wir kein Haar dazu oder davon thun können.* Just diese Einsicht in fehlende Einwirkungsmöglichkeiten bremst ihn in seinem politischen Engagement; schon im frühen Briefwechsel mit Studienfreunden betont er seine Unfähigkeit, sich *lebhaft in einer Angelegenheit auszulassen, wo ich meinen Wirkungskreis nicht DIRECT vor mir sehe.*

Direkt – das ist ein Schlüsselwort, mit dem sich auch die Tür zu Mörikes Poesie einen Spalt öffnen ließe und das vielleicht auch mit erklärt, dass von dieser Poesie in unserer indirekt gewordenen Erfahrungswelt eine so große Wirkung ausgeht. Mörike bleibt bei *first world*; emphatisch bekennt er sich zur Welt der Nähe. In einem Brief aus dem Schicksalsjahr 1871 heißt es: *Es muss ein großer Ruck geschehn, so schwer es (...) halten mag*. Ein großer Ruck – unsere Assoziationen gehen dabei, angestoßen durch ein ähnliches Zitat aus der jüngeren Vergangenheit, in weite politische Dimensionen. Aber Mörike bezieht sich auf den wieder einmal notwendig gewordenen Wohnungswechsel, und die Schwierigkeiten liegen in den Kündigungsterminen.

Er sieht sich *von Hause aus auf einen engen subjektiven Fleck verwiesen*, spricht klaglos, eher mit leichter Koketterie, von seiner *beschränkten Existenz*, schildert immer wieder einmal behaglich das Interieur des engen Raums, in dem er schreibend sitzt. Natürlich ist das auch eine Inszenierung der spezifischen Kontaktsituation: *Sonnabend, Sturm und Zimmerwärme, das sind die besten Ingredienzen, aus denen der Punsch der ›Briefstimmung‹ gebraut wird*, heißt es beispielsweise auch in einem Brief Nietzsches (Februar 1868 an Erwin Rohde), der ja doch von einer ganz anderen Dynamik bestimmt war. Aber bei Mörike ist die Szene zwischen engen Wänden unveränderliche Realität. Er nimmt Bilder freundlicher Enge in seine Botschaften auf, spricht von der *Einförmigkeit der Berichte,* die er aus seiner *engen Kajüte durch die Brieftaube* an die Braut schickt; ja selbst in sein Inneres verpflanzt er das Bild: *Ich hatte mir innerhalb meiner vier Gehirnwände ein still apartes Stübchen vorgebildet, worin ich, Du weißt wohl mit Wem, verkehrte …*

Was in seiner Stube und in seiner engsten Umgebung geschieht, ist ihm nicht zu gering für eine Mitteilung. Deshalb finden sich in den Briefen immer wieder einmal poetische Alltags- und Naturschilderungen. Etwa in einem Brief aus Ochsenwang an Vischer: *Soeben bewegt sich ein großer Nebelschweif vom Hügel herunter ins Dorf herein. Ein Kind springt über die Gasse und zugleich stößt ein alter Mann im nächsten Haus das Guckfenster zurück indem er ruft: Schieb Stein' in Sak, Bub! Schieb Stein' in Sak! (ist sprüchwörtlich hier u. heißt: man soll sich schwer machen, sonst nehme einen die Wolke mit fort). Ein kleineres Mädchen im bloßen Hemd springt dem Brüderchen nach, es lacht herzlich zwischen Furcht u. Spaß.* Und dann als Coda mit Bezug auf eine poetische Figur Vischers: *Das wäre auch so ein Genrebild in Christophs Sammlung.* Oder, in einem Stuttgarter Brief an die Schwester: *Die Läden sind zur Hälfte zu, der Sturmwind treibt die hohen Bäume hin und her, die Buben fangen sich im Hof und oben wurde lang gebethhovelt, sodaß ich einmal wieder Gebrauch von meinen alten Ohrenstöpseln machte und allerdings dann fast so still wie auf dem untersten Meeresgrund lag*. Briefe an die Hartlaubs sind manchmal tagebuchartig gefasst und erstrecken sich über eine ganze Woche; und im Verkehr mit Freunden erfindet Mörike eine eigene literarische Gattung: *Musterkärtchen*, auf denen Alltagsbegebenheiten aus der engsten Umgebung festgehalten werden.

All das verweist auf eine eigensinnige, bewusste Abkehr von der großen Welt. Von den bäuerlichen Pfarrkindern in Cleversulzbach sagt Mörike, sie seien *die Antipoden des Philisterthums* – ihnen weiß er sich nahe. Später, in Stuttgart, betont er seine Distanz zu den modischen Kunstgenüssen: *ein Wechsel der Luft u. Lebensweise, die Eisenbahnrutsch selbst, ist mir, wenigstens bis jezt, bei weitem mehr werth als alles Kunstwesen (vor dessen erdrückendem, ermüdendem Genuß ich mich schon fürchte)*; und zu der gefeierten Sängerin einer Donizetti-Oper merkt er an: *sie kommt mir vor wie eine Person auf der Folter, wo sie nur je und je ein wenig ausruhn darf …* Als er Freunden im Schwarzwald seinen Besuch ankündigt, beruhigt er sie vorher: *seyn Sie gewiß daß ich nicht einen Hutvoll Residenzluft mitbringe*. Mörike erholt sich, im Dorf wie in der Stadt, an und in der Natur. Es ist eine sentimentalische Haltung; aber er steigt aus, wo sie ins Schwärmerische kippt. Er schildert, in gedämpften Farbnuancen, die Stimmung eines klaren Wintertags, wendet sich dann aber an die Geliebte: *Du lächelst über meinen winterfrohen Enthusiasmus und greifst nach Deinem verbundnen Finger, dem die Jahreszeit nicht wohl bekommt* – Selbstgespräch und Gespräch.

Was er meidet und verurteilt, ist *affectirte Naivität,* wie er sie an einer Erzählung von Berthold Auerbach kritisiert und auch bei andern tadelt – etwa den *starkglänzenden Lack über unächten Farben* bei George Sand oder *einen Zug falscher Naivität* beim jungen Theobald Kerner, dem Sohn Justinus Kerners, der diesem nicht nur in der ärztlichen Praxis nachfolgte, sondern auch als Literat, ohne freilich dessen Bekanntheitsgrad zu erreichen. Mörike selbst (und dies gilt, wie vieles andere, nicht nur von Briefstellen, sondern auch für seine Dichtung) verströmt sich nicht im Sentiment, sondern gestaltet es, spielt auch oft damit – wie man Mörike wohl überhaupt nicht beikommt, wenn man ihn nicht als genialen Spieler versteht.

Naturgemäß sind die Briefe ein besonders geeignetes Spielfeld. Da gibt es Wortspielereien mit Namen – Cleversulzbach firmiert dann als *Klepperfeld*, und die Überlegungen zu einem eventuellen Pseudonym für den Verfasser des »*Maler Nolten*« landen nicht nur bei diskutablen Abwandlungen des Namens Mörike, sondern auch bei *Meerschwein, Meerrettig* usw. Den Dialekt verwendet Mörike nur selten, um quasi realistisch Volkssprache einzufügen; öfter spielt er damit – und er verfügt dabei über eine beachtliche Kompetenz, nicht nur das Schwäbische und Hohenlohisch-Fränkische vorzuführen, sondern auch einmal preußische Anklänge oder Hebels Alemannisch.

Die Berichte übers häusliche Leben werden manchmal mit Phantasiespielen koloriert – etwa, wenn Mörike über seine einjährige Tochter schreibt: *Unsere kleine Fanny las mit ¾ Jahren schon Zeitungen u. Briefe laut vor sich hin, und eben jetzt, wo ich ihr einen Morgenbesuch machte, las sie den Titel eines Buchs von Hufeland: Guter Rath an Mütter über die wichtigsten Punkte der physischen Erziehung der Kinder.* Oder (um noch ein anderes Beispiel anzuführen): Er erzählt Hartlaub, wie er drei Mädchen bei einem Lied belauschte und es sich anschließend von einer Dienstmagd vorsingen ließ, um es zu Papier zu bringen – und nachdem er den ganzen Text zitiert hat, merkt er an, er habe dem Freund mit dem Liedchen einen *kleinen Bären aufgebunden. Es ist von mir und hat sich neulich Morgens im Bett unmittelbar nach dem Erwachen wie von selbst gemacht.* Das ist ein spielerisches Täuschungsmanöver, wie es ähnlich schon Arnim und Brentano bei ihrer Liedersammlung praktiziert hatten – Arnim und Brentano, denen Mörike wohl näher steht als den schwäbischen Romantikern.

All das sind nur Schlaglichter auf das, was aus der gewaltigen Zeitkapsel Mörike in mühsamer Kleinarbeit in dicke Bände übertragen wurde. Man hätte mehr und andere Schlaglichter setzen können – nicht zufällig fungiert Mörike ja als Projektionsfläche für ganz verschiedene Identifikations- und Interpretationsmöglichkeiten: Mörike als der – zusammen mit Goethe und Heine – wohl bedeutendste deutsche Lyriker. Mörike als liebender und liebenswerter pater familias. Mörike als treuherziger Provinzler. Mörike als Reiseführer in märchenhafte Phantasiewelten. Mörike als kongenialer Vermittler antiker Poesie. Mörike als Naturforscher, als Petrefaktensammler. Mörike als Alternativer, der sich an der Töpferscheibe versucht. Mörike als Gesinnungsfreund konservativer Bildungsbürger. Ja sogar: Mörike als staatstragendes Symbol – wenigstens gehört es zu den seltsamen Kapriolen der Wirkungsgeschichte, dass beim Staatsakt zum 40-jährigen Jubiläum von Baden-Württemberg das Lied »*Denk es, o Seele*« vorgetragen wurde – glücklicherweise ist die gesungene Prognose »*Sie werden schrittweis gehn / mit Deiner Leiche*« bisher nicht in Erfüllung gegangen.

Was in meiner Aufzählung ausgespart wurde, ist Mörike als gemütvoller Pfarrherr. Nicht wenige biographische Darstellungen und Interpretationen geben sich nicht zufrieden, bis sie Mörike zu seinem Hausrock zumindest ein Bäffchen verpasst haben. Ich gehöre nicht dazu, und ich glaube mich legitimiert durch Mörikes Korrespondenz. Natürlich hängt Mörikes Nähe zu einfachen Menschen auch mit seiner seelsorgerlichen Tätigkeit zusammen. Natürlich ist Mörike, und nicht nur in seinem pastoralen Wirken, eingebunden in die protestantische Formung des Lebens; und natürlich zehrt er wie seine poetischen Zeitgenossen von der christlichen Sprachtradition – angesichts der Standardkarriere fast aller schwäbischen Intellektuellen mit dem Durchgang durch Seminar und Stift ist das nicht verwunderlich. Aber in Mörikes Briefen tauchen theologische und religiöse Fragen fast ausschließlich in der frühen Phase auf, als er mit seinem *Changirplan* schwanger ging und seine geistliche Laufbahn zugunsten einer Tätigkeit als Redakteur oder Bibliothekar aufgeben wollte. Schon da sieht er *vorherrschende feurige Liebe zur Poesie* als wichtigstes Kriterium bei der Wahl seiner Freunde. Danach, nach seinem Rückzug ins geistliche Amt und erst recht nach der krankheitsbedingten Befreiung von diesem Amt, ist Mörike in erster Linie freier Poet, überzeugt, dass sich die *Poesie ihre erste göttliche Bestimmung zum Vergnügen niemals rauben lassen* wird. Das wird offenkundig in seinen Briefen – in den kleinen Skizzen, die auch als Fingerübungen verstanden werden können, in Zitaten und Anspielungen, in Reflexionen zu der eigenen Schreibtätigkeit und deren Behinderungen, in Urteilen über die literarische Landschaft seiner Zeit.

Eine solche Akzentuierung liegt als Chance im Gesamtüberblick über die Briefe, der es erlaubt, Interessendominanten und existenzielle Bezüge über das ganze Leben weg zu verfolgen. Ich will abschließend noch einen zweiten Akzent hinzufügen: Mörike – das ist in der vorherrschenden Perspektive auch der

Kranke, je nach Einstellung des Okulars der durch Leiden Beschwerte oder der sich in Selbstmitleid verzehrende Hypochonder. Gewiss finden sich dazu Belege in den Briefen – aber das Erstaunliche ist eigentlich, dass aus den Briefen bei allen Klagen doch überwiegend ein optimistischer, ein lebensbejahender Ton spricht. Kein jubelnder Überschwang, aber immer wieder ein *Hoffnunglein.* Mörike verwendet diesen Ausdruck dem Bruder gegenüber im Sinn von Renommee und Beziehungen; aber im Blick auf ihn selbst kann man ihn ins Allgemeine umdeuten. *Hoffnunglein* – das ist sicher kein Kandidat für das schönste deutsche Wort, aber ein Begriff, der am Schluss dieser tour d'horizon seinen richtigen Platz hat.

KEINE GETEILTEN MENSCHEN

Friedrich Theodor Vischer
lobt die gymnastischen Künste

Purzelbaumprofessor: Mit dieser Bezeichnung soll noch in den Nachkriegsjahren Front gemacht worden sein gegen den Plan, Sport als Gegenstand der Wissenschaft an den Universitäten zu etablieren. Möglicherweise ist das Wort nur ein einziges Mal irgendwann und irgendwo von einem konservativen Akademiker in die Debatte geworfen worden; aber es ist zum Schlagwort geworden, weil es die Arroganz charakterisiert, mit der man sich im Zeichen des Geistes gegen ernsthafte Körpererziehung und eine fundierte Sportwissenschaft wehrte. Dieser Widerstand war noch vor ein oder zwei Generationen zu spüren, und es gab Zeiten, in denen das Eintreten für Körperertüchtigung und sportliche Betätigung zum Ausschluss aus dem Kreis seriöser Wissenschaft oder doch zur Marginalisierung führen konnte.

Besonders hart prallten die Auffassungen in der Mitte des 19. Jahrhunderts aufeinander. Auf der einen Seite breitete sich das Turnen aus und gewann leidenschaftliche Anhänger; und andererseits herrschte in weiten Teilen der bürgerlichen Gesellschaft und vor allem auch in akademischen Zirkeln ein steifer Ton und die Überzeugung, dass geistige Tätigkeit durch körperliche Aktivitäten nur beeinträchtigt werden könne. Es gab nur Wenige, die sich gegen die Trennung wandten und die *aus einem geteilten einen ganzen Menschen herstellen* wollten.

Dieses Zitat stammt aus einer Antrittsrede, die an der Universität Tübingen am 21. November 1844 gehalten wurde. Antrittsvorlesungen gibt es bei der Ernennung von Privatdozenten oder Professoren noch immer; sie sind eine Visitenkarte fürs weitere akademische Publikum und bilden den Auftakt für eine freie und oft lange Lehrtätigkeit in einem Fach. Bei *Friedrich Theodor Vischer* war das anders. Er sprach, auch nach seiner eigenen Einschätzung, viel zu lang – aber er sprach so gut wie frei (auf einer langen Reise durch Italien und Griechenland hatte er sich für die antike Rhetorik begeistert und sich Schritt für Schritt die freie Rede antrainiert), und er sprach voller Leidenschaft. Das studentische Publikum folgte dem Vortrag enthusiastisch; im Kreis der Kollegen dagegen entstand eine gewisse Unruhe – der Rektor, so wird berichtet, habe sich einmal drohend von seinem Platz erhoben, sich dann aber wieder gesetzt. In dieser Unruhe kündigte sich bereits das Nachspiel zu der Antrittsvorlesung an: Knapp drei Monate später erhielt der neu ernannte Ordinarius Vischer Lehrverbot und wurde beurlaubt.

Glücklicherweise war Vischer gezwungen, die frei gehaltene Rede aus dem Gedächtnis und aufgrund der schriftlichen Voraus-Dispositionen zu rekonstruieren und zum Druck zu geben, sodass wir in der Lage sind, zu überprüfen, was er Aufrührerisches oder Widerspenstiges sagte.

Vischer, 1807 geboren, war 1836 Privatdozent für Ästhetik und deutsche Literatur, ein Jahr später (er war gerade dreißig!) außerordentlicher Professor (Extraordinarius) für das gleiche Gebiet geworden. Im Sommer 1844 wurden an der Fakultät zwei Lehrstühle frei, und er bewarb sich um eine ordentliche Professur. In der Philosophischen Fakultät erhielt er keine Mehrheit; die Gutachter bescheinigten ihm einen *Mangel an Charakterhaltung*. Der Senat reichte den Vorschlag trotzdem weiter, und beim zuständigen Stuttgarter Minister hatte Vischer gute Karten, weil der ein liberaler Kopf war.

Die Kontroversen in den akademischen Gremien waren ebenso geheim wie allgemein bekannt, und es gab auch offene Kritik an Vischer; er war sich also seiner Situation bewusst. Aus manchen seiner Äußerungen geht hervor, dass er bei seiner Antrittsvorlesung Vorsicht walten lassen wollte; aber erstens war schon eine vorsichtige Formulierung von ihm oft so, dass Andere sie als Wagnis betrachtet hätten, und zweitens ließ er sich in seinen Reden und Schriften schnell aus dem ruhigen Fahrwasser heraustreiben.

Akademische Rede zum Antritte des Ordinariats – so lautete die Ankündigung, und auch für die Druckfassung wählte Vischer keinen präzisierenden Titel. Es ging ihm darum, seine Disziplin – die *Ästhetik*, die im

Konzert der Wissenschaften verhältnismäßig neu und in Tübingen ganz neu war – in ihren Umrissen und Zielen zu präsentieren. Ästhetik ist die Wissenschaft vom Schönen, und zwar nicht so sehr eine Wissenschaft, die all die Bemühungen um das Schöne (vor allem in den Künsten) addiert, sondern eine Philosophie des Schönen, welche alle das Nützliche übersteigenden Gegenstände und auch Erfahrungen überblickt, eine Art Kulturphilosophie (wobei damit freilich ein unbestimmter Begriff nur durch einen anderen unbestimmten Begriff ersetzt wird).

Vischer kam es jedenfalls darauf an, diese Dachfunktion der Ästhetik zu betonen. Gleich im ersten Satz stellte er fest, dass er Ästhetik nicht als integriertes, sondern als *ein integrierendes Glied im Kreise der akademischen Wissenschaften* verstand. In ihrer Etablierung sah er *das Ende der scholastischen Bildungsweise*, und scholastisch (schon dies dürfte vielen Fachvertretern sauer aufgestoßen sein) nannte er *alle Wissenschaft, welche nur auf einseitige Fachbildung hinarbeitet, der Bildung des künftigen Beamten und Gelehrten die Bildung des Menschen opfert.*

Vischer lenkte den Blick zuerst auf die *von den andern, obligaten Wissenschaften über die Achsel angesehenen Stiefkinder der Universität*, nämlich auf *gewisse Künste*. Während die Erwartung (die Erwartung seiner Zuhörer, aber auch unsere Erwartung) bei diesem Stichwort auf die sogenannten schönen Künste gerichtet ist, wendet sich Vischer dem Bereich zu, den er am ausführlichsten, in rund einem Viertel der ganzen Vorlesung, traktiert – den *gymnastischen Künsten*, die er so breit fasst, dass sie nachträglich mit dem damals noch nicht gebräuchlichen Etikett *Sport* versehen werden können: Reiten, Fechten, Turnen, Ballspiel, Schwimmkunst. Zu dieser merkt er an, dass es am Unterricht in dieser Kunst gänzlich mangelt, *weil unsere gute Stadt Tübingen, so wie für einiges Andere, auch für einen Schwimmplatz nicht gesorgt hat*. Dann erwähnt er noch die Tanzkunst und schließlich auch das Exerzieren. Ästhetik? Vischer spricht in diesem Zusammenhang zwar von der *männlicheren Grazie* als einer *Zugabe zur Stärke;* aber schnell wird deutlich, dass es ihm nicht nur um harmonische Körperbildung geht, sondern zum Beispiel auch um die Wehrhaftigkeit mit Blick auf die *Vaterlands-Verteidigung*.

Auch der Aspekt der Gesundheit wird als ästhetischer Wert ausgewiesen: *wie mancher Rheumatismus, wie manche Indigestion, die jetzt mit Tee, Schwitzen, Rhabarber verfolgt wird, wurde sonst auf der Palästra geheilt! Schönheit aus Stärkung ist zugleich Hebung der Gesundheit, und mit den Gelehrtenkrankheiten, diesem Kreuz der Ärzte, würde es wohl auch anders werden, wenn die Gelehrten nur erst lernten, aufrecht, die Brust heraus, gehen!* Man kann sich vorstellen, dass manch Gelehrter im Hörsaal plötzlich einige Zentimeter größer wurde, weil er sein Kreuz durchdrückte.

Vor allem aber kann man sich vorstellen, dass Vischers Worte in einer Zeit, in der die meisten Professoren körperliche Betätigung scheuten und verabscheuten, als rabiate Attacke empfunden wurden. Und Vischer spitzt sein Argument noch zu, indem er insbesondere die Theologen angreift: *Zwar könnte aus der religiösen Forderung, dass unser Leib der Tempel des heiligen Geistes sein soll, die Bedeutung und Wichtigkeit jener Übungen leicht abgeleitet werden; aber die Religion auf ihrem spezifischen Standpunkte zieht solche Folgerungen nicht, sondern gibt sich leicht der Täuschung hin, als sei es genug, wenn verborgen auf dem innersten Herde ein heiliges Feuer brenne, während Mauern und Wände dunkel und schmutzig bleiben.*

Nach Vischer *verbindet sich mit diesem Standpunkte gewöhnlich jene negative Moral, welche die Bildung der Sinnlichkeit in ihrem eigenen Elemente mit Verdacht und Misstrauen beurteilt als etwas, was nicht sein soll.* Er leitet die Pflicht zur Körperbildung nicht aus der kirchlichen Religion ab, sondern aus einer zur Ethik erweiterten Religion, die er in das Prinzip fasst: *der Mensch soll, während er sich immer reiner zum Geiste bildet, sich ebensosehr als Natur erhalten.* Vischer bezieht sich hier auf die fortschreitende Arbeitsteilung; ihr will er durch Übungen entgegen wirken, *die aus einem geteilten einen ganzen Menschen herstellen.* Schnell nimmt er sich noch einmal den Stand der Gelehrten, also seine Kollegen, vor: Hier sieht er

Schwächlinge, *welche, wie man zu sagen pflegt, den Finger im Reisbrei abbrechen;* und er resümiert: *kein Stand ist so versessen, wie der gelehrte. Gerade deswegen ist der Gelehrte verpflichtet, doppelte Anstrengungen zu machen, um diesem Missverhältnis entgegen zu arbeiten und seine Menschheit als Ganzes zu retten.* Zu einem *ganzen Menschen*, zu seiner humanen Qualität gehört auch die Ausbildung des Körpers. Das Spazierengehen reiche nicht hin, so Vischer; der Leib müsse *nicht wenig gerüttelt und geschüttelt werden.* Auch für die Studierenden wünscht Vischer eine gymnastische Organisierung, um ihr schwunglos gewordenes Zusammenleben zu erfrischen.

Im Jahr 1845, nur einige Monate nach der Antrittsvorlesung, nahm Vischer das Thema der gymnastischen Künste noch einmal auf und konzentrierte sich dabei ganz auf das Leben an den Universitäten. Sein Aufsatz trug den Titel: *Das akademische Leben und die Gymnastik.* Als Untertitel war vermerkt: *Ein frommer Wunsch* – ein Zeichen dafür, dass sich Vischer über die Verwirklichung seiner Vorschläge keine Illusionen machte.

Er geht in dem Essay vom Niedergang des Turnens in Deutschland aus, der nach dem raschen und kurzen Aufstieg mit Friedrich Ludwig Jahn und anderen »Turnvätern« unverkennbar war. Vischer sieht, dass dieser Niedergang nicht nur staatlichen Verboten, also *dem Zwange argwöhnischer Gewalt* zu verdanken war, dass vielmehr eine ironische Einstellung zum Turnen entstehen musste *durch die falsche Romantik, die sich in diese Form warf und durch sie die dunkle Einfalt der ältesten Zustände des Volks erneuern zu müssen meinte.* Tatsächlich schwärmten die Anhänger des Turnens von einer Wiederherstellung altdeutscher Sitten.

Die Folgen mangelnden Körperbewusstseins speziell bei der akademischen Zunft schildert Vischer noch drastischer als in seiner Vorlesung: Das fühlende Herz schäme sich zu Tode, *wenn, wohin man blicken mag, hier aus dem elastisch schwebenden Menschentritt das Wackeln der Ente, das Hüpfen der Elster, ja das ganz mechanische Fortgestoßen- und Getretenwerden sich entbindet, dort die Arme wie Flügel segeln, wie Ruder arbeiten, der Kopf mit geöffnetem Munde vorwärts hängt wie dem durstigen Hunde, die eingesunkene Brust, die hereingedrückten Schultern der herrlichen Organisation spotten, durch welche die Vorderfüße als Arme zurücktreten und daher die Brust sich frei hervorwölben kann.* Vischer betont das Ärgernis, *dass am deutschen Beamten und Gelehrten sein Körper wie ein alter Lumpen herunterhängt.*

Er anerkennt aber, dass es auch Wendungen zum Besseren gibt: Durchgängig ist diese Missachtung der richtigen Körperhaltung nicht – nicht mehr. An den *mittleren Schulen* wird die Kunst des Turnens, *geleitet von früheren Offizieren*, wieder betrieben; und *allmählich erinnerte sich nun die veränderte Zeit der verlasse-*

nen Turnplätze wieder. Aber das allein ist für Vischer zu wenig; der Leib soll *Organ seines Geistes sein*, soll also höheren Zwecken dienen: *formelle Körperbildung ist zwar wichtig genug, aber sie um ihrer selbst willen treiben ist langweilig.*

Der Zweck, den Vischer vor Augen hat, ist die militärische Ertüchtigung, *kriegerische Übung mit freiem Bürgerbewusstsein.* Im Grunde war Vischers Vorstoß ein frühes Plädoyer für das Wehrturnen; eine ganze Reihe von Pionieren der Turnbewegung sorgte von den 50er Jahren des 19. Jahrhunderts an dafür, dass sich dieser Teil von Vischers frommem Wunsch verwirklichte. Er war an dieser Entwicklung nicht direkt beteiligt; er wandte sich nach seinem Exkurs über die Gymnastik im akademischen Leben in seinen Abhandlungen nicht mehr dem Turnen zu. Aber gelegentliche Ausfälle gegen seine Zeitgenossen lassen erkennen, dass er seine Einstellung nicht geändert hat. Er sehe, schreibt er in einem Aufsatz zur Kunst seiner Zeit, nur Menschen um sich, *denen man in jedem Zuge ansieht, dass sie entweder selbst Polizeidiener sind, oder fürchten, es möchte ein Polizeidiener sie arretieren; Menschen, die von dem Gesetze einer falschen Scham beherrscht, jede Leidenschaft verbergen, jeden Ausdruck der Individualität verleugnen; registrierte, reduzierte, geleckte, beschnipfelte, bis oben zugeknöpfte, mit dem Lineal gemachte, mit der Beißzange abgezwickte Menschen.* Auch seine boshaften, zum Teil in Verse gefassten Notizen zum

Badeleben nehmen vor allem die Vertreter des eigenen Standes aufs Korn. In einem ironischen Heldengedicht mit dem Titel *Ischias* träumt beispielsweise ein *brest-hafter Mensch*, dass ihm im Wildbad Graf Eberhard gegenübertritt mit der Frage:

Wer bist du dann,
Du siecher Mann?

Die Antwort:

Professor bin ich zubenannt
Und dien' im Württembergerland.

In den 40er Jahren des 19. Jahrhunderts, als Vischer seinen Aufsatz zur Gymnastik niederschrieb, gab es an den Universitäten zwar Ansätze zu kriegerischen Übungen wie das Fechten, aber sie waren eingebunden in das ritualisierte Verbindungswesen, das sich nach Vischers Auffassung *überlebt* hatte: *der geistlose Bodensatz des alten Verbindungslebens, dem die Rohheit geblieben und der Spiritus entwichen ist, bietet keine Jugendlust.* Vischer wendet sich gegen die *bornierten Korpsinteressen*, die nur *trotzige Reibung* und nicht *schönen Wettstreit* ins Ganze des akademischen Lebens bringen.

So deutlich sich Vischer mit der militärischen Funktion des Turnens identifiziert – er rückt die Gymnastik in eine allgemeinere anthropologische Dimension. In der akademischen Jugend sieht er das gegensätzliche Nebeneinander von *Geistigkeit des Strebens und Sinnenfreude des blühenden Alters;* und er sucht nach einem Mittel, *das geistigen Inhalt in die Erholung hinüberträgt und die Sinnlichkeit durch edlere Form über sich selbst erhebt.* Er sieht dieses Mittel in der Schönheit, in die er den Körperausdruck einbezieht; in diesem Sinn plädiert er für *eine durchgängige gymnastische Organisation.*

Die Charakterisierung, die er in diesem Zusammenhang formuliert: *eine Lust, worin ein Ernst ist*, nimmt viele spätere Sport-Definitionen vorweg. Es geht auch in diesem Aufsatz um die Herstellung eines ganzen Menschen – und gerade auch der Gelehrte hat nach Vischers Auffassung das Recht und die Pflicht, *ein ganzer Mensch, ein ganzer Mann zu sein.* Halb ernst, halb augenzwinkernd fügt Vischer hinzu, dass die körperliche Ausbildung zum ganzen Mann auch der Wirkung beim weiblichen Geschlecht zugute kommt, das sich sonst allzu schnell dem Militär zuwendet, welches bisher den *spezifisch männlichen Ausdruck der Tapferkeit und Kühnheit* monopolisiert habe. Aber in erster Linie geht es Vischer darum, durch gymnastische Übungen *dem versessenen Körper Bewegung zu geben.* Daran sollen sich die Universitätslehrer gemeinsam mit den Studierenden beteiligen.

Dies war im Grunde auch schon die Botschaft der Antrittsvorlesung, die aber das Problem der körperlichen Bildung in einen größeren Zusammenhang stellt und auch noch andere Fragen anschneidet. Vischer eilt in dieser Vorlesung nach seinem grundsätzlichen Plädoyer für körperliche Ausbildung weiter zu anderen Feldern. Er will einen sicheren Platz für die selbständigen Künste an der Universität, für das Zeichnen also und die Musik, und er beklagt, dass es kein Theater gibt. Dies freilich, so stellte er fest, werde man *entbehren müssen, solange wir in die kleine, vom bedeutenderen Verkehr abgeschlossene Stadt, auf die allereinfachsten Bedürfnisse patriarchalischer Menschheit beschränkt, von der tiefsten Hässlichkeit umgeben, uns gebannt sehen.* Hier geht es also nicht nur um die Universität, Vischer wendet sich auch gegen die Stadt, gegen Tübingen. Er kommt verschiedentlich darauf zurück, sieht sich aber nun zunächst *nach den eigentlichen Fakultäts-Wissenschaften* um.

Stur hält er fest an seiner Idee, dass die Ästhetik eine Integrationswissenschaft für alle Disziplinen sein kann, und so fühlt er sich bemüßigt, überall hin Verbindungslinien zu ziehen. Dies tut der Rede nicht gut; ein rhetorisch-literarisches Meisterwerk ist sie nicht, aber sie vermittelt ein aufschlussreiches Zeitbild. Die Verbindungslinien, die Vischer zwischen der Ästhetik und den verschiedenen Fächern zieht, waren zum Teil sicher humoristisch gedacht. Dann sind sie akzeptabel, nur bleibt dann von dem hehren Integrationsanspruch nicht mehr allzu viel übrig. Bei der *Medizin* führt

Vischer beispielsweise in drastischen Bildern aus, dass ihr sezierender Zugang das Auge beleidige und dass die Ästhetik deshalb ein innigeres Verhältnis zu den altertümlichen Verfahren der Heilkunst habe, wie sie in der mittelalterlichen Literatur belegt sind. Dann erwägt er, *dass zwar das Leben und die Gesundheit schön ist, tragisch erhaben aber der Tod.* Und weiter: *Da jedoch tragisch ergreifender als ein stiller Tod auf dem Krankenbette ein blutiger und gewaltsamer Tod ist, so könnte sich die Ästhetik in dieser Beziehung mehr zur Chirurgie hingeneigt fühlen.* Schon dies ist eine Feststellung, die den Medizinern einiges an nachsichtigem Humor abfordert, und nicht genug damit: Vischer sieht den Rang der Chirurgie dadurch beeinträchtigt, dass deren Hauptinstrument, das Messer, auch dazu dient, den Bart zu beseitigen, und dazu merkt Vischer (der stets einen gewaltigen Vollbart trug) an: *Das Abnehmen dieses männlichen Schmucks muss der künstlerische Standpunkt als eine Barbarei bezeichnen.*

Auch im Hinblick auf die *Polizeiwissenschaft* und die *Rechtswissenschaft* hat Vischer eher kuriose Anmerkungen parat – und gewiss war er sich der Kuriosität bewusst. Die Ästhetik, so stellt er fest, habe *etwas Polizeiwidriges. Nach Vaganten, Zigeunern, Dieben, Räubern fahndet der Dichter und fahndet der Polizei-Beamte; aber jener, um sie in Romanen unterzubringen, dieser um sie ins Gefängnis zu stecken, und dies ist offenbar ein Unterschied.* Auch das formalisierte

Rechtsverfahren misst Vischer an den ästhetischen Bedürfnissen der Poesie: *Der Amtsstubengeruch, die Maleficantenbank, das Verhör, die Armen-Sünder-Angst: hier geht jene, zwar unheimliche, Größe und Furchtbarkeit verloren, welche in der Poesie auch dem Verbrechen noch eine düstere Erhabenheit leihen soll.* Er registriert zwar im Kriminalrecht auch *tiefere Bestimmungen und hiermit zugleich Anknüpfungspunkte mit der Ästhetik*, nämlich *Gewissen, Schuld, Strafe* – aber er führt dies nicht mehr aus.

Zu etwas ernsthafteren Betrachtungen kommt Vischer im Zusammenhang mit den Fächern der *staatswissenschaftlichen* Fakultät. Man fragt sich zwar, inwieweit seine Beobachtungen hier der Ästhetik verpflichtet sind; aber er trägt jedenfalls hellsichtige Thesen zur gesellschaftlichen Entwicklung vor. So spricht er etwa von der Ambivalenz des Maschinenwesens, *in welchem der tote Mechanismus an die Stelle der lebendigen Menschenhand, der warmen Einlebung der Individualität in ihr Werk sich eindrängt*, das aber andererseits den Wohlstand fördert. Der Wohlstand freilich führt zur *Anhäufung des Vermögens auf der einen, Verarmung und Verwilderung auf der andern Seite.*

An solchen Beispielen wird deutlich, dass Vischer das Ästhetische als Harmonie in allen Lebensbezügen versteht, als gelungenes, nicht durch falsche Fesseln eingeengtes Leben. Das spielt die Ästhetik in den Bereich sozialer Ordnungen und auch in den Bereich des Ethischen hinüber. Man muss sich vor Augen halten, dass es die weitgehende Spezialisierung der Wissenschaften noch nicht gab, sodass die Ästhetik eine Stellvertreterrolle einnahm für noch nicht entfaltete Formen der Humanwissenschaften wie etwa die Soziologie oder auch die Empirische Kulturwissenschaft (der man ja auch nachsagt, sie schrecke vor nichts zurück).

Vischer schreckte wirklich vor nichts zurück; mit Selbst- und Sendungsbewusstsein vertrat er seine Position auch dort, wo sie in Konflikt mit herrschenden Lehrmeinungen kam.

Dies wird besonders deutlich in der Schlussetappe seiner Rede, die etwas kurz geriet – offensichtlich hatte er das Aufstehen des Rektors richtig gedeutet. In diesen abschließenden Passagen behandelte er das Verhältnis der Ästhetik (Ästhetik, wie er sie verstand) zur *Theologie*. Er leitete diese Passagen folgendermaßen ein: *Es wird mir vergönnt sein, freimütig zu reden, da man mir wohl zutrauen wird, dass ich mich nicht auf den konfessionellen Standpunkt stelle.* Gemeint war damit, dass er beiden Konfessionen gerecht werden wollte; aber seine Formulierung lud zum Missverstehen ein, und man kann durchaus fragen, ob sich darin Naivität ausdrückte oder ob er es provozierend darauf anlegte, missverstanden zu werden.

Als Hegelianer stellte Vischer die Entwicklung der Konfessionen in einen historischen Zusammenhang. Er konstruierte eine Art Dreischritt: Der Katholizismus ist festgelegt auf streng fixierte dogmatische und liturgische Traditionen, aus denen sich der Protestantismus befreite. Aber, so formulierte Vischer später: *Die Reformation vertauschte eigentlich nur eine Autorität mit der andern: die Tradition mit der Bibel.* Die kritische Theologie, die sich damals schon hervorgewagt hatte, sah Vischer zwangsläufig aus dem Protestantismus hervorgehen; sie stellte die Fixierung auf die Bibel in Frage durch Akte der Entmythologisierung, stellte damit aber auch den absoluten Anspruch in Frage und führte die Geistlichen in eine Krise: Was sie als nur noch symbolische Wahrheit, als Bild, verkündeten, wurde ja von der Masse der Gläubigen als historische Realität hingenommen.

Vischer sah es als Vorzug und Tugend der protestantischen Kirche, *in Selbstauflösung begriffen zu sein.* Das Ergebnis dieser Selbstauflösung war für ihn die dritte Phase, eine *Weltansicht auf rein sittlichen Grundlagen.* Von ihr gibt es nach Vischer höchstens aus Bequemlichkeit oder Opportunismus ein Zurück zu der *in der Kirche verfleischten Religion.* Die aufgeklärte, säkularisierte Weltsicht erkennt Vischer als verbindliche Grundlage der nicht dem Mythos, sondern der Wahrheit verpflichteten Wissenschaft. Bei solchen Äußerungen wurden Teile des zuhörenden Kollegiums sehr hellhörig, und sie wurden es vollends, als Vischer mit einer Kampfansage schloss: Überzeugung müsse

Gesinnung werden, und diese sei unteilbar. *So verspreche ich denn den Feinden – im Prinzip – einen Kampf ohne Rückhalt, ich verspreche ihnen – im Prinzip – meine volle, ungeteilte Feindschaft, meinen offenen und herzlichen Hass. Ich habe auch in meinem Amtseid nicht geschworen, Rücksichten zu nehmen, sondern, ohne links und rechts zu sehen, ohne Menschenfurcht meiner Überzeugung und der Wahrheit treu zu folgen.*

In der publizierten Fassung war *im Prinzip* fett gedruckt. Vischer wollte dies betonen, weil der Kampfansage die Versicherung folgte, dass er im persönlichen Verkehr Anstand und Achtung walten lasse. Es verstehe sich, schrieb er in einem Brief an den Freund, Landsmann und Altersgenossen David Friedrich Strauß, dass er mit seinem Pochen auf Überzeugung nicht sagen wollte, er *werde in Verhandlungen, wo man Person neben Person sitzt, eine Bestie sein.*

Im gleichen Brief resümiert Vischer die Wirkung seiner Antrittsvorlesung: *Die Rede hat bei den Studenten im allgemeinen enthusiastischen Effekt gemacht, der in einen Fackelzug ausbrechen will; bei den Professoren übeln, das heißt bei den Feinden natürlich, bei den halb Billigen aber auch, denn diese verlangen Nüchternes und Zahmes und konnten mein Feuer nicht schmecken.* Im Anschluss an die Vorlesung wurde Vischer in den Senat eingeführt; der Rektor äußerte dabei, Vischer sei nun *eingeladen,* an dessen *leiden-*

schaftslosen und ruhigen Verhandlungen Anteil zu nehmen. Vischer hielt dies für eine Formel, die jedes Mal gesagt wurde; tatsächlich war es eine spezielle Ermahnung für ihn, der er – hätte er das geahnt – wohl sofort widersprochen hätte.

Der Fackelzug der Studenten kam zustande; aber das blieb fast das einzige positive Echo. Die Vorlesung wurde zum Stadtgespräch, in kirchlichen Kreisen zum Landesgespräch. In Predigten wurde vor den Verirrungen Vischers gewarnt; in den großen Zeitungen nahmen Geistliche und Laien gegen Vischer Stellung – fast alle, ohne die Rede gehört zu haben. Da nun auch Flugschriften erschienen (die meisten anonym), gab Vischer die Rede in Druck, was aber nur neue Angriffe provozierte. Es gab auch einzelne Verteidigungsschriften, die Vischer zum Teil aus dem Hintergrund dirigierte; aber dominierend war heftige Ablehnung, die sich manchmal recht unchristlich äußerte. Christof Hoffmann in Ludwigsburg, einer der führenden Köpfe der württembergischen Pietisten, schrieb einundzwanzig Thesen gegen den *Gotteslästerer und Götzendiener* Vischer. Die zehnte These lautete: *Wer die christliche Kirche öffentlich angreift oder herabsetzt, den muss sie aus ihrer Gemeinschaft feierlich hinausstoßen zu den Hunden* – was Vischer wahrscheinlich nicht als schwerste Strafe empfunden hätte, denn er hatte fast immer einen Hund, und er setzte sich leidenschaftlich für den Tierschutz ein.

Auch der württembergische König, an sich ein Freidenker, sah in Vischers kirchenkritischen Äußerungen einen Angriff auf den Staat und forderte seinen Minister zum Handeln auf. Vom Senat wurde eine Stellungnahme erbeten, die sehr zurückhaltend ausfiel; einige Professoren legten aber ein Sondervotum vor, in dem gefordert wurde, die Universität müsse vor einem solchen Lehrer geschützt werden. Der Senat musste noch einmal Stellung beziehen und riet zu einem Verweis der Regierung ohne weitere Konsequenzen. Tatsächlich sprach der zuständige Minister eine Verwarnung aus wegen Vischers mehrfacher *die Grenzen der Wissenschaft überschreitender Äußerungen gegen den religiösen Glauben*. Und es blieb nicht bei der Verwarnung; Vischer wurden Lehrveranstaltungen an der Universität untersagt, er wurde für zwei Jahre beurlaubt – unter Beibehaltung seiner Bezüge.

Die Mitteilung über die Beurlaubung erhielt Vischer am 17. Februar 1845; in der gleichen Nacht hatte ihm seine Frau den ersten Sohn geboren. Es wird berichtet, dass Vischer wie gewohnt an den Katheder trat und dass er die beiden Ereignisse den Studenten so mitteilte: *Meine Herren! Ich habe heute einen großen Wischer und einen kleinen Vischer, eine kleine Unmuße und eine große Muße erhalten.* Tatsächlich war dies für zwei Jahre die letzte Kollegstunde. Die *kleine Unmuße* ging zum Leidwesen Vischers rasch vorbei, sein Kind starb; die *große Muße* hielt dagegen an. Eingaben um eine

Verkürzung des Lehrverbots, teils von ihm selbst, teils von Kollegen und Freunden, blieben erfolglos.

Die Auseinandersetzung kann hier nicht in allen Verästelungen dargelegt werden. Sie wirft jedenfalls ein Licht auf die kaum zu überschätzende Dominanz von Theologie und Kirche im Königreich Württemberg, die sich nachdrücklich auf das politische und kulturelle Leben auswirkte. Vischer forderte eine von theologischen Vorgaben unabhängige Wissenschaft, und er operierte ganz generell mit einem Menschenbild, das religiös motivierte Einschränkungen zurückließ und in dem die Kultivierung des Körpers eine wichtige Rolle spielte. In seiner Antrittsrede wandte sich Vischer ja nicht nur gegen wissenschaftliche Mängel und Einseitigkeiten, sondern gegen den herrschenden akademischen Stil. Sein Plädoyer für körperliche Betätigung war nicht nur eine Mahnung zu gesunder Lebensführung, sondern eine Attacke gegen das verstaubte und verhockte Wesen an der Universität. Sein Eintreten für das mutige freie Wort war ein Angriff auf die Duckmäuserei, und ausdrücklich wandte er sich an einer Stelle seines Vortrags gegen den *Mechanismus aller Verwaltung, welcher den im Staate tätigen Individuen jenen Stempel aufdrückt, den wir durch das Wort Philister bezeichnen; und wirklich, die Ästhetik wendet sich von keiner Erscheinung mehr ab als von einem Büro-Gesicht, auf welchem von oben bis unten nichts geschrieben steht, als: Oberregierungsrat.* Man kann sich vorstellen, wie entzückt die Oberregierungsräte im Publikum über diese Äußerung waren ...

Vischer scherte dies nicht. Gänzlich undiplomatisch und völlig unerbittlich behauptete er seine Meinung. Den Kritikern Vischers war diese Unerbittlichkeit bewusst; die sich gegen ihn stellten, bezogen sich nicht nur auf die Antrittsrede, sondern auch auf früher Publiziertes und Gesagtes, und sie kalkulierten ein, was von ihm weiterhin zu befürchten war. Er attackierte mit der Waffe des Witzes – seine Gegner rügten dies als Frivolität; aber er kündigte in seiner Rede an, dass er auch weiterhin *die unangenehme Kraft des Lächerlichen* einsetze, *um alles das zu verfolgen,* was er *als eine rohe Trübung der reinen Idee auf dem Boden der Wissenschaft erkenne.*

Vischer mischte sich grundsätzlich ein. Seine Schriften – nicht die umfangreiche, über weite Strecken trocken-systematische »Ästhetik«, sondern die kleinen, in Zeitungen und Jahrbüchern erschienenen Essays – sind deshalb so interessant und amüsant, weil er darin Schwächen seiner Zeit, aktuelle Probleme und die ganzen Vertracktheiten der Bürgergesellschaft aufgreift: die komplizierten unterwürfigen Umgangsformen, den Wust an Titulaturen, den Wandschmuck aus süßlichen Nazarenerbildchen, die fehlende Geselligkeit und – nicht zuletzt – die durch die Produktion angeheizten Kapriolen des Modewechsels. Seine Kritiken sind erfrischende Botschaften aus einem ferngerückten

Jahrhundert – nicht überholt, da auch sein prinzipielles Erziehungsziel nicht überholt ist: *aus einem geteilten einen ganzen Menschen herstellen.*

NATUR UND POESIE

Heinrich Hansjakob attackiert die Kultur

Dass die kulturelle Entwicklung kritisch begleitet wird, ist ein selbstverständlicher Teil des Entwicklungsprozesses: Bestimmte Ausformungen der Kultur werden in Frage gestellt, und so wird der Versuch gemacht, der Kultur eine andere Richtung zu geben – manchmal vergeblich, manchmal mit Erfolg. Wenn von Kulturkritik die Rede ist, werden damit aber im allgemeinen radikalere Einstellungen anvisiert, grundsätzliche Zweifel am Wert, ja an der Möglichkeit kultureller Entwicklung.

Der aus Haslach im Kinzigtal stammende badische Pfarrer Heinrich Hansjakob war ein engagierter Vertreter dieser radikaleren Kulturkritik. Kultur ist für ihn die *Unglückshexe der Menschheit* vom ersten Schultag an, sie verzärtelt die Menschen und treibt sie in die Genusssucht; Kultur ist ein Feuer, das zu wärmen scheint, letztlich aber zerstört. Für diese Abwertung des Kulturbegriffs durch Hansjakob gab es einen sehr spezifischen Grund. In Baden kam es in den 60er Jahren des 19. Jahrhunderts zu Auseinandersetzungen zwischen dem Staat und der katholischen Kirche. Der kirchliche Einfluss sollte zurückgedrängt werden, im Zeichen aufgeklärter Vernunft, aber auch mit dem Ziel durchgängiger staatlicher Organisation. Einige Jahre später machte auch in Preußen der Staat gegen die Kirche Front; und nachdem der Berliner Arzt und Abgeordnete Rudolf Virchow die staatlichen Maßnahmen gegen die Kirche als *Kampf für die Kultur* bezeichnet hatte, war allgemein vom *Kulturkampf* die Rede. Hansjakob stand in diesem Kampf; er wandte sich verschiedentlich gegen die liberale badische Regierung, die mit ihren Gegnern recht wenig liberal umging. Er erfuhr dies am eigenen Leib. Als er seine erste feste Stelle in Waldshut hatte, berichtete er unter dem harmlosen Titel *Aus den Ferien* über eine Reise, die er in seinen Heimatort Haslach im Kinzigtal unternommen hatte. Dort hatte er ein Steinkohlenwerk besucht und *nur zwei Menschen auf der Erde* angetroffen, *den Verwalter und den Maschinisten – drunten aber bis zur Tiefe von 1300 Fuß arbeiteten viele Männer und Kinder um schmählichen Tagelohn.* In Offenburg aber, so fuhr er fort, *leben in Saus und Braus die Mastbürger, deren Aktien die Kohle zutage fördern und sinnen nach, wie sie im Lande Baden die Feiertage abschaffen möchten, damit ihre weißen Sklaven in den Kohlengruben keinen Tag freies Gotteslicht genössen! Wahrlich ein fluchwürdiges Geschlecht, diese liberalen Krämerseelen unserer Zeit …* Dieser Passus brachte Hansjakob eine Untersuchung und, weil er nichts zurückzunehmen bereit war, die Degradierung ein, der wenig später die Entfernung aus dem Schuldienst und sogar ein Monat Festungshaft folgten, nachdem er sich in einer Wahlrede erneut gegen die Liberalen in der Regierung gewandt hatte.

Der Kampf gegen die Regierung war für ihn ein Kampf gegen die Kultur. Aber auch jenseits dieser politischen Fronten war ihm Kultur verdächtig. Dieser Begriff umfasste für ihn die ganze neue Entwicklung der Bildung, des Fortschritts, der Modernisierung, und Hansjakob sah die negativen Seiten dieses Prozesses, der die Menschen aus ihren traditionellen Bindungen und Lebensformen löste.

Hansjakob war gegen die Kultur. Und wofür war er? Er war – in seiner Terminologie – für *Natur* und *Poesie.* Mit Natur verband er nicht in erster Linie ein Gefühl für landschaftliche Schönheit; er zielte mit diesem Begriff auf das natürliche, naturnahe Leben der Menschen, auf den unmittelbaren Umgang mit der Natur, den er in der Umbruchsituation seiner Zeit verloren gehen sah. Er ging dabei nicht von abstrakten Überlegungen aus, sondern von den konkreten Erfahrungen, die er als Lehrer und Schulvorstand in Waldshut und danach als Pfarrer in Hagnau am Bodensee machte. In einer seiner Schriften lässt er einen Hagnauer zu Wort kommen, der klagt, dass der Staat mit den neuen Dampfschiffen *die kleinen Leute ruiniert und aus ihrem Leben, so voll von Lust und Durst, so voll von Arbeit und Erholung, die schönen Schiffertage genommen habe.* Technischer Fortschritt ist für Hansjakob kein Fortschreiten im schwer überschaubaren Gelände menschlicher Werte, und nicht alles, was als Erleichterung angeboten wird, macht tatsächlich das Leben und Zusammenleben leichter. Und indem Hansjakob »Lust und Durst« auf eine Stufe mit »Arbeit und Erholung« stellt, klingt auch schon sein Begriff von Poesie an. Auch im Hunger- und Überschwemmungsjahr 1817, so erzählt er, ging bei den Hagnauern *die Poesie nicht unter. Da die Straßen im Unterdorf fußhoch unter Wasser standen, beschlossen die Bürger, zum Andenken alle Schulkinder in einem großen Segelschiff durch das ganze Unterdorf führen zu lassen. Es geschah, und die hungrigen Kinder hatten die größte Freude.*

Was er Poesie nennt, entsteht für ihn nicht trotz, sondern wegen der einfachen Verhältnisse. Im höheren Alter war Hansjakob fast drei Jahrzehnte lang Stadtpfarrer in Freiburg. In dieser Zeit schrieb er seine wohl beliebteste Erzählung *»Der Vogt auf Mühlstein«*, die immer wieder aufgelegt und mehrfach von ihm ergänzt wurde. In der Überarbeitung von 1911 – Hansjakob war 74 Jahre alt – spricht er von der *Fülle poetischen Volkslebens* im Schwarzwald. Er beruft sich auf *die alten, hochkultivierten Griechen*; schon sie hätten gefühlt, *dass bei den Naturmenschen die Poesie wohne*, und deshalb den Sitz der Musen *nicht in eine Stadt, nicht in ein Fürstenschloss oder an eine Universität oder gar an eine höhere Töchterschule* verlegt, *sondern in die einsame Heide.* Und die Musen verkehrten *nicht mit Professoren und »Blaustrümpfen«, auch nicht mit Hofdamen und Kammerjunkern, sondern mit Hirten, das* *heißt mit Bauern.* Die Abneigung gegen alle modernen Formen der Bildung ist unverkennbar, aber sie verbindet sich mit der Sympathie für diejenigen, denen diese moderneren Formen ohnehin nicht zugänglich sind.

Was Hansjakob schildert, was er als Natur und Poesie hervorhebt, ist eigentlich ein Stück *Alltagskultur.* Es ist der Teil der Kultur, der sich nicht in Opernhäusern und Konzertsälen abspielt und der von den Vertretern der Zelebritätskultur oft kaum zur Kenntnis genommen wird. Friedrich Nietzsche sprach von der *erheuchelten Missachtung aller Dinge, welche tatsächlich die Menschen am wichtigsten nehmen*, und er zählt auf*: Essen, Wohnen, Sich-Kleiden, Verkehren.* Hansjakob interessierte sich für diese Dinge, und er spürte sie vor allem bei den unteren Sozialschichten auf, bei Menschen, die sich nur mühsam über Wasser halten konnten und die doch nicht ohne ›Poesie‹ lebten.

Um ein Romantisieren der Armut handelte es sich nicht. Hansjakobs Hagnauer Jahre fielen in die Gründerzeit, die zwar eine relativ kleine Schicht von Profiteuren der ökonomischen Entwicklung begünstigte, die aber vor allem Teile der ländlichen Bevölkerung aus ihren Bezügen herausriss und proletarisierte. Hansjakob bezog Stellung zugunsten der Benachteiligten. Noch im Schuldienst hatte er eine Studie über die revolutionären Hotzenwälder Salpeterer geschrieben; die Hagnauer Porträts, die er niederschrieb, konzentrieren sich auf Handwerker, kleine Bauern und Taglöhner;

und während seiner späteren Freiburger Zeit wandte er sich in einer kleinen Studie den *Nachtkönigen* zu, wie man die Kloakenräumer, die Abortleerer nannte, die ihre mühsame Tätigkeit verrichteten, wenn die Bürger schliefen. Im allgemeinen waren die Kloakenarbeiter gerade für spöttische Bemerkungen und dubiose Anekdoten gut; in Tübingen beispielsweise machte man sich in den sogenannten Gogenwitzen über sie lustig. Hansjakob dagegen nahm sie ernst und schilderte ihre elende Fron aus der Perspektive eines Kindes: *Am Sonntag, wenn der Josefle in die Kirche sollte, um die Predigt anzuhören und nachher für den Katecheten aufzuschreiben, kommandierte der überstrenge Vater einen Marsch hinaus auf die Dörfer, um die Bauern zu bestellen, welche den Inhalt der Kloaken holten und bezahlten. Und wenn dann gegen Mitternacht die Bauern anrückten, musste der Knabe mit und helfen den Eimer ziehen. Schöpfte dieser nimmer selber, so musste er auf einer Leiter hinabsteigen in die Kloake und den Eimer bedienen. Das war eine lebensgefährliche Arbeit. Ein Licht, das oben an der Öffnung in umgekehrter Stellung, die Flamme nach unten, angezündet wurde, sollte für den in der Grube Arbeitenden ein Zeichen sein, ob noch genügend Lebensluft vorhanden wäre.*

Hansjakob interessierte sich, wie er notierte, auch für *Menschen inferiorster Art, vielleicht auch zweideutigen Charakters*; und es war nicht das Interesse des

Schriftstellers an exotischen Szenerien, sondern direkte Anteilnahme. Allerdings vertrat er die Ansicht, *dass das Leben des einfachsten und armseligsten Menschen es verdiente, aufgeschrieben und veröffentlicht zu werden*; auch deshalb suchte er die Nähe zu den einfachen Leuten. Einmal erzählt er, wie er mit seinem großen Schlapphut, *wie ein Farmer aus einer der abgelegensten Prärien des Westens*, neben einem geistlichen Professor mit Vatermörder, Zylinder und Backenbärtchen stand und dachte: *Gott, wie froh bin ich* – wäre er nämlich seiner ursprünglichen Absicht nach Professor geworden, so würde er wohl ähnlich herumlaufen.

In den ersten Jahren seiner Hagnauer Zeit wurde er erneut verurteilt, weil er die parteilichen Entscheidungen bei einer Pferdeprämierung kritisiert hatte; die amtlich bestallten Tierärzte, deren Namen er anführte, sähen *nicht auf die Farbe der Stuten und Fohlen, sondern auf die Farbe der Bauern*. Drei Wochen verbrachte er im Gefängnis von Radolfzell. Er suchte dort regelmäßig die Arbeit im Holzschopf, denn dort traf er auf *Gesellschaft, mit der man verkehren kann, ohne ›Knigges Umgang mit den Menschen‹ studiert zu haben*. Dass ihm im Gefängnis ein Bauer sagte: *In meiner Jugend habe ich gearbeitet, dass ich im Alter trinken kann*, erzählt er nicht ohne Sympathie, und für übermütige Taten hatte er immer etwas übrig – egal, ob die Hagnauer 1848 Patronen machten und Kugeln gossen, sie aber dann zum Vergnügen über den See schossen, oder ob sie sich bei der Seegfrörne 1830 als erste aufs Eis wagten und nach einem gefährlichen Marsch das Schweizer Ufer erreichten.

Ein gewisser Übermut war auch ihm selbst nicht fremd. Immer wieder legte er sich mit der Obrigkeit an – erst stritt er gegen die Reglementierung der Geistlichen, die nach den Vorstellungen der Karlsruher Regierung ein staatliches »Kulturexamen« hätten ablegen sollen; später, gegen Ende seiner Zeit am See, kam er mit den Vertretern des politischen Katholizismus in Konflikt, weil er einen versöhnlichen Kurs gegenüber dem weltlichen Regiment empfahl, um den *Notstand in der Seelsorge* nicht noch größer werden zu lassen – aber auch, weil er sich von den autoritären Strukturen der kirchlichen Institutionen und von dogmatischen Setzungen wie der Unfehlbarkeit des Papstes distanzierte. In einem ökumenischen Gedenkgottesdienst zu seinem 90. Todestag im Schwarzwalddorf Hofstetten sagte deshalb der evangelische Pfarrer, Hansjakob sei *protestantischer als viele Protestanten* gewesen.

Hansjakob verstand sich aber nicht nur als Seelsorger, sondern auch – wie er sich einmal ausdrückte – als *»Leibsorger«*. Dieser Begriff hat freilich etwas Schlagseite bekommen, nachdem fleißige Historiker dem Pfarrer allerlei Fehltritte nachgewiesen haben, die man an seinen Wirkungsorten nicht recht wahrhaben wollte. Inzwischen haben sich seine Anhänger aber auch dort den verbrieften Tatsachen gebeugt. Der stattliche Pfarrherr (die Zeitgenossen betonten immer wieder die mächtige Erscheinung des fast zwei Meter großen Mannes) bezeichnete sich als *Schwärmer für die schönste Göttin, die Freiheit.* Das war er zweifellos, aber seine Neigung galt auch weniger allegorischen Gestalten. Dass er, an dessen Autorität im Dorf niemand zweifelte, auch auf das weibliche Geschlecht großen Eindruck machte, ist sicher; die Frage, wieviele Kinder er hatte, wird auch weiterhin die Bürger Hagnaus und seiner anderen Wirkungsorte beschäftigen und manchmal entzweien – im Rahmen dieser Skizze soll kein postumer Indizienprozess veranstaltet werden. Hansjakob selbst wollte mit dem Begriff *Leibsorger* betonen, dass ihm auch die materielle Seite des Daseins seiner Pfarrkinder am Herzen lag. Er kümmerte sich um ihr alltägliches Leben und Arbeiten, um materielle Nöte und wirtschaftliche Bedingungen. Und hier griff Hansjakob bekanntlich direkt und nachhaltig ein.

Der wichtigste Wirtschaftszweig der Gemeinde Hagnau war (und ist!) der Weinbau. Hansjakob gründete hier die erste badische Winzergenossenschaft – nach württembergischem Vorbild. Dazu hat sich Hansjakob meines Wissens nicht geäußert. Man kann fragen, ob er dazu schwieg, um so der eigenen Initiative den Anstrich einer Pioniertat zu geben; schließlich hob er seine Verdienste gern hervor und sorgte zu Lebzeiten mit dem Bau einer eigenen Kapelle für seinen Nachruhm. Aber es war wohl eher so, dass die Verschiedenheiten zwischen Badenern und Württembergern für ihn keine große Rolle spielten. Er registriert zwar, dass man in Baden und Württemberg unterschiedliche Rebsorten bevorzugt; und dass er bei seinem Aufzug in Hagnau einen württembergischen Vorgänger vertrieb, der gerne geblieben wäre, freut ihn recht unchristlich. Aber andererseits macht er den Schwaben auch einmal Komplimente, indem er feststellt, dass bei ihnen *gesunder Menschenverstand* herrsche und dass dort nur die Talentvollen studieren.

Baden und Württemberg – das war im ganzen nur eine neue Nachbarschaft, die er durch manchen Austausch und manche Besuche entlang dem See als unproblematisch erlebte. Lebendiger war für ihn die ältere Tradition der kleinen Territorien, die durch den Reichsdeputationshauptschluss beseitigt worden waren. Hansjakob verdrehte das komplizierte Wort zu Reichsdeputations*raubbe*schluss und machte so deutlich, was er davon hielt. Für ihn wirkten die alten Strukturen nach. Als ihn später eine seiner Reisen, die er in detaillierten Aufzeichnungen beschrieb, in die nähere Nachbarschaft führte, berührte er auch württembergische und hohenzollerische Orte, aber im wesentlichen bewegte er sich auf ehemals vorderösterreichischem Boden. Der katholisch-vorderösterreichische Einfluss reichte von Bregenz bis Freiburg, und er wirkte auch in das reichsstädtische Überlinger Gebiet hinein, zu dem Hagnau gehört hatte. Hier war ein eigener Kulturraum (auch wenn Hansjakob dieses Wort gemieden hätte), überlagert von den Strukturen der späteren politischen Grenzziehung, aber nach wie vor lebendig.

Man tut jedenfalls gut daran, die Entstehung der Hagnauer Genossenschaft nicht in die Plänkeleien zwischen Badenern und Württembergern einzubeziehen. Die Gründung war keine patriotische Demonstration, sondern eine ökonomische Notwendigkeit. Hansjakob, der übrigens selber Rebland besaß, befreite damit die Weinbauern aus der totalen Abhängigkeit von den Weinhändlern, die ihnen nur schlechte Kaufpreise boten, und er sorgte dafür, dass die Weine – im Anbau, der Lagerung und im Ausbau – verbessert werden konnten.

Darüber hinaus sah er im Winzerverein auch die Möglichkeit, die Mitglieder und damit den Großteil der Dorfgemeinschaft enger zusammen zu führen. Wenn nach der Generalversammlung der Winzertrunk stattfindet, dann kreist der von Hansjakob gestiftete Trinkpokal. Im Zusammenhang mit einem Freitrunk nach einer Marienwallfahrt erwähnt Hansjakob ausdrücklich die Einbeziehung der Frauen: *Auch für die Frauen gründete ich einen solchen Freitrunk, und es hat mich nie gereut. Der Pfarrer muss nicht nur für die religiösen, sondern auch für die sozialen und gemütlichen Bedürfnisse seiner Gemeinde sorgen.* Hansjakob stiftete mit dieser Innovation einen Brauch, der ihn überdauerte.

Es wäre allerdings ein großes Missverständnis, aus Hansjakobs Initiative abzuleiten, dass er ein Vorkämpfer der Emanzipation war. Es gibt Dutzende Bemerkungen von ihm, die in die entgegengesetzte Richtung weisen; je älter er wurde, umso häufiger schrieb er sie nieder – beiläufig oft nur, in Tagebücher, aber die veröffentlichte er, und auch sie fanden ein großes Publikum. *Kleinlichkeit, Äußerlichkeit, Empfindlichkeit, Putzsucht, Eitelkeit, Komödiantentum, Rachsucht, Zänkerei, Schwätzerei und eine mehr oder weniger große Portion Heuchelei und Lügerei* – das waren für ihn die Charakteristika der Frau. *Dass die Weibervölker Blumen malen und blutarme und bleichsüchtige Bücher schreiben*, sei *eine alte Geschichte. Aber dass sie ein Gymnasium absolvieren, Maturitätsprüfungen machen und Medizin, Naturwissenschaften und Philosophie studieren, ist die Narrheit und Unnatur zu Pferd.* Es sei an der Zeit, schrieb Hansjakob, das weibliche Geschlecht *in die Kinderstuben, an die Waschzüber, in die Küchen, zu den Stricknadeln und Spinnrädern zurückzutreiben.* Und nicht einmal in diesen »weiblichen« Revieren ließ er den Frauen den Vorrang: Es sei ein Armutszeugnis, dass *das Kleidermachen und das Kochen* von Männern ausgeübt werden müsse, *wenn was Rechtes dabei herauskommen soll.*

Hansjakob mühte sich zeitlebens um freie und vernünftige Anschauungen; aber solche Mühe beseitigt nicht unbedingt alle Vorurteile. Bedenklicher noch als seine generalisierenden Klischeevorstellungen über Frauen war seine Einstellung gegen die Juden. Die Tagebuchblätter, die er 1900 unter dem Titel *In der Karthause* publizierte, enthalten seitenlange Bemerkungen über die Juden, die nur von bösartigen Vorurteilen gespeist sind; Hansjakob bezeichnete sich selbst als *Antisemit* und sah die Juden in einem rücksichtslosen Kampf gegen die *Arier*. Die negativen Charakterisierungen formuliert er fast immer bäuerlich-derb, in Stammtischmanier gewissermaßen; das nahm ihnen aber nichts von ihrer gefährlichen Wirksamkeit, im Gegenteil. Das gilt für die antisemitischen Äußerungen so gut wie für die über die Frauen.

Hansjakobs Abneigung gegen die Frauen steigert sich übrigens noch, wenn *Weibsleute* Rad fahren – sie würde er am liebsten *für vogelfrei erklären*. Er unterstellt, dass vor allem *hässliche Weiber und Mädchen* fahren, *weil sie einiges Aufsehen machen wollen und sonst kein Hund nach ihnen bellt*. Die Kritik richtet sich hier nicht nur gegen die Frauen, sondern auch gegen ein neues technisches Gerät als Teil der *Kultur* im Sinne Hansjakobs: *Ich lasse mir Radfahren gefallen als ein praktisches Vehikel für Geschäftsleute, aber Dutzende von Kilometern über staubige Landstraßen dahinzurasen ist selbst bei Mannsleuten ein die Gesundheit schädigender Unsinn*. Hansjakobs Eintreten für *Natur* und *Poesie*, das ihn sensibel und in gewisser Weise durchaus modern auf ökologische Probleme reagieren lässt, blockiert ein gerechtes Urteil gegenüber technischen und zivilisatorischen Veränderungen.

Man darf allerdings Hansjakobs Skepsis gegenüber dem Fortschritt auch nicht pauschal als rückständig beiseite schieben. 1916, kurz vor seinem Tod, gibt er eine kleine Denkschrift mit dem schönen Titel *Zwiegespräche über den Weltkrieg gehalten mit Fischen auf dem Meeresgrund* heraus. Schon vorher hatte er sich gegen den Militarismus und den vor allem von Preußen beförderten *Rüstungswahnsinn* gewandt; er sah, dass die neuen Kampfmittel die Auseinandersetzungen noch blutiger machten, und er wandte sich gegen die Kriegsbegeisterung. Mitten im Ersten Weltkrieg setzte er sich für den Pazifismus und den *friedlichen Wettbewerb* der Völker ein. Das war eine neue Dimension der *Leibsorge*, zu der sich damals nur wenige, auch nur wenige Seelsorger bekannten.

TEXTNACHWEISE

Der Essay zu *Wilhelm Hauffs* Märchen »Zwerg Nase« ist ein Originalbeitrag.

Eduard Mörike als Briefschreiber wurde anlässlich des Abschlusses der großen Marbacher Briefedition vorgestellt in einem Vortrag im Literaturhaus Stuttgart, der im Jahrbuch der Deutschen Schillergesellschaft 2008 abgedruckt ist.

Friedrich Theodor Vischers Blick auf die Körperkultur war Gegenstand einer Ringvorlesung der Universität Tübingen im Sommer 2002 (erweiterte Druckfassung in »Sportkultur«, Tübingen 2006).

Beiträge zu *Johann Peter Hebel* und *Heinrich Hansjakob* sind im Sammelband »Berühmte und Obskure« (Tübingen 2007) veröffentlicht; sie wurden für dieses Buch überarbeitet.

ABBILDUNGSNACHWEISE

Seite 19
»Hebel und Vreneli«, Aquarell von Carl Josef Agricola, 1814.
© Historisches Museum Basel.

Seite 39
»Der Zwerg Nase«, Wilhelm Hauff, 1827, Titelblatt.
© DLA-Marbach.

Seite 67
Eduard Mörike (1804–1875). Lithographie von
Bonaventura Weiß, ca. 1851. © DLA-Marbach.

Seite 95
Friedrich Theodor Vischer. Fotografie von Friedrich Brandseph,
undatiert. © Städtisches Museum Ludwigsburg.

Seite 119
Widmungsblatt des Winzervereins Hagnau für
Heinrich Hansjakob (1837–1916) von Curt Liebich.
© Augustinermuseum, Städtische Museen Freiburg.
Fotografie: Hans-Peter Veser.

The PENTE-COSTAL MOVE-MENT

in the Catholic Church

The PENTECOSTAL MOVEMENT

in the Catholic Church

by

Edward D. O'Connor, C.S.C.

Ave Maria Press, Notre Dame, Indiana 46556

Nihil Obstat:
Robert J. Nogosek, C.S.C.

Imprimatur:
Leo A. Pursley, D.D.
Bishop of Fort Wayne-South Bend

First printing, 25,000, April 1971
Second printing, 15,000, July 1971 (with emendations)
Third printing, 10,000, October 1971 (with emendations)
Fourth printing, 10,000, August 1972 (newly emended)
Fifth printing, 10,000, January 1973
Sixth printing, 10,000, October 1973
Seventh printing, 20,000, June 1974 (Revised edition)

Library of Congress No. 70-153878
ISBN 087793-34-1 (cloth)
ISBN 0-87793-35-X (paper)

Manufactured in the United States of America

To

Sister Amata Fabbro

of the Dominican Sisters of Grand Rapids

whose glad fidelity to the Holy Spirit

has cheered the faith of many.

Contents

Preface to the Revised Edition 9

1. A New Breath of the Spirit 13

PART ONE: THE NOTRE DAME EXPERIENCE

2. A Fire Is Lighted 38
3. In the Public Eye 59
4. Growth, Maturity and Organization 81

PART TWO: THE MOVEMENT AT LARGE

5. Chief Elements of the Movement 111
6. Effects of the Movement 141

PART THREE: THEOLOGICAL REFLECTIONS

7. Pentecost and Traditional Spirituality 179
8. Dangers Inherent in Pentecostalism 221
9. Alienation from the Church 239
10. A Theological Assessment 263

Epilogue 287

Appendix: Report of the American Bishops 291

Bibliography 295

PREFACE TO THE REVISED EDITION

It has been seven years since the Pentecostal movement or charismatic renewal began to take shape in the Catholic Church. These have been seven fat years. From a handful of puzzled people gathered in a classroom, trying to decipher the meaning of their experience, there has emerged a world-wide movement with a well-defined concept of its nature and goals, and with highly developed organs, e.g., conferences, publications and committees, to realize them. While there are no reliable statistics on the number of people now involved,[1] they have certainly multiplied enormously; and what matters here is not exact data, but the overwhelming fact that, to so many of them, the renewal has brought a conviction, strength, light, joy, serenity and freedom they had not known before.

When the first edition of this book was being prepared, in the fall of 1970, this movement was only three and a half years old. Now it is three and a half years older. This span of time may be slight in terms of human history, but it doubles

1. Cf. pp. 16-17.

the age of the movement and gives a new perspective on it. The main developments since 1970 are three: 1) The renewal has become solidly established in Australia, England, Ireland and, what is even more significant, in countries of other languages, notably Mexico, Brazil and France. When the first edition of this book appeared, there were only bare beginnings in these countries. 2) The bishops of the Church have begun to concern themselves seriously and actively with the renewal. 3) Finally, some of the glow of the initial enthusiasm has been replaced by a more sober awareness of the human frailties that beset the Pentecostal movement, the mistakes that threaten it, and the laborious effort required to sustain it.

The present edition is intended to put this book in closer touch with the actual reality of the renewal. For economic reasons, it has been possible to revise only the historical part (chapters 1-4). It was also necessary to keep the number of pages the same, in order to avoid resetting the remainder of the book; hence, to make room for new material, I had to eliminate some details, many of which had lost much of their significance anyhow.

I made this revision during the summer of 1973, in preparation for the French and German translations.[2] The historical account was carried forward to the spring of that year. Some more changes and additions have been made since then for this new English edition, but the history has not been pursued any farther, nor the statistics updated. This part of the book is intended to illustrate the charismatic renewal, not to give a complete account of it or of any part of it; and serious statistics, which are very laborious to compile, rapidly become superseded.

2. For these translations, the entire book has been revised. The modifications in chapters 5-10 were slight, but not insignificant.

In prolonging the story of the charismatic community (now communities!) in the Notre Dame-South Bend area, I have had occasion to touch upon some pains and problems that had not arisen when the first edition appeared. I have done this for the sake of fuller realism. It produces a more representative portrait than one which remained on an idyllic note not balanced by any allusion to difficulties that are encountered in some form by every charismatic group. It is as if the first edition of St. Luke's story of the primitive Christian community had ended with Acts 4, and later on he had made the sobering addition of chapters 5 to 8.

Besides those whose contributions were acknowledged in the first edition, I thank Thomas Bonaiuto and my nephew, David Foster, for their help with this revision.

1

A New Breath of the Spirit

"I understand that some people in Pittsburgh have received the gift of tongues."

With that innocuous introduction, a young graduate student at the University of Notre Dame began a story that was to get more surprising with each sentence. Bert and I were sitting in the basement of Old College, along with a half dozen other students, most of them undergraduates. We had gathered to lay plans for an "Antioch Weekend"[1] that was to be held soon. But on this particular night, March 14, 1967, we never got to the business of the weekend. The story Bert had to tell absorbed all our attention for the rest of the evening. When we had heard it out, and discussed it at length, someone suggested, "We ought to pray and think about this some more." We did pray, and then separated, wondering what these surprising things might mean.

Since then seven years have passed, and I would not want to count how many more evenings have been absorbed by the sequel to that story. I would not be able to count how many lives have been transformed by the grace of Christ

1. An Antioch weekend is a short, intense retreat, modeled on the Cursillos of Bishop Hervas, but adapted to the mentality of American college students. Its aim is to confront the student with the question, "What does it mean to be a Christian?" The name comes from Acts 11:26: ". . . in Antioch the disciples were for the first time called Christians."

through the charismatic renewal of which we were witnessing the beginning.

The story Bert told went back to the spring of 1966. In Pittsburgh, Pennsylvania, at Duquesne University (conducted, appropriately enough, by the Holy Ghost Fathers) two laymen on the faculty were actively engaged in various liturgical, spiritual and apostolic endeavors. They were disappointed, however, with the results of their efforts, and it struck them that they did not seem to have the ability to proclaim the gospel with power as the early Christians had done. They made a pact to pray for each other that they might be filled with the gifts of the Holy Spirit, and they agreed to recite daily the hymn from the Mass of Pentecost:

Come, thou Holy Spirit, come!
And from thy celestial home
Shed a ray of light divine!
Come, thou Father of the poor!
Come, thou source of all our store!
Come, within our hearts to shine!

Thou, of comforters the best;
Thou, the soul's most welcome guest;
Sweet refreshment here below;
In our labor, rest most sweet;
Grateful coolness in the heat;
Solace in the midst of woe.

O most blessed light divine,
Shine within these hearts of thine,
And our inmost being fill!
Where thou art not, man hath naught,
Nothing good in deed or thought,
Nothing free from taint of ill.

Heal our wounds, our strength renew;
On our dryness pour thy dew;
Wash the stains of guilt away:
Bend the stubborn heart and will;
Melt the frozen, warm the chill;
Guide the steps that go astray.

On the faithful, who adore
And confess thee, evermore
In thy sevenfold gift descend;
Give them virtue's sure reward;
Give them thy salvation, Lord;
Give them joys that never end.

The two men were faithful to this prayer all the rest of that year. The full story of what happened as a result of it cannot yet be told.[2] For our purposes here, it is sufficient to say that some 20 people—faculty and students at the University—experienced a profound religious transformation in their lives. Above all, they were brought into real, personal contact with the living Christ. This event was also marked by the appearance of charismatic activity like that known in the early Church: many of them received the gift of tongues, several received other gifts also, such as prophecy, discernment of spirits, and the power of exorcism.

As a result of this experience, which occurred in February, 1967, a small prayer group was formed. It still exists today, larger in size and broader in scope; it is no longer specially attached to Duquesne University, but draws from all over the Pittsburgh area people seeking to enter into a deeper

2. An outline of the Duquesne story has been given in *Catholic Pentecostals,* by Kevin and Dorothy Ranaghan, Paulist Press, chapter I.

relationship with God.

Within a month, what had begun at Duquesne spread to the University of Notre Dame and to the Catholic student parish of Michigan State University. From these three centers it spread further, to Cleveland, to the University of Iowa, to the University of Portland (Oregon), and elsewhere. Soon people were speaking of a "Pentecostal movement" in the Catholic Church.

Meanwhile similar developments were taking place in other parts of the country. On the east coast, in Boston and Orlando (Florida), on the west coast, in Seattle, Portland and Los Angeles, as well as in St. Louis and in central New York State, charismatic prayer groups came into being among Catholics, quite independently of those mentioned above. The majority seem to have originated about the same time as the Duquesne group, and some were definitely previous to it.[3] However, almost nothing has been published about them, and it is difficult to obtain accurate information in the case of several which proved to be abortive.

By January 1, 1973, only six years after the Duquesne experience, the number of Catholic charismatic prayer groups registered at the Communication Center[4] at Notre Dame

3. Cases are also known of individual Catholics who had received the "baptism in the Spirit" and the gift of tongues many years before the beginning of any of the groups mentioned above. In most cases, this seems to have come about through the influence of some Pentecostal neighbor or relative, although it is risky to generalize about a phenomenon so diffuse and so private. There are also some cases in which this gift seems to have been received independently of contact with members of any denomination. One example will be mentioned in the following chapter. In 1960, *Time* magazine published a letter which declared, "I am a Roman Catholic and for years have found speaking in tongues to be an integral part of my private worship" (August 15, p. 2).
4. The origin of this center after the National Conference of 1970 is described in chapter 4.

rose above 1,000. The vast majority of these (855) were in the United States, with 65 more in Canada.[5] The remaining 80 were scattered unevenly throughout the rest of the world. These figures were certainly incomplete, since groups often exist for a long time before being recorded.[6] It is impossible to give anything like a precise figure of the number of people involved, since there is no official membership, there are endless different degrees of "involvement," and no systematic study of the matter has yet been made. However, on the basis of the estimates given by the prayer groups themselves as to the number of people who come regularly to the meetings, it has been calculated that, as of January, 1973, about 35,000 Catholics belonged to these prayer groups in the United States, and about 2,570 in Canada.[7] When allowance is made for unregistered groups, and members of groups that are not specifically Catholic, as well as those who belong to no group at all (probably very few), it would seem plausible to suppose that something in the neighborhood of 50,000 Catholics were seriously involved in this movement in the United States and Canada in January, 1973.[8]

5. For some vivid details (but not statistics!) on the movement in Canada, see the anonymous report, "The Canadian Renewal," *New Covenant,* January, 1973, 11-15.
6. It also happens, of course, that groups that have gone out of existence continue to be counted for a while because there is no automatic way to eliminate them from the files.
7. These calculations were made by Miss Laura Tolosco of the Communication Center at Notre Dame from the estimates submitted by the individual groups themselves as to their total membership and the percentage of Catholics. She found that the average number of Catholic members in a group was 40.93 in the United States and 39.53 in Canada. (Most "Catholic" groups include a considerable number of non-Catholics.)
8. On March 12, 1974, the *Wall Street Journal* reported that, "according to leaders of the movement, an estimated quarter of a million U.S. Catholics currently practice Pentecostalism." I know of no solid grounds for such conjectures.

In the rest of the world, the movement has spread very unevenly. Its strongest development is in the English-speaking countries: Britain,[9] Ireland, Australia and New Zealand. In continental Europe, it is well established in France,[10] has a strong foothold in Italy and Denmark, is barely beginning in Germany, Belgium and the Netherlands, and has scarcely touched Spain and Scandinavia. It is of particular interest to note that in Rome a charismatic prayer group began in 1971 among English-speaking religious studying or otherwise occupied there. Out of it have sprung French, German and Italian speaking groups.

In Latin America and the Caribbean Islands, there is a light sprinkling of charismatic groups, with a surprisingly strong concentration in Puerto Rico.[11] A still lighter sprinkling is to be found in the Far East (India, Thailand, the Philippines), with another surprising concentration on Taiwan.[12]

Most of the prayer groups are composed chiefly of lay people. In some places they have been quite deprived of any support from the clergy, a fact that has been the cause of both pain and problems. Nevertheless, on the whole, there are a considerable number of priests, nuns and religious brothers in the movement.[13]

9. A list of British Catholic groups compiled in the summer of 1973 totaled 58.
10. By the end of 1973, there were over 100 Catholic groups in France according to A. Woodrow, *Informations Catholiques Internationales* 448 (January 15, 1974), p. 15.
11. The *Directory of Catholic Charismatic Prayer Groups* published by the Communication Center (Box 12, Notre Dame, Ind.), June, 1973, lists 59 groups in Puerto Rico.
12. Thirteen groups are listed *ibid.*
13. At the International Conference on the Charismatic Renewal in the Catholic Church, held in June, 1973 (more on this in chapter 3), out of an estimated 22,000 people who took part in the closing Mass, there were over 500 priests concelebrating, besides an unknown number of other priests who attended without concelebrating; in other words, more than one priest for every 44 laymen

The attitude of the bishops toward the movement has varied greatly from one diocese to another. No doubt this is due in part to the fact that the character of the movement itself also varies greatly from one place to another. The majority of bishops seem to be observing the movement with caution, and have not yet made any personal judgment about it. A few have placed some restrictions on it, at least for a time.[14] Others have been very positive in encouraging the movement. Several have participated personally in the prayer meetings, and have been prayed over for the baptism in the Spirit. Bishop G. Emmett Carter, of London, Ontario, wrote the following impression of Pentecostal Catholics in a circular letter to his priests:

> What I find is that these are persons who are using the holy scripture with the inspiration and movement of the Holy Spirit himself to develop a deep sense of the presence of God and of his effective action in their lives. Far from causing people to be more removed from the Church in all of its aspects, they constantly declare how much it has helped to make them even better Catholics in the traditional sense of the term. I pray every day that this spirit will spread rapidly, and, above all, affect our own diocese.[15]

In November of 1968, the National Conference of Catholic Bishops recommended that a formal study of the move-

---

present. While it cannot be assumed that this accurately reflects the proportion of those actively involved in the renewal at large, it is nevertheless an impressive bit of evidence.

The number of religious sisters in the movement is certainly higher than that of priests, but there is no ready way to gauge its extent. Cf. Joseph Fichter, "Women in charismatic renewal," the *National Catholic Reporter*, Sept. 28, 1973, p. 11.

14. For more details on this point, see chapters 3 and 6.
15. Circular Letter #8, March 20, 1970.

ment be made by its Committee on Doctrine. This committee, headed by Bishop Alexander Zaleski, of Lansing, Michigan,[16] made its report at the regular meeting of the Conference in Washington, D.C., November 14, 1969. The report declared the movement to be theologically sound, with a strong biblical basis. The most prudent way to judge the movement, the report continues, is to observe its effects. These seem to be good, although it was too early to draw a definite conclusion. It was recommended that the movement "not be inhibited but allowed to develop," with appropriate pastoral supervision.[17]

Two and a half years later, a second report was made to the American Bishops at their meeting in Atlanta, Georgia, April 13, 1972. Bishop Joseph Bernardin, General Secretary of the National Conference of Catholic Bishops, had sent a questionnaire to all the bishops, asking for their impressions of the Pentecostal groups in their dioceses. Their responses were predominantly favorable, noting the emphasis on prayer and personal holiness, the demand for ongoing conversion, and the increase of devotion to the Church and to the sacraments that is commonly found in these groups. On the other hand, they warned against emotionalism and anti-intellectualism, as well as the danger of religious indifferentism and of the formation of "gnostic sects." Most of them favored maintaining the 1969 recommendations of the Committee on Doctrine.[18]

16. By a fortunate coincidence, his was one of the first dioceses in which the movement had developed.
17. The full text of the report is given below, p. 291.
18. An informal report on this survey was given orally, by Bishop John Quinn, in the name of the Committee on Pastoral Research and Practices. No official statement on the matter was issued by the Conference. An account of the report and a commentary on it were published by Bishop Joseph McKinney in *New Covenant,* June, 1972, p. 10.

II

The charismatic renewal among Catholics, which has just been sketched in outline, is only one chapter in the history of a movement that is affecting nearly all the Christian churches in nearly every part of the world. This movement is regarded by many as one of the most significant developments of modern Christianity. It had forerunners, among whom the Irvingites in England during the 1830's were perhaps the most significant. The modern Pentecostal movement, however, originated in the late 19th and early 20th centuries. It seems to have welled up more or less simultaneously and independently in various parts of the world, notably Armenia, Wales, India and the southern and western United States. It was not a function of any one denomination, although in America the Holiness churches had a special importance in preparing the way for it. The mainstream can be dated from New Year's day, 1901.[19] In Charles Parham's Bible school in Topeka, Kansas, a devout prayer service had been held on New Year's eve to prepare for the coming year. On New Year's day itself, the "presence of the Lord" was still there, "stilling hearts to wait upon him for greater things."[20] Miss Agnes Ozman, one of the students, felt impelled to ask Parham to lay his hands

19. Some writers say New Year's eve, 1900, and I also repeated this error in the *Ecumenist* 6 (1968), p. 161. However, Agnes Ozman declares expressly that is was about 11:00 p.m. on the first day of 1901 that she was prayed over and received the gift of tongues: cf. *What God Hath Wrought,* by Agnes N. (Ozman) LaBerge, Chicago, Herald Publishing Co. (n.d.), pp. 28-29. The text has been cited from N. Bloch-Hoell, *The Pentecostal Movement,* Copenhagen, 1964, p. 23.

20. Agnes Ozman, as quoted in *The Life of Charles F. Parham, Founder of the Apostolic Faith Movement,* by Sarah E. Parham (Joplin: Tri-State Printing Co.), p. 66. I have taken this citation from *The Promise Fulfilled: a History of the Modern Pentecostal Movement,* by Klaude Kendrick (Gospel Publishing House, Springfield, Mo., 1961), p. 52.

on her head, as was done in the New Testament, so that she might receive the gift of the Holy Spirit. When this was done, she underwent a remarkable spiritual experience. "It was as though rivers of living water were proceeding from my inmost being,"[21] she later declared. She began to pray in strange tongues, and the following day a Bohemian recognized her to be speaking his native language.

During the next few days, the same experience came to many others at the school, who began at once to proclaim it abroad. They met little acceptance and much opposition. For several years, the Pentecostal message spread erratically and unobtrusively across the Southwest. In 1906, a new outburst occurred in Los Angeles that was to send it all over the world. A group of people, both whites and blacks, had begun to hold prayer meetings daily in a private home, asking God to send the Spirit "with signs following." They set aside ten days for fasting and prayer. On April 9, a Negro boy spoke in tongues, and after him six others did likewise. Crowds were attracted by the ensuing commotion, and as they drew near, the Spirit seemed to fall on many of them. Within days it became necessary to move to larger quarters—an abandoned old Baptist church on Azusa Street, near a stable and a lumberyard. The services were led chiefly by a Negro preacher, W. S. Seymour, a man of little education, blind in one eye. He was not eloquent and did not preach much. He used to sit behind two packing cases, one on top of the other, and rest his head in the upper one, praying while the services went on around him. During the next three years, thousands of people from all over the United States, and many from other parts of the world, received the baptism in the Spirit at the Azusa Street mission and went home to impart it to others.

21. Agnes N. (Ozman) LaBerge. *What God Hath Wrought,* Chicago, Herald Publishing Co. (n.d.), p. 29. Cited from Kendrick, *op. cit.,* 52-53.

Those who accepted the Pentecostal Spirit were for the most part driven out of the established churches by ridicule, persecution, or excommunication. As a consequence, they were led to congregate together in new churches and denominations, which are usually categorized as Pentecostal. Although they derive from Protestant backgrounds, the Pentecostal churches are not typically Protestant in their beliefs, attitudes or practices. Many historians, as well as many of their own members, regard them as a "third force" in the Christian world, between Protestantism and Catholicism.[22] Today, there are in the neighborhood of 15 or 20 million denominational Pentecostals in the world,[23] even though barely 70 years have elapsed since their origin.[24]

During the 1950's, Pentecostalism entered into a new phase, as the charisms began to be received by members of the

22. This notion seems to have been popularized by Harry P. van Dusen; cf. his article, "Third Force in Christendom," *Life* 44 (June 9, 1958), 113-122.
23. All authors agree that it is difficult to obtain accurate statistics about the Pentecostals. As Damboriena points out, they are too busy growing to keep count. At the same time, they have a notorious tendency to inflate statistics. The estimate of 15 million was made by the World Council of Churches in 1969 (reported in the *New York Times* for Sept. 6, 1969, p. M27). *Time* magazine for Oct. 8, 1973, says that they now number "a claimed 20 million adherents."

    Furthermore, it is not clear whether these figures refer only to adults who have received the baptism in the Spirit, or whether they include also the children of Pentecostal families. Most Pentecostal denominations do not count a person as a member until he has given evidence of having "received" the Holy Spirit.

    In 1963, K. Algermissen estimated that there were 5.6 million "baptized" adult Pentecostals in the world, or about 15 million if children were included for the sake of comparison with other denominations (Lexikon f. Theologie u. Kirche, 2nd ed. VIII, 420).
24. For fuller information, see especially the works of Hollenweger and Damboriena, cited in the Bibliography.

established churches[25] who refused to withdraw and join a Pentecostal denomination, but instead remained in the church to which they already belonged. This phenomenon, which has been named "Neo-Pentecostalism," was first noted among the Episcopalians about 1958 in Monterey Park, California, and Wheaton, Illinois. The Episcopalian hierarchy quickly became concerned about it, and appointed committees to make an official investigation. The reports submitted by these committees during the early 1960's culminated in a statement issued by Bishop James A. Pike, May 6, 1963, which strongly discouraged the use of glossolalia, the laying on of hands (outside the sacrament of Unction of the Sick), and unofficial exorcism.[26] (Ironically, it was this same Bishop Pike who astounded the world a few years later by embracing spiritualism of an entirely different order, that of communication with the dead, in his book, *The Other Side*.)[27]

Meanwhile, the American Lutheran Church likewise became concerned over the appearance of glossolalia among its members. A "Committee on Spiritual Gifts" was appointed which made a preliminary report on October 24, 1962, at the

25. In 1953, the Full Gospel Business Men's Fellowship was founded by Demos Shakarian to encourage people to be open to the Spirit while remaining in their churches. It has grown astoundingly, and has been a powerful influence. Cf. "The Demos Shakarian Story," and the monthly *Voice,* both published by the FGBMFI at 836 South Figueroa Street, Los Angeles, Calif. 90017.
26. It was above all the gift of tongues that aroused concern. In 1960, a "Special Commission on Glossolalia" made a report to Bishop Gerald Francis Burrill of Chicago. In May of 1963, a "Study Commission on Glossolalia" for the Episcopal diocese of California made a preliminary report, which was followed by the pastoral letter of Bishop Pike at Easter, 1963. This letter was reprinted in *Pastoral Psychology*, 15 (May 1964), pp. 56-61. Cf. also James Pike, "Glossolalia," *The Living Church,* 146, (May 19, 1963), p. 11.
27. James A. Pike, *The Other Side,* New York (Doubleday), 1968. The tragic and strange events which led the bishop to spiritualism occurred chiefly in 1966.

General Convention in Milwaukee. This report, which was "commended to the attention of the congregations," was soon supplemented by other studies emanating especially from Luther Theological Seminary in St. Paul. The final report of the Committee on Spiritual Gifts acknowledges that "speaking in tongues is one of several gifts of the Spirit described in scripture," but for the most part insists on the problems and dangers associated with the exercise of this gift.[28]

It was not until much later that the Presbyterians took official cognizance of the matter, but when they did, they were far more thoroughgoing than their predecessors. A special committee on the work of the Holy Spirit was appointed in 1968 by the General Assembly of the United Presbyterian Church in the United States. This committee made an extensive study of the charisms from both exegetical and psychological points of view. Their 56-page report[29] was accepted by the 182nd General Assembly of the Church (May 14-20,

28. The Commission on Evangelism of the American Lutheran Church appointed the "Committee on Spiritual Gifts" to study, among other things, the phenomenon of speaking in tongues. The preliminary report of this committee, drawn up in September, 1962, was received by the Milwaukee convention in October, 1962. The following winter (1962-1963), Dr. Lowell J. Satre, professor of New Testament at Luther Theological Seminary in St. Paul, Minn., prepared a paper, "Glossolalia in the New Testament," which the committee thereafter distributed as a supplement to its own report. In the spring of 1963, the faculty of Luther Theological Seminary issued a statement on speaking in tongues. I have not been able to ascertain the precise date at which the final report of the committee was issued.

My attention was drawn to these documents by Father Kilian McDonnell, O.S.B., in his article, "Catholic Pentecostalism," *Dialog,* Winter, 1970, 37-54 (see especially note 74). I am grateful to him, and also to the Reverend Morton T. Kelsey and the Reverend J. Rodman Williams, for procuring these documents, as well as those cited in note 26, for me.

29. "The Work of the Holy Spirit," Report of the Special Committee on the Work of the Holy Spirit to the 182nd General Assembly,

1970), which adopted what it expressly called "a position of 'openness' regarding the Neo-Pentecostal movement within our denomination" (p. 27). "In our Reformed tradition," declared the report, "we believe God is constantly seeking to reform and renew his Church, including the United Presbyterian Church. The advent of Neo-Pentecostalism into our denomination may be one aspect of reformation and renewal" (p. 26). The main thrust of the report was to urge Pentecostal and non-Pentecostal church members to get along with understanding and respect for one another.

A year later, the Southern Presbyterian Church likewise published a report relating to charismatic aspects of the Christian life. Entitled, "The Person and Work of the Holy Spirit,"[30] it summarized both the scriptural doctrine and that of the Presbyterian confessions of faith, giving special attention to the baptism in the Spirit.

The Baptist General Conference is preparing a resolution on "Biblical Charisma" to be considered at its 1975 annual meeting. Although the resolution is not yet in its final form, a tentative draft drawn up by the Resolutions Committee takes a sober but open and positive stance in regard to the charisms. This is remarkable, since the Baptist churches in general have been among the most hostile toward Pentecostalism.[31]

What impelled the Episcopalians, Lutherans, Presby-

---

the United Presbyterian Church in the United States of America, 1970, published at the Office of the General Assembly, 510 Witherspoon Building, Philadelphia, Pa. 19107.

30. This report, published anonymously, by authorization of the 1971 General Assembly of the Presbyterian Church in the United States, was largely the work of Reverend Dr. J. Rodman Williams, professor of Systematic Theology and Philosophy of Religion at Austin Presbyterian Theological Seminary in Texas. It can be obtained from the Office of the General Assembly, 341 Ponce de Leon Avenue, N.E., Atlanta, Georgia 30308.

31. As late as 1973, the Minnesota Baptist Convention condemned the "charismatic movement" as "one of the largest instruments

terians and Baptists to undertake these official investigations was the fact that many of their communities were being rent by sharp disagreements over the question, whether a charismatic (and in particular a glossolalic) could remain a member in good standing of the church or of the ministry. The divisions are in some cases still far from being healed. Meanwhile, many other denominations, without undertaking any official action on the subject, are also finding that the Pentecostal question has become a lively issue among their members. Whatever the outcome may be, it is already clear that the penetration of the Pentecostal spirit into the established Protestant churches was one of the major religious developments of the 1960's.

Against this background, it was perhaps inevitable that the Pentecostal movement should appear in the Roman Catholic Church also. Nevertheless, when it occurred it astounded most observers. By and large, the Pentecostal churches had been deeply hostile to Catholicism, which in their eyes was the epitome of that formalism and organization which suffocate the Spirit. It was axiomatic among them that a Catholic would have to leave his church in order to receive the Spirit. On the other hand, most Catholics either had not taken the Pentecostals seriously, or had recoiled from the emotionalism and fanaticism associated with them.

No one, therefore, was prepared for the ready acceptance which Pentecostal spirituality was to encounter in the Catholic Church. It has spread far more rapidly there than in any of the other established churches, and opposition to it has been much less intransigent. Several observers from the Pentecostal denominations have commented with surprise on how easily Catholics seem to receive the "baptism in the

---

being used for the forming of the ecumenical 'harlot church.' " Resolution IX of the 114th annual meeting, reported in the *North Star Baptist*, August/September, 1973, p. 23.

Spirit." The Catholic hierarchy have been more open and favorable to the movement than the officials of any other church.

It is true that in the Catholic Church the mood of Pentecostalism has altered noticeably: it has become more quiet and gentle, less demonstrative. Nevertheless, the experience of the "baptism in the Spirit" and the appearance of the charisms leave no doubt that it is the same Spirit that is at work here as elsewhere. On the other hand, the Catholics who have accepted Pentecostal spirituality have found it to be fully in harmony with their traditional faith and life. They experience it, not as a borrowing from an alien religion, but as a connatural development of their own.

III

A word must be said about the expressions, *Pentecostal movement* and *charismatic renewal.* The former has long been standard for designating the religious movement which sprang out of the events at Charles Parham's Bible School and the Azusa Street mission. For a long time, it was practically identified with the "Pentecostal" denominations. When, however, Pentecostal spirituality began to penetrate the historic churches, terminological difficulties arose. The term *Neo-Pentecostal* was coined to designate this new development; by contrast, the incongruous term, *classical Pentecostals,* was applied to the older charismatic denominations.[32] When Roman Catholics began to accept the Pentecostal spirituality, some authors hesitated about whether they too should be called Neo-Pentecostals, or whether this name should be reserved for Protestants.

Meanwhile, many of the "Neo-Pentecostal" Protestants,

32. On this term, see p. 240 below.

uneasy with a name that was so strongly colored by "Holy-Roller"[33] connotations, began to speak of the "charismatic renewal" rather than the "Pentecostal movement." This term was in turn adopted by Catholics, and among them has gained the widest currency. However, it was still unfamiliar to most people in 1971, when the first edition of the present book appeared, for which reason I there preferred to stay with the term, *Pentecostal movement.*[34] But by 1974, *charismatic renewal* has become the more usual term among Catholics and Protestants, and is well received even among the main-line Pentecostals. I will use the two terms interchangeably.

It is unfortunate that for so many people *Pentecostal movement* connotes the teachings, practices and attitudes associated with the Pentecostal denominations, since its normative reference is not to any denomination but to the great Pentecost of Acts 1. It is unjust to assume, on the grounds of the name, that the *Neo-Pentecostal movement* in the established Protestant churches is a sectarian invasion. Similarly, from the Catholic point of view, it is not legitimate to assume that *Pentecostal movement* denotes an incursion of Protestant influence. This is simply a term for a movement that is being felt throughout the whole spectrum of the Christian churches, and takes on diverse expressions according to the doctrines and comportment of each. Its common element is an intensified awareness of the role of the Holy Spirit in the Christian life, marked by the reappearance

33. The term, *Holy Roller,* seems to have originated in the United States during the 19th century as a term of mockery for participants in religious sects or revivals characterized by frenzied excitement and uncontrolled gesticulations, including falling on the floor, flailing with arms and legs, etc. It was readily extended to any enthusiastic sect, whether or not they actually countenanced rolling on the floor. When the Pentecostals appeared, they became a prime target for this epithet.
34. See p. 31, n. 24, of the first edition.

of charismatic activity like that of the primitive Church. The essential question that has to be asked in appraising the movement is whether it is simply the product of the natural forces of religious psychology, or represents a real action of the Spirit.

Occasionally I have been obliged to speak of "Pentecostalism," or "Pentecostal spirituality." I do so with reluctance, because I believe that this movement is to be regarded fundamentally not as an original interpretation of Christianity or a new school of spirituality, but as a reemergence of certain authentic aspects of Christian life which have fallen somewhat into neglect. Fundamentally, there is only one way to be a Christian, and only one form of Christian spirituality; this consists in being conformed to the image of Jesus Christ by his Spirit dwelling within us. This has always been the first principle of Christian existence, and it did not take the Pentecostal movement to reveal it.

Nevertheless, within the essential unity of Christian spirituality, there are differences of tone and style, due to the varied emphases placed on different aspects of the life. Viewed from this angle, there is no doubt that the charismatic renewal has its own distinctive character. Chapter 10 will endeavor to show that its distinctive notes are authentically Christian. Nevertheless, to be able to discuss this matter, it is necessary to have some term for that which is being discussed; hence "Pentecostalism" and "Pentecostal spirituality."

The term *movement* is also liable to misunderstanding. As frequently used today, e.g., of the civil rights movement, the labor movement, or the pacifist movement, it implies that numbers of people have joined forces in a more or less concerted effort on a common project.[35] This supposes a goal

35. In this sense, the *Oxford English Dictionary* defines the term thus: "A course or series of actions and endeavors on the part of a body of persons, moving or tending more or less continuously

that is aimed at and a deliberate pursuit of that goal; usually it connotes a considerable degree of organization and method. On all these points, it could be misleading to apply the term *movement* without qualification to the Pentecostal renewal, at least as it has developed among Catholics. It did not originate by the deliberate adoption of any goal, is not an organized enterprise, and does not consist in a method. It is indeed a movement, inasmuch as it consists of a multitude of people moving in the same general direction, and influencing one another. But their unity does not derive, at least basically and originally, from any intention or plan of their conceiving. In fact, what is most remarkable about this movement in its early days is how unexpectedly it arose and how spontaneously it spread. Most of those who were involved in it at the beginning found themselves taken quite by surprise.

In the course of its development it has indeed become more aware of its aims, more deliberate in its efforts, more methodical and organized. But it would be wrong to let these trends, the outcome of which cannot be foreseen, obscure the basic character of the movement, as something that happened without human planning and beyond all expectation.

This movement resembles that of a field of grain bending in the wind. Each stalk moves independently of the others; yet they all sway more or less in unison, because the same force is acting upon them all. Better yet, the Pentecostal movement is comparable to a fire racing through a field of stubble. The burning stalks pass the fire on to one another, and thus give a continuity to the whole blaze, but not as though the grasses had deliberately joined forces. The new Pentecostal fire has

towards some special end." The earliest example it gives of this usage is from Disraeli in 1828, speaking of "political movements." The *Random House Dictionary of the English Language* (unabridged; 1966) gives the following definition: "A diffusely organized or heterogeneous group of people or organizations tending toward or favoring a generalized common goal."

likewise leaped from one person to another, and thus has gone across the country. Everywhere it has largely the same characteristic effects: the charisms, a spontaneous desire to praise God, a powerful attraction for the reading of scripture, and a warm spirit of fraternal affection for others, all of which find expression in informal prayer meetings. Unity therefore there is, but not one produced by human planning. What is its source? What is the nature of the wind that is bending the grain or the fire racing through the stubble? This is the question that must be asked about the Pentecostal movement.

Meanwhile, it must be noted that besides the unity and homogeneity just cited there is also a great deal of variety. No single evaluation can be made of the movement as if it were a solid block. Because freedom is of its very essence, and because there is no authority to impose any system of standards, each Pentecostal group tends to develop in ways peculiar to itself. Also the names *Pentecostal* and *charismatic* can be adopted by anyone at all, no matter what he is doing. Consequently, activities which have little or nothing to do with the charismatic renewal are now beginning to be called Pentecostal. To say nothing of the long list of exaggerations and disorders which have been compiled—sometimes a bit too gleefully—by historians of the Pentecostal churches, the name has already been applied within the Catholic Church to some groups experimenting with an unholy mixture of Christianity and spiritualism, to others who regard themselves as the *avant-garde* of the underground Church, and to still others who are simply engaged in sensitivity training. None of these has any intrinsic connection with the movement discussed in these pages. Obviously, one cannot rely on the label alone to know what is in the package. It follows that it is quite unfair to tax anyone who calls himself Pentecostal with all the weird excesses of others who have used this name. Conversely, what is said here about the charismatic renewal should not be taken as covering every group that uses this name, still less all the activities of any given group. Each case must be examined in itself and assessed on its own merits.

IV

The present work is focused on the movement within the Roman Catholic Church. From a historical point of view, this is only one stream of a much larger movement affecting all the Christian churches. (For this reason, I prefer to avoid the expression, *Catholic Pentecostal movement,* which suggests a distinct movement.) Nevertheless, within the Catholic Church this movement has acquired distinctive notes, and has had a particular history. Hence it requires a special treatment.

The method to be followed involves two steps. The first will be to tell the story of the origin and early growth of the movement in and around the University of Notre Dame. Then, with that serving as a concrete example, topics of more general and theoretical character will be taken up.

The main reason for such a procedure is that this book is concerned chiefly with the theology, not the history or sociology, of the movement. It is necessary to begin with concrete examples so that the discussions to follow will be tied in to reality, but it is not necessary to give a complete panorama. One good example which can be examined in detail is more useful for such a purpose than a broad survey which abstracts from particulars. By presenting statistics instead of persons and generalizations instead of stories, a survey would miss the essence of the charismatic renewal. The latter is eminently a function of the concrete and individual, not only because all historical realizations occur in the concrete, but also because this is a story of God's dealings with men. God treats each person individually, in ways adapted to the circumstances, temperament and vocation of the particular person. God does not use standard operating procedures. The *Fioretti* of St. Francis tells us something about the Franciscan spirit that no history of the Friars Minor can ever convey. The same holds perhaps *a fortiori* for the incidents of the Pentecostal movement, since the very point of this movement is the personal intervention of God in the lives of his people.

In presenting the Notre Dame-South Bend community as an example, it is not my intention to hold this community up as a model for others. There are several other communities which could have been selected just as well. In particular, I regret that it is not possible here to tell the beautiful and instructive story of the origin of the movement in Pittsburgh,[36] or to describe the rich development of the community at Ann Arbor. But to attempt to do that would enlarge this book unduly. In any case, the Notre Dame community has had a role of some significance in the history of the movement, and it is the one community about which I can speak with plentiful firsthand knowledge.

The last point is important. Stories tend to grow with the telling, especially when they have to do with the marvelous and extraordinary.[37] Someone who was not a direct witness tends to brighten the colors, clarify the lines, and accentuate dramatic values. For the purposes of objective evaluation, it is essential that the information be as accurate and reliable as possible. I have, therefore, confined myself on the whole to evidence which I personally have witnessed, or for which I could consult the firsthand witnesses. The few exceptions

36. Several participants in the Duquesne weekend have published their testimonies in *New Covenant,* February, 1973.
37. While this revision was being prepared, a letter came from someone enquiring about the date on which tongues of fire had been seen in the sky over the Golden Dome!

to this rule will be indicated.[38] As a check on my memory, I have had this manuscript read by others who were also witnesses of the events. Thanks to them, its accuracy and balance have been improved on many points. I have tried not to duplicate the work of my friends, the Ranaghans, but to select different illustrations and follow a different plan. Many problems could not be treated in the present book. I have begun work on another volume which will treat the more important of them.

38. Thus, in the chapter on the effects of the movement (6), I have included some examples taken from elsewhere. In every case, however, I have carefully verified the facts.

The NOTRE DAME EXPERIENCE

Part One

2

A Fire Is Lighted

About 20 people gathered for a prayer meeting in the home of Kevin and Dorothy Ranaghan on Saturday evening, March 4, 1967. Kevin was a doctoral candidate in theology at Notre Dame specializing in liturgy. Like many others in this gathering, Kevin and Dorothy were active in the liturgical movement, and interested in everything that had to do with Church renewal. But they were deeply skeptical about the things they knew they would hear that evening.

They had invited people for a prayer meeting. Then an old friend of theirs arrived in town for a visit, and they knew they had to invite him also to the meeting. He was a professor at Duquesne University; Dorothy had been one of his students. He was one of the key figures in the strange events which had taken place at Duquesne just a few weeks previously, rumors of which were already in circulation at Notre Dame. It was inevitable that these events should come up for discussion.

The meeting opened with a reading from the bible of I Corinthians 14, in which St. Paul speaks of the charisms of tongues and prophecy. Not until much later on in the evening, after many people had spoken about many things, did the visitor from Pittsburgh begin to tell about the happenings at Duquesne. In connection with a retreat that had been held there, quite a number of students and faculty had experienced a powerful renewal of their religious life. Some recovered the faith after having lost it completely. Others who had been lukewarm were led to make Christ the living center of their lives. Many found a new power to communicate to others what Christ meant to them.

These things had not come about through the work of some inspiring preacher. They seemed to be the work of a direct action of the Holy Spirit. Many charisms of the primitive Church had reappeared, especially the gift of tongues. The communication of these graces seemed to be connected with the practice of laying hands on the head of the person being prayed for, in imitation of the practice of the early Church. Usually it was in this way that the "baptism in the Spirit" was imparted to a newcomer. This term came from the words of Christ, departing from the apostles: "John baptized with water, but before many days you shall be baptized with the Holy Spirit" (Acts 1:5). The visitor concluded his account with the declaration, "I no longer have to believe in Pentecost, I have seen it!"[1]

The people gathered in the Ranaghans' living room were deeply impressed by the conviction and assurance with which the visitor spoke. The simplicity, directness and faith with which he talked about the lordship of Jesus Christ and the power of God were startling. Most people speak diffidently and academically about such matters, but here was a man who seemed to *know the reality* of the things whereof he spoke. He himself was the strongest testimony to the truth of what he was saying. Several of them had known him for a long time, and it was evident that he had changed. Something had happened

1. A fuller account of the events in Pittsburgh is to be found in *New Covenant,* February, 1973.

to him. Nevertheless, these things were hard to believe. . . .

Among the most closed and hostile of the listeners was a Notre Dame senior named Jim. He was not so much skeptical as simply unwilling to have any part in the things he was hearing about. Although he had long been active in various apostolic endeavors, especially the Antioch Weekend movement, the past two months had been a time of great trial for him. He had been in a depression that had brought him to the verge of despair and had made him hard and cynical toward others. With growing horror, he had come to realize that he was incapable of delivering himself from this spirit. He did not want to be at this meeting, but since he had thoughtlessly agreed to come, and had no plausible reason for going back on his word, he was there. He had deliberately taken no part in the conversation, but he had been impressed by what he heard. At the end of the meeting, when the speaker concluded with a prayer that they might all be filled with the Holy Spirit, Jim forced himself to reecho this prayer interiorly.[2]

The next morning, to his surprise, Jim awoke with a light heart, full of joy. For the first time in two months, he was at peace with himself and friendly toward others. Another student in the dormitory, who had grown to be frightened of him, noticed the change. Jim was struck by the fact that the exhilarating new freedom he experienced was something he had received as a gift. He had not achieved it by his own efforts; in fact, he had demonstrated his utter inability to free himself.

That night there was another prayer meeting, this time at the apartment of Bert and Mary Lou Ghezzi. Bert had graduated from Duquesne, and was now completing his doctoral studies in history. Mary Lou had returned from the hospital just a few days earlier, after giving birth to her second child.

Besides the visitor from Pittsburgh, there were nine people

2. Cp. *Catholic Pentecostals,* pp. 40, 61 ff., and 85 ff. Some of the material in the present chapter comes from personal interviews.

present, most of whom had been at the Ranaghans' the previous night. Besides reading scripture and offering spontaneous prayers, they shared experiences over which they laughed and joked a good deal. But they discussed the Duquesne incidents with great seriousness. Finally, two of those present asked the visitor to pray over them that they too might receive the baptism in the Spirit. He replied that he had no particular indication that he ought to do this, and certainly *he* did not have the power to communicate spiritual gifts to anyone. But since they desired it, he was willing to pray with them, and he was confident that God would hear such a prayer. For a minute or two he prayed aloud with a boldness which again impressed them deeply, calling on God to fulfill his promises and send his Spirit with power. Then he prayed in particular over each person who requested it, laying his hands on their heads as he did so. In the end, everyone was prayed over.

There was no visible evidence that anything out of the ordinary resulted from that prayer. No one spoke in tongues. Each person, after being prayed over, simply continued praying quietly by himself. A little while later, Jim, who had been the last one to be prayed over, spoke up. As he was praying, into his mind had suddenly come the text: "You shall be my witnesses in Jerusalem and in all Judea and Samaria and to the end of the earth" (Acts 1:8). There was an imperious quality about this text that seemed to indicate that he should bear witness to the others of his experience the night before. This he did with moving frankness, telling the full story of what had been taking place in him.

A little later, another text came into Jim's mind with that same imperiousness. "If you are offering your gift at the altar, and there remember that your brother has something against you, leave your gift there before the altar and go; first be reconciled to your brother, and then come and offer your gift"

(Matt. 5:24). Jim had been cold and unkind toward his roommate during the preceding two months. He was horrified at the thought of asking pardon, something he would never have been able to do before. However, he resolutely determined that he would do so at the first opportunity after the meeting.

"No," something seemed to tell him. "Right now, in front of all these people." He was aghast at the thought of making a fool of himself, when another text popped into his mind: "We are fools for Christ's sake . . ." (I Cor. 4:10). At that moment he was aware that he was completely free to speak out or not. Previously, his pride would have made it impossible; now he was free to do so, and yet he was under no compulsion.

He spoke up, declaring that there was someone whose pardon he needed to ask. Before he could say more, his roommate, who was present, had understood what was meant, and with tear-filled eyes clasped Jim in a gesture of forgiveness.

Others present at that meeting also experienced the power of grace in ways that were less dramatic but no less real. A woman who had been subject to fear and anxiety all her life was able from this moment on to trust in God fully and with great calm. A student who had been struggling unsuccessfully for many years with a difficult moral problem now found himself able to cope with it. One person even seems to have received the gift of tongues that evening, but not knowing how to recognize it, did not begin to exercise it until a week later. In any case, the whole group was filled with great joy for the rest of the evening, and almost everyone found that his prayer life became much deeper thereafter.

Background

Before going on with this story, we will take a quick look at the background of the events just narrated. They had been prepared for on two different levels. On the one hand, a complex tangle of interlocking friendships had developed between people at Notre Dame and Duquesne universities, as well as at other places as will appear later.

Several members of the Duquesne faculty had done their graduate studies at Notre Dame, and still retained personal contact with people there. Likewise, several graduate students at Notre Dame had been undergraduates at Duquesne, where they had formed deep personal ties with the faculty members just mentioned. These people were among those most involved in the origins of the Pentecostal movement at both schools. When the charismatic renewal began at Duquesne, word of it quickly reached Notre Dame by letters, a phone call, and personal visits.

On the other hand, prayer meetings had been going on in the Notre Dame and South Bend communities long before March of 1967. These, along with other spiritual and apostolic endeavors, had an important role in getting people ready for the spark which finally set them ablaze. A wave of enthusiasm for bible vigils and prayer meetings had gone across the country during the early 1960's.[3] At Notre Dame, during the year 1963-1964 especially, such activities seem to have flourished. Prayer meetings were held weekly by a group of graduate students, among whom were several who would eventually play a major role in the charismatic renewal. These early meetings consisted of scripture readings, spontaneous prayer, singing and discussion. However, the prayer was less spontaneous, and the discussion more prominent and more humanistic than in the later Pentecostal meetings. A special Mass for the graduate students was also organized each Sunday morning, in which many participated with a lively spirit that was remarkable for

3. No doubt the vigil services conducted by Father Michael Mathis, C.S.C., in the Notre Dame liturgy school during the 1940's and 1950's made a significant contribution to this movement.

those days. It was followed by a breakfast that was real *agape*. A number of students also recited vespers together daily.

That same year, the cursillo was brought to South Bend, largely through the instrumentality of a graduate student, Stephen Clark. Over the next few years, it had a powerful spiritual impact on several hundred people in the city and on the campus. For a while, these *cursillistas* used to meet one evening a week for Mass in Pangborn chapel at Notre Dame. Out of the cursillo sprang the Antioch weekend, designed to confront undergraduate students with what it means to be a Christian. Both the cursillo and the Antioch weekend stressed a follow-up program carried out largely through weekly group meetings for discussion, self-examination, mutual encouragement and prayer.

During the following years, many of these activities floundered or ceased altogether. By 1966-1967, the prayer meetings among the graduate students had almost stopped. The meeting at the Ranaghans' on March 4, described above, was only about the fourth held during that year, and could have been one of the last feeble efforts of a dying movement. On the other hand, other activities continued to spring into existence. In Dillon Hall, there was a group of undergraduates that met biweekly most of the year 1965-1966 to discuss the spiritual life, and a similar but more practical group managed to survive in Cavanaugh Hall during the fall semester of the year 1966-1967. Likewise, a dozen people from South Bend, most of whom had made the cursillo, began to hold weekly prayer meetings at the home of Professor Paul DeCelles of the Notre Dame Physics Department during the spring of 1966. Their group continued up to the spring of 1967, when it dissolved in large part into the Pentecostal community.

Thus, the Pentecostal fire which blazed out in the spring of 1967 had been prepared by a considerable ferment of discussion, prayer, and apostolic activity. This ferment was not by any means characteristic of the general atmosphere at the University; in fact, it was precisely in 1966 that a severe critique of the "pastoral gap" at Notre Dame was published.[4] But in small circles, especially among the graduate students and in South Bend, there was a serious and active interest in spiritual matters. Most of the activities undertaken died out after a year or two, only to be succeeded by other endeavors, equally short-lived. In this respect, they contrast sharply with the Pentecostal movement, which has not only continued, but has spread in such a way as to suggest that it has a source of power that was lacking to its predecessors. Yet the latter prepared for the Pentecostal movement, by exercising people in the life of prayer and apostolate, and by forming friendships which would serve as conductors of the Pentecostal spirit.

March 13: at Ray Bullard's

Someone had received the name of Ray Bullard as a man of much experience with the charisms. A phone call was made to him, and the group was invited to a prayer meeting at his house the following week. Ray was at that time president of the South Bend chapter of the Full Gospel Business Men's Fellowship. He was also, and still is, an active member and deacon at Calvary Tabernacle, an Assembly of God church

4. "Letter From a Catholic College Graduate to the President," by Ralph Martin, *Ave Maria,* April 16, 1966, pp. 7-10. This letter, originally dated Dec. 2, 1965, was addressed to Rev. Theodore Hesburgh, C.S.C., president of the University of Notre Dame. The same issue of the *Ave Maria* carried replies to the letter by Father Hesburgh and others. On the other hand, the Notre Dame *Scholastic* two weeks later carried an article, "In Search of a Shepherd," confirming Martin's criticisms (issue of May 6, 1966, pp. 22-23). This article was composed by two undergraduates, Jim Cavnar and Gerry Rauch, who were to figure prominently in the debut of the Pentecostal movement at Notre Dame.

in South Bend. But most important of all, he was an unpretentious man who sought simply to let the Lord use him as he wills. In this case, he was used so effectively that he became a kind of spiritual godfather for the charismatic community that was beginning to form at Notre Dame.

Ray had begun to hold weekly prayer meetings in the basement of his home only a few months before this time, and ceased to hold them a few months later. But in their brief existence, these meetings accomplished a momentous work for the nine people who went wonderingly to his house on Monday evening, March 13. Along with the Ghezzis and Ranaghans there were five undergraduates. With two exceptions, they were the same nine who had been prayed over at the Ghezzis' the week before.

Ray Bullard himself was somewhat abashed at the prospect of encountering these "intellectuals" from the University. In order to handle the objections they were likely to raise, he invited some of the Pentecostal leaders of the area, including several prominent Pentecostal ministers.

One of the ministers gave a talk on the gifts of the Spirit, and another answered some questions. Then the Pentecostals who were there, about 20 in number, gathered around the Notre Dame group, and began to pray for them. They prayed in tongues; and within a few moments one, then another, and finally seven or eight[5] of the Notre Dame people were likewise praying in tongues.

For 25 minutes they continued to pray with great joy. Finally they ceased, and spent a while longer in discussing the use of the charisms. A retired missionary who was present

5. One of the students did not receive the gift of tongues that night, but did receive a great interior grace which manifested itself thereafter in a deeper life of prayer and an intense love of scripture and of the Blessed Sacrament. Months later, he received the gift of tongues likewise. In the case of another student, it is not known whether he received the gift of tongues that evening or not.

asked two of the students, "Now that you have received the Holy Spirit, when do you plan to leave the Catholic Church?" The astonished students replied that they had no intention whatsoever of leaving the Church. "Then you will lose the gift of the Spirit," was the ominous retort; but a woman present drew him away saying, "Let them find it out for themselves."

First Pentecostal Prayer Meeting at Notre Dame

A few days later, what may be called the first Pentecostal prayer meeting of the Notre Dame community was held in the home of the Ranaghans. About 20 people crowded into the small living room. In addition to those who had been to the Bullards', there were three girls from St. Mary's College, some more Notre Dame students, two older couples, and two priests.[6] The meeting was not planned or organized in any way. It began with the singing of "A Balm in Gilead," led by a guitarist. Several of those present told of their experiences. Soon the reflections were flowing freely. Some read passages from scripture and others made comments. Some offered spontaneous prayers. From time to time all joined again in a song. There were moments when nobody did or said anything for a few minutes, but all remained in a quiet spirit of prayer. It was far from solemn, however; there was lighthearted joking and laughing, and many of the hymns were quite joyous. A girl sat curled up on the sofa, munching pretzels.

About the moment when the meeting might have seemed to be drawing to a climax, someone proposed that they stop for a coffee break. This struck some people as quite wrong, since it would tend to dissipate whatever spirit of prayer had thus far built up. In fact, however, this eventually became a regular feature of the meetings, and had the advantage of

6. The present writer was one of them.

giving a certain assurance that the effects which came with the laying on of hands were not due to tension, emotion, or any other psychological atmosphere.

After people had relaxed for a while, the meeting reconvened and, with no preparation whatsoever, the leader announced that it was time for anyone who so desired to be prayed over in order to receive the gifts of the Spirit. About a half dozen requested this, among them the two priests. After a few practical instructions about how to recognize the gift of tongues when it comes, five or six of those who had already received the baptism in the Spirit gathered in a semicircle around the first person to be prayed over. They laid their hands on his head, and started to pray, at first in English. After a few moments, one of them began to speak something that sounded very much like Arabic. A moment later, another also went into another tongue, which sounded entirely different. Before long, all of those who were praying over the "candidate" were praying in tongues.

The dissimilarity among the tongues was striking. One of them was very musical, full of *l* and *r* sounds, and utterly unlike any of the familiar languages of western European origin. It was noticeable also that whereas the one who spoke "Arabic" did so with an accent that sounded very authentic—coughing up the difficult gutturals with facility (whereas most Americans never do learn, even with years of practice, to make correctly these sounds which do not exist in our own language), another spoke his tongue with an accent that was obviously American. However, no one there spoke any language that was understood by anyone else.

None of those prayed over received the gift of tongues or any other manifest charism. Several, however, received distinct graces of which they became cognizant only with the passage of time. For one, it was an awareness of the fatherhood of God which enabled him to pray with deeply felt sentiments of a son addressing his Father. For another, it was a quiet, pervasive joy which remained with him for months.

One person did receive the gift of tongues that evening, but not in the usual way. Paul had been prayed over a few days earlier without apparent effect. He was present at this meeting, and at one point asked whether in such a case a person could be prayed over a second time. He was told yes; but then, to his astonishment, his wife in a quietly furious way insisted that they leave at once in order to release their baby-sitter. They could not wait for the prayers.

In dismay, Paul went to get their coats, which had been left in the pantry. As he opened the door, prayer in a foreign tongue burst from his lips. He stepped inside and closed the door behind him to keep anyone from hearing. There, amid the pots and pans and overcoats, he gave vent to the praise of God that was welling up so joyously from his heart. After a few moments, he took the coats and departed with his wife, without telling anyone what had happened.

The reason for his wife's reaction went back a long way. For many years, she had been afflicted with great fear and anxiety in her relationship with God. At times it seemed to her that God could not love her, especially whenever her husband seemed to have been given graces that she did not share. Through a cursillo made in the summer of 1964, she had finally come to a deep realization of God's love for her, and this in turn healed her anxiety. But on this night at the prayer meeting, as she was waiting eagerly to be prayed over with her husband, the discovery that he had already been prayed over without waiting for her, and without even telling her about it, touched off a fury of disappointment, hurt and anger in her. All the old demons had returned! When they reached home, her dejection turned into uncontrolled weeping that grew worse until it was verging on the hysterical. She herself recognized how irrational her attitude was, and finally asked Paul to pray over her so that if the devil were responsible for her state of mind, he might be driven away. Paul did. Her tears and hysteria stopped at once. She then went into a room by herself to pray for a while, and asked God to give her some sign of his love. She took up her bible and it opened to Apocalypse 12, which tells of the woman pursued by the dragon but saved. With this encouragement, she asked Paul to pray over her again for the baptism in the Spirit. He did, and the next day she found that peace and joy had returned, along with a "fantastic" new thirst to read scripture. Two weeks later, she received the gift of tongues.[7]

The next meeting was held three or four days later in the Old College—the oldest University building—with over 30 people in attendance. The suggestion was made that the bishop of the diocese ought to be informed about what was taking place, and all agreed at once. Within the next few days, an account of the first two meetings was drawn up and sent to Bishop Leo A. Pursley of the diocese of Fort Wayne-South Bend, who promptly replied as follows:

March 25, 1967

"Dear Father,

"I wish to thank you for your report received today. . . .

"The situation which your letter describes is beyond me. I suppose it requires one charism to recognize another—if such is really present and manifesting itself. There are cases on record in which the gift of tongues has been clearly identified with diabolical possession. Of course, I am making no such judgment—or any judgment at all—in the present instance. I intend to discuss the matter with Bishop W- - - ; and I shall appreciate any further report you may have. . . .

In the Lord,

(signed) Leo A. Pursley"

7. Cf. "A Quiet Working of Grace" in J. Byrne, *Threshold of God's Promise* (Ave Maria, 1971), p. 59 ff.

Three Strange Weeks

For the next few weeks, those who belonged to the prayer group seemed to be living in two worlds. They pursued their usual daily routine as students, teachers, etc., and met two or three times a week to pray in this strange new power of the Spirit. There was a tremendous potential in the latter, they knew; but there was no foreseeing what it might lead to, and they did not know yet how to integrate it into their lives. They were like men sitting on a time bomb, waiting for the explosion. Instead of anxiety, however, what they experienced may be called a sort of joyous but nervous expectancy.

The question arose, whether it was better to tell other people what was happening, or to remain quiet until it became clear just what all this meant. One of the priests recommended the latter course; but giving such advice was like trying to plug a gushing faucet with a cork. The students were eager to share the good news with their friends, and at each new meeting new faces appeared. Two incidents may illustrate the activity of those days.

On Monday of Holy Week, Bert Ghezzi was working in his carrel in the library. In came an undergraduate named Jim,[8] who worked as corrector in the history course for which Bert was a teaching assistant. The two were good friends, and Bert had been trying to persuade Jim to make Christ really sovereign in his life. Jim was passionately interested in social and political questions, but religion he found irrelevant. Reluctantly, he had been prevailed upon by several acquaintances to make an Antioch weekend, but had not been impressed by it. He refused to take any part in the weekly group reunions that were designed to maintain the effects of the weekend.

Nevertheless, the grace of God had not let go of him, and

8. Not the same Jim that appeared at the beginning of this chapter.

for several months he had been struggling with the insistent awareness that God was calling for a fuller commitment from him—a commitment which he found unthinkable. Just a few weeks earlier he had cautioned an acquaintance not to get too involved in religious matters.

After Jim had finished what he had to say about the papers he had corrected, Bert began to talk to him about the events of the past few days, and told of his own experience. "That is beautiful," Jim replied, but interiorly he was thinking the man had gone crazy. At the same time he was frightened by the realization that there was indeed something from God here. Reluctantly, he agreed to let Bert visit him again to pray over him for the baptism in the Spirit. For the rest of the day, he could not get the story out of his mind.

That afternoon, Bert went first to the chapel, and on a sudden inspiration made the Way of the Cross—something he had not done for a long time. At each station, he meditated on the scriptural account of the crucifixion, and this imprinted several of the texts deeply on his mind. Then he called on Jim, who welcomed him with a feeling of great inner dismay.

Bert had arranged for another friend to join them, and for all of them to go to the office of one of the priests in order to pray over Jim. The priest was occupied, and they had to wait half an hour. Bert began to read the story of the Passion aloud. As the reading progressed, Jim, who up to this point had consented numbly to everything, grew agitated. He moaned and shook his head; the stupidity of Peter in cutting off Malchus' ear seemed to disturb him particularly.

Finally the priest called to say that he was free, and Jim, feeling like a prisoner on the way to execution, followed his two friends to the office. They urged him to commit his life to Christ, and began to pray over him. Despite his distress and confusion, Jim was interiorly amused by the absurdity of the scene: His two friends were praying over him in unintelligible tongues, the priest stood in the corner saying a rosary, while Jim himself sat in a chair crying. In spite of all that, and deeply conscious of the terrible seriousness of his act, he called upon Jesus to be his Lord, and surrendered his life to him. He did not say this in words, but seized a crucifix lying on the desk and began to kiss it fervently.

That is all that took place that day, and not until much later did Jim explain what had happened within him. As his friends prayed, a great peace suddenly descended upon him, like nothing he had ever experienced before. He knew it was not from himself, and said to himself, "This is the peace of Christ." He felt amazed that Jesus would make such a gift to one who had been as hostile as he had been, and felt a desire to learn more about him. The Easter holidays were approaching; but instead of going home for a vacation, he decided to remain at Notre Dame and take part in the Holy Week services. Another comment which he made later on was, "At that moment, I knew that God existed. Only afterward did I discover the Christian community."

For several days, Bert would visit Jim each day, and usually would read to him some passage from scripture that he had received through prayer. The first time he did this, the passage came as an answer to a question with which Jim had been struggling. "Then I knew why scripture says that the word of God is like a two-edged sword," he says. Several days later, he went to confession, and immediately afterward received the baptism in the Spirit.

As this story illustrates, preoccupation with the Holy Spirit did not turn people's attention away from Jesus Christ. In the initial excitement over the charisms, there was some tendency to focus on the latter in separation from the total Christian mystery. The danger of such a temptation was, however, sensed almost immediately, and from very early days, the admonition was frequently voiced. "We have not been called to bear witness to the gifts, but to Jesus Christ as Lord." People reminded themselves that the Spirit was given in order that Jesus might be glorified. Many came to realize that their relationship with Christ was not all it should be, and they took the steps necessary to rectify it. Hence the overall effect of the gifts was to convince people that Jesus is alive today and reigning with power.

One of those who had attended the March 4 meeting at the Ranaghans', at which the Duquesne events were first publicized in the Notre Dame community, was a young man named Ernie. A graduate student and teaching assistant at the University, he was at once a devout Christian, and also a steady, careful thinker, not lightly given to bursts of enthusiasm or flights of imagination. The Duquesne story left him quite skeptical, and he was particularly incredulous about the gift of tongues. "Even if I heard it with my own ears," he declared, "I still would not believe it."

Later on Bert talked to him about the experience of the Notre Dame group who had gone to the Bullards', and this time Ernie's skepticism melted away. Bert and two others escorted him to the room of one of the priests who had been attending the prayer meetings. With no other preliminaries, they had him sit down and began to pray over him. Within a minute or so, a disconcerted look came over his face, and his lips seemed to twitch a little. When the prayer was over, the others sent him into the next room to pray alone by himself, so that he would not be intimidated by their presence. Meanwhile, they sat down to discuss the letter that was to be sent to Bishop Pursley, which has already been mentioned. The priest began to read a draft he had composed, containing the statement, "I have never witnessed anyone receiving the gift of tongues." He had just read that when they were startled by a strange sound coming from the next room. It sounded like oriental music—the sort played in movies as sound effects for snake charmers or Indian bazaars. "I guess I'll have to scratch that line," said the priest, and they all cracked up with laughter as the singing got louder and louder. After a few moments it stopped, and as everyone struggled to regain his composure, in walked Ernie with a dazed look on his face as if he had been clubbed over the head. "It just started coming out," he stammered. "I didn't think I could sing that high, but it kept getting higher and higher!"

This was only the second instance of "singing in tongues" that occurred in this group. However, nearly all who receive the gift of tongues receive sooner or later the ability to sing in their tongue also, as will be explained more fully in chapter 5.

Not everyone who was prayed over experienced such immediate and manifest effects; in fact, those who did were the exceptions. But from time to time these dramatic cases occurred as if signs from God that his power was unabated.

The Easter holidays began. Most of the students went home, and some of them exuberantly told their parents and friends about the "wonderful things" the Lord had been doing. In many cases they were chagrined at the cold and skeptical reception they got. On the other hand, the father of one of the students, after hearing his son's story, admitted that he himself had already been praying in tongues for 43 years. He had begun while a boy of eight or nine, working on his parents' farm. Not having been raised in any church, he did not know what this "funny talking" was, but it helped him to while away the long days in the fields and drew him closer to God. Not until he was about 25 did he realize what it was, and he had never spoken either to his wife or his children about it.[9]

The Sunday after Easter, a memorable meeting occurred.

9. In the meantime, he had joined the Catholic Church. Even when he learned from his son of the events at Notre Dame, he waited for several weeks before telling of his experience. Since then, his wife and two of his other children have received the gift.

Some of the students were still absent, including the one who had been leading most of the meetings thus far. He stayed away on account of what he felt to be an impulse of the Holy Spirit. On the other hand, several strangers were present, and the meeting began so slowly and hesitantly that many who were there felt some anxiety about how it would turn out (not a rare reaction in the early months). Then, unexpectedly, Ernie (whose story was told above) closed his eyes and began to speak aloud in tongues. This was the first time such a thing had occurred in this group; until then the gift of tongues had been used only in personal prayer.

Later Ernie explained that he had been resisting an urge to speak out this way all during the first part of the meeting. Not until someone remarked that all our gifts should be used for the sake of the community did he take courage and follow this impulse. At the moment, however, no one else was aware of this. All sat in silent wonder. After a few moments, Kevin pointed out that the Holy Spirit sometimes gives a message in this fashion, which someone else is then inspired to interpret, as can be seen in I Corinthians 14:5, 13, 26-28. If, therefore, anyone had received the interpretation of this message, he should speak out. Still there was silence.

Next Kevin suggested that someone might have received the interpretation without realizing it. He urged that anyone who had thoughts going through his mind at the moment the message was being given declare them. Jim, the student who had been converted during Holy Week, said hesitantly: "While Ernie was speaking, the words, 'Holy Mary, Mother of God, pray for us sinners,' kept running through my head." Then, with a surprising note of assurance coming into his voice, he added: "I feel moved to tell you all that what Mary promised at Fatima is really going to take place." He himself did not know what the Fatima promises were, and one of the visitors who was at the meeting for the first time, an immigrant from

Poland, gave a brief but moving summary of them.

For a while the conversation centered on Mary—the first time this subject had ever come up at one of the prayer meetings. A woman declared that she had always felt a great repugnance for devotion to Mary, but since receiving the baptism in the Spirit, she had become much more open to it. Then one of the men remarked that the words, "God is with you forever," had been in his mind while Ernie was speaking in tongues. It struck one of those present that this was nothing but a paraphrase of Gabriel's words, "the Lord is with thee"; but at the moment he said nothing.

Later in the evening, among the people prayed over for the baptism in the Spirit, there was a priest. Afterward, he declared that while Ernie was praying over him in tongues, he distinctly heard the words, *Chaire Maria*—the Greek for "Hail Mary." This was the first time that any of the charismatic tongues had been identified, and everyone marveled, especially Ernie, who had never learned a word of Greek in his life. Someone observed that when the three "words" received that evening were put together, they formed a rough summary of the Angelic Salutation: "Hail Mary . . . God is with you forever . . . Holy Mary, Mother of God, pray for us sinners." Not until the following day, on which the feast of the Annunciation was celebrated, did it occur to anyone that the prayer meeting had been held on the vigil. Ordinarily, the feast is celebrated on March 25; but in 1967, Holy Saturday had fallen on that date, and the Annunciation had been postponed to April 3. The group had unwittingly been holding a vigil service of this feast, and had received in tongues the substance of the very prayer by which the angel Gabriel's original announcement to Mary is commemorated in the Church.

Prior to this meeting, there had been little evidence of devotion to Mary in the Pentecostal group. Many members did not carry a rosary, and some never recited one. From this meeting, however, there resulted a noticeable impetus to Marian piety, although it affected people diversely. Some found their devotion to Mary deepened and intensified. Some who had felt a strong antipathy for this devotion now found that they could understand and perhaps even accept it. One youth who had been indifferent now experienced a warm affection for the Mother of the Lord that has remained a prominent trait in his spiritual life ever since.

SUPPLEMENTARY NOTE

The strong psychological and mental condition of the nine persons with whom this movement started at Notre Dame is worth noting. As a group, they were sane, intelligent and lively, in touch with reality and in good rapport with the people around them. Their educational status was exceptionally high. Five were undergraduates, two were graduate students, and two were wives of the latter. Three of the undergraduates were on the dean's list (honor roll) of the University, and the others missed it only by a slight margin. All five went on to receive their degrees. The graduates were working toward doctorates in history and theology, which both have since obtained.

Most of the group were of a confident, joyous disposition. Several were natural leaders, well liked and respected by their peers. All were generously active in apostolic endeavors, notably the Antioch weekends. The majority of them achieved their academic success with ease and had no difficulty finding time for other activities. One couple had been married about two years, the other a little less than a year. Both were happy and well adjusted, and became manifestly more so as a consequence of their Pentecostal involvement.

The group as a whole gave a strong impression of healthiness and life. Anyone well acquainted with them could not fail to note how incongruous and unreal was the theory proposed by one psychologist that the Pentecostal movement at Notre Dame was a reaction to loneliness, tension and anxiety brought about by the tough competitive spirit at the University.[10] If that were the case, somebody else ought to have gone charismatic, not this group!

10. Henri Nouwen, *Intimacy,* Fides Press, 1969, pp. 77-90.

3

In the Public Eye

The Michigan State Weekend

For about a month, news of the foregoing events spread quietly from person to person by word of mouth, especially among those who had already been linked together through the Antioch weekends. Excited rumors carried the news to still further circles, but the general public remained quite unaware of what was going on. The end of this quiet state of affairs was brought about by the so-called "Michigan State Weekend" of April 7-9. It originated ironically in the suggestion that the group hold a quiet retreat in order to get its bearings. No one was quite sure about the meaning of the things that were happening, or what human initiatives, if any, should be taken in response to them. Before things advanced any farther, therefore, it seemed good to have a weekend of prayer and reflection. There would not be a preacher, however, for who would be able to give directions when all were in a state of wonder?

A few days before the weekend was to begin, a call came from Steve Clark and Ralph Martin in East Lansing, Michigan. They were well known to many of the people of Notre Dame, where both of them had studied philosophy, Ralph as an undergraduate (1960-1964) and Steve as a graduate student (1963-1965). In the fall of 1965, they began working for the National Secretariat of the Cursillo movement in Lansing, and soon became actively involved also in the student parish at Michigan State University. They had remained in close contact with their friends at Notre Dame and Duquesne. It was Steve who had "discovered" David Wilkerson's book, *The Cross and the Switchblade,*[1] and drawn it to the attention of the others. When the charismatic renewal started at Duquesne, Steve and Ralph went there at once to be prayed over, received the gift of tongues, and since then had been spreading the "good news of the Spirit" in the Lansing area.

They had heard about the planned retreat, and were calling to announce that a group would be coming down from Michigan State to join it. This news created some consternation at Notre Dame, where no one was quite sure what was going to happen at the retreat anyway. It also increased the excitement. On a hilariously confused Friday night, 45 people from the Lansing area arrived in cars at all hours of the night, while a sentry posted at the University entrance waited to direct them to quarters that had been arranged wherever a spare bed or corner of a rug was available. The majority were students at Michigan State, a few were townspeople from Lansing and elsewhere. Some hardly knew the others, or what they were coming for; only the most accidental and last-minute contacts had joined them to the party. Included in the group was Pat Gallinagh who had played against Notre Dame as defensive guard on the MSU football team the previous November. The pastor of the student parish in East Lansing came along, perplexed and hoping to get a line on this strange new movement. About 40 people from Notre Dame took part in the retreat along with the 45 from Michigan and a few from elsewhere.

1. Spire Books, Westwood, N.J., 1964.

The retreat got under way late Friday evening in a third-floor classroom of the Administration Building. This grimy, unattractive location was chosen simply because it was one of the largest rooms on campus, and was readily available. The first meeting opened with a "biblical rosary" and several brief talks, followed by a get-acquainted period that was somewhat stiff and awkward. After the meeting, some people were prayed over privately, and a few received the baptism in the Spirit, although this was not generally known.

Saturday morning, Mass was celebrated in a chilling wind at the Grotto of Our Lady of Lourdes, and there were small group discussions, some of which still went rather stiffly. The afternoon sharing session started out about the same, and a sense of uneasiness began to settle upon a number of the participants. Was the whole retreat going to go like this? Then a nun rose impulsively and declared, "I would like to be prayed over for the baptism in the Spirit." That broke the ice. Several more joined her and took chairs in the center of the room. Others began to pray over them in groups of two or three, circulating about in a loose, unorganized way.

News of this meeting had reached some of the Pentecostal churches in South Bend, and several of their members had come out to observe it. They joined in the praying with an exuberance that surprised and disturbed many of the Catholics, who were not accustomed to such a style of prayer. But, despite all the confusion and misgivings, a number of people were powerfully touched by the Spirit that afternoon, and a deep sense of joy and love was communicated to the entire group, melting it into a unity. When the activity had subsided, one of the Pentecostal visitors arose and declared in the warmest tones, "Brethren, I can't tell you all how happy I am to see that Catholics can receive the Holy Ghost, too!"

One of the visitors was Douglas Wead, whose father, Roy, was pastor of Calvary Tabernacle, the largest Assembly of

God church in the South Bend area. Douglas was skeptical about Catholics receiving the Holy Spirit, and came to see for himself. He was also a bit fearful about the reception he might get, so he wore white Levi's and a sweater, and carried some books in order to pass for a college student. He took a seat near the door in case he should need to make a fast getaway.

In his own words, he was stunned by the size of the gathering, and overwhelmed by the enthusiasm of their singing and the spirit of their prayer. At the first opportunity, he hastened to the telephone to urge his father to come see for himself how the Spirit was really at work here. And as a result of this experience, Douglas himself was led to do some soul-searching. He had been brought up a Pentecostal, but like many others of his generation had lost the enthusiasm which characterized his elders. Many of their ways embarrassed him, and he was content to note the beginnings of a new sophistication in the Pentecostal communities, even though, in the same process, they were also losing their zeal. The meeting at Notre Dame shocked Douglas into the realization that the Holy Spirit had grown somewhat dead in his own life. "O God, do something, set me on fire again," he prayed. Within months, the gifts of the Spirit became operative in his life, and the following year he decided to enter the ministry.[2]

That evening, there was a prayer meeting that is still remembered as a high-water mark. It began about 7:30 p.m., and was not completely over until 3:00 a.m. The prayers did not continue unbroken for seven and one-half hours. There was a coffee break, as usual, and the meeting ended officially about 12:30 a.m. But most of the people were reluctant to leave, and remained to talk, pray and sing together for another hour or more.

2. Cf. Douglas Wead, *Father McCarthy Smokes a Pipe and Speaks in Tongues,* Wisdom House, Los Angeles, 1972, chapter I.

There was no special event to explain the unusual character of the evening, nor were there any extraordinary speeches that fired up the participants. But somehow the presence of God seemed to be felt more deeply than usual, and the dingy room in which the meeting was held seemed to be filled with a sea of joyous love.

Several people were reminded of St. Peter's words on Mount Tabor, "Lord, it is good for us to be here" (Matt. 17:4). It occurred to others that heaven must be something like such a gathering. One person remarked that he could now begin to understand how in heaven everyone will be beautiful and will fit in harmoniously with the others, even though each one will retain his own distinctive looks and personality. During those privileged moments, it became almost visible how God was guiding each life toward its own fulfillment, while fitting all lives together into one great pattern of incredible beauty. It was as though each individual were the main character in a drama of his own, and at the same time a supporting character in the dramas of many other lives.

So many things happened that night to so many people, it would be impossible to narrate them all. One story which stood out will be told here to represent all the others. It concerns a priest who belonged neither to the Notre Dame nor to the Michigan State group. He lived in a city far away, where he was chaplain at a high school. He was an extremely active and apostolic man; he had thrown himself unreservedly into every kind of social project that might bring Christ to others. Nearly all the social agencies in the city knew him, and he organized various social actions of his own. Yet he felt constantly frustrated at the slender results achieved.

He was also a man of prayer. Before entering the seminary, he had been used to spending hours before the Blessed Sacrament. Now he longed for a deeper form of prayer for himself as well as for others. The many student retreats he preached usually closed each day with some form of common prayer; but the emphasis tended to fall on shared reflections rather than on prayer itself, and this dissatisfied him.

There came a period of depression. The pressure and tension were such that it was impossible to relax. "I could hardly keep my insides from jumping out of me," he said later. He began to be assailed by temptations, the like of which he had never experienced before. When he tried to pray, things only got worse. One Friday, after canceling three engagements, he received a call from a friend. "I'm going to Notre Dame for a prayer session; would you like to come along?" The priest did not know just what this would mean, but somehow he felt that it was an answer from God. Not until he and his friend were on the highway did he learn the nature of the meetings he would be attending, and he was dismayed. The two of them reached Notre Dame about 10:30 p.m. on the evening of the first session. The priest was shocked at the spectacle of all these people praying, singing, reading scripture, and talking about the spiritual events of their lives.

All the next day, he stayed back on the edge of the group, rejecting what was going on, or at best remaining passive. Yet deep in his heart, as he realized later, he was being drawn by God. He wanted so much to love God more, to give himself fully to God, and to do more for him.

After the Saturday evening meeting had officially ended, at about 1:00 a.m., when people were still milling about, a student approached and asked him whether he had been prayed over. "No," he replied.

"You're not afraid of it, are you?"

"I'm not afraid of anything," was his bold answer; but deep inside he really was. Nevertheless, he consented to let several of the students pray over him.

As they told the story later, they prayed for a while and nothing seemed to happen. Finally they quit and went for some coffee. But as the priest himself told the story the next day, it was different. "After those boys had prayed for a few moments," he said, "and as I consented to ask God really to love me more and to take over my whole life, I felt a strange sensation of warmth gradually begin to pervade my whole being. I had never felt anything like this before.

"I don't think I gave any external sign of what was happening, but the boys seemed to perceive it, because as soon as it began, they stopped praying and left me alone.

"Never have I experienced my uniqueness and freedom of will more forcefully. I was in complete control of my will, and as I would give myself to God more fully, all the more would this warmth and awareness of God's immediate presence grow stronger. Finally, I just gave in, and felt tears rush out of my eyes. I smiled.

"Then, unexpectedly, my hands began to be lifted up into the air by some invisible force. It was certainly not myself; I just sat and observed as a spectator. I felt that I could have stopped it if I wanted; but why stop a good thing? They rose up into the air and then stopped of their own accord, held out there before my face in a gesture of worship. How long they remained there, I do not know; perhaps ten minutes.

"Finally, as mysteriously as they had been lifted up, my hands returned to my sides. Then I felt myself bending forward. I bent all the way down until my forehead touched the floor. At that instant, I began to pray.

"Several times my hands were raised and lowered in this fashion. I was completely unaware of others around me. My mind and person were so immediately in the presence of God, I was so totally absorbed in his person and in his presence, that I didn't want to do anything but pray—or whatever it was I was doing.

"I felt drunk, I felt totally new—I don't know how to say it, but something had happened. I experienced a new reality in my life I had never before experienced.

"We must have left the building about 2:00 a.m., but I continued to pray in my room until at least 4:30. The same experience was repeated there. I even found it hard to go to sleep, and when I awoke, this new awareness of God's presence and this warmth were still with me."[3]

Most of the retreatants had an unusually short sleep that night; but many noticed that they were not sleepy in the morning—an observation that was to be repeated often in similar circumstances thereafter. Sunday Mass was offered in the chapel of Cavanaugh Hall, which chapel (as was learned only later) was dedicated to the Holy Spirit. The celebrant was surprised to see people smile spontaneously as they came to receive Communion. It was amusing to note that several strangers who had come in when they saw Mass being celebrated were immediately distinguishable by their unsmiling faces!

According to the plans, the retreat was to end with that Mass. Instead the group was led by a common urge to hold one more prayer meeting. They went to Old College, where they could barely squeeze into the largest room. This meeting was very quiet. The Spirit of God seemed to be even more present than the night before, but in a gentler, purer way. People spoke freely, but quietly and briefly, and their comments were followed by moments of prayerful reflection.

Halfway through this "gratuitous" meeting, one of the graduate students from Notre Dame quietly spoke out in tongues to the whole group, after declaring that he had been resisting the impulse to do so up to this point. There was a moment of hushed, prayerful wonderment, and then another student gave the interpretation. It was a prayer calling upon all the beauties of spring to praise the Lord. (The day was in

3. Two years later, this priest declared that this same awareness had remained with him to a greater or lesser degree ever since.

fact lovely, the first real spring day of that year.) The prayer itself was astonishingly beautiful; yet the one who voiced it spoke so fast that the most gifted poet or practiced impromptu artist could not have composed such a piece with such rapidity.

One of the visitors expressed the sense of the whole weekend when he pointed out movingly how much it had meant to him to discover that I Corinthians 2:9-10 was not divided in two by a period after *Him* (as the old translations had it), but should be read as a single sentence:

> What no eye has seen, nor ear heard, nor the heart of man conceived, what God has prepared for those who love Him, *God has revealed to us through the Spirit.*[4]

Finally, the grace of prophecy was given to a member of the group for the first time at this meeting. The recipient was an undergraduate, quite nervous at the unaccustomed experience. His exact words are no longer remembered, but their sense was: "This is only the beginning, says the Lord. You are going to see even greater works than these."

Publicity

The Michigan State weekend put the prayer group into the news, and soon people were speaking of a "Pentecostal movement." The two student publications at the University printed sensational accounts of the weekend. The front cover of the *Scholastic*[5] carried a dignified image of the dove descending upon Jesus at his baptism. The article within, however, was heavily dramatized. It emphasized the diabolic, and closed with an appraisal by a Notre Dame theologian, who had not

4. *Revised Standard Version.* Translators are still divided about how to punctuate this verse. The *Jerusalem Bible* keeps the period after *Him.*
5. The *Scholastic,* April 14, 1967.

attended any of the meetings. He described the baptism in the Spirit as an emotional explosion comparable to the ecstasy of a young man infatuated with a girl. Under the headline, "Spiritualists Claim 'Gift of Tongues' at Exorcism Rites," the *Observer* featured a lurid photograph of a head over which many hands were extended with rigid, outstretched fingers.[6] Its account was full of inaccuracies.

The student reports were reechoed, but with much more discretion, by the *National Catholic Reporter* the following week.[7] The *South Bend Tribune,* in an article on "Hints of Student Ferment at Notre Dame," featured the use of drugs by some students, and then added a few paragraphs about the Antioch weekends and the Pentecostal movement, giving the impression that all three were somehow connected.[8] This led to an editorial in *Our Sunday Visitor* which described the Pentecostal movement as "a new religious movement" by "hippies" who "reject orthodox Catholicism."[9]

The participants in the prayer meetings had been living in dread of this sort of publicity, but they suffered surprisingly few repercussions from it. The flare-up of attention died out quickly, as public interest was distracted by other matters. A few years earlier, such reports might have created a sensation and set tongues flapping; but in 1967, people were so numb from unexpected developments in the Church that they seldom reacted very strongly to anything anymore. No doubt

6. The *Observer,* April 13, 1967.
7. The *National Catholic Reporter,* April 19, 1967.
8. The *South Bend Tribune,* April 23, 1967.
9. *Our Sunday Visitor,* April 30, 1967, p. 4. The writer of the editorial later declared that it was not his intention to identify the Pentecostals with the users of drugs, but many readers did understand the article in that sense. Two of the student journalists from that period later published another account of these events that was even more colored by their imaginations: *Hesburgh's Notre Dame: Triumph in Transition* by Joel Connelly and Howard Dooley, N.Y., Hawthorn, pp. 183-187.

many of them dismissed the reported events at Notre Dame as just a few more of the crazy things being done by modern youth or the "new Church."

Reporters for *Time* and *Newsweek* interviewed many people on campus, and a photographer for *Life* magazine sought admission to one of the prayer meetings. The latter was allowed to take photographs of the group before the meeting itself began. After glancing around the room, he zeroed in with his camera on the only long-haired student present. But none of these magazines found the story important enough to carry, and members of the prayer group offered a bemused thanks to God for sheltering them in the shadow of bigger scandals.

On the Notre Dame campus, the effect of this publicity was to draw large crowds of curious observers. The next regular prayer meeting was scheduled to be held on the evening of Friday, April 14, in room 316 of the Administration Building. Given the rumors that were racing across the campus, no one had any idea how big a mob might assemble. The Dean of Men, in some alarm, phoned to request that the meeting place be changed without the public being notified. He hoped thereby to get the crowd to disperse quickly. When told this was quite out of the question, he directed the University security force to wait in the Administration Building, ready for trouble.

In fact, there was no disturbance. The room was jammed with perhaps 200 people. As most of them were obviously motivated mainly by curiosity, it was judged unwise to attempt a prayer meeting of the usual sort. Instead, various persons testified spontaneously to what the Spirit had done in their lives. After an hour or so of this, a man rose up to declare, "I'm not a Pentecostal. I don't even believe in the Holy Spirit. I'm a psychologist, and I came to see what this was about. I still haven't figured out what's going on, but whatever it is, it sure is good."

After the testimonies and a little prayer, those who wished to be prayed over were invited to gather in another room. The merely curious were requested to stay away. It was a vain request; perhaps 30 or 40 went to be prayed over, but at least as many went only to watch, some of them joking and scoffing. One young man who was notorious as the *enfant terrible* among the student newspaper columnists stood in back for a while deriding the whole affair. When there was an opening, he went up and sat down as if to be prayed over, looking back with a grin for the approval of his joke. But when those who were doing the praying drew near, a look of consternation came upon his face, and he slipped out of his chair and left the room. Later it was learned that he had hastened to Father Hesburgh, president of the University, whose office was just around the corner, to urge him to come and halt these doings.

One might have expected that under such hideous circumstances the prayer meeting would turn into a fiasco. In fact, however, a number of those prayed over that night seem to have received the baptism in the Spirit. Others were sufficiently impressed that they returned later for more instruction and prayer. Meanwhile, the publicity had attracted the attention of a much wider circle of students, and the following weeks brought a ferment of incredible activity for the members of the Pentecostal groups. They answered questions, recounted their experiences, held meetings, and prayed with their inquiring fellow students. The following reminiscences come from one who was a junior at that time:

> Rumors spread that something was happening, and there were many, many questions. I remember witnessing to my closest friend, who then asked me if I was all right. That turned out to be the end of our friendship.
>
> Impromptu prayer meetings were frequently held in the dorms, especially in Farley Hall. We would spend

hours witnessing to people. There was one large public meeting for the students in Farley which 30 or 35 students attended. Several of us gave our witness, and Dorothy and Kevin also came. As a result, at least five or six students were prayed with. Many students were prayed over individually in private rooms. There were at least ten of these in my room, and I recall praying with still others in Brian's and Jim's rooms and elsewhere. I remember one night especially, when I had spent a long time witnessing to a freshman who lived across the hall from me. A skeptic named Howard came to my room, along with Jim and several others. Howard was a classmate and former roommate of Jim's. We shared with him the things that had been taking place, and I believe we also prayed with him.

As this was ending, some people came and asked us to go upstairs and meet with a large group of "intellectuals" on the fourth floor, as well as a reporter from the *Observer*. Gerry led the session. We made it clear that we weren't looking for publicity, and told the whole thing in a personal way which was obviously embarrassing to the reporter. He demanded that we pray over him. We didn't want to, but no one knew what to do. We explained in more detail what this prayer meant, and when he persisted, we agreed to pray with him only if he would make a profession of faith in Christ. He was not willing to do this, and so we refused to pray with him. He was quite shaken, and I don't think his story ever got written.

Meanwhile, however, several other fellows in the room asked for prayers. We prayed with them and all were touched. One especially, an arts and letters man who was a classmate of mine and had always been very cynical, became very gentle whenever I met him thereafter. This was true of many of the people we prayed with. They never committed themselves to prayer meetings, nor even perhaps consciously to Christ, but they seemed in some way to be deeper and better people for their experience.

We found ourselves going to prayer meetings all over the campus. One night a group of us were called over to Zahm Hall, where Dave Z. had been sharing with one of the students in his dorm. For a while, almost every night seemed to be spent in prayer meetings of some sort, and after the public meeting, we would come back to our rooms and pray some more. I remember the sun rising on us several times. It seemed as if we couldn't pray enough.

Also, there was some organized follow-up. Either Jim or Gerry insisted on this, and a list was compiled. Usually, however, the follow-up went according to personal friendships or geographical proximity on the campus. And perseverance was quite low.[10]

Disagreements and Discussions

On Sunday, April 16, a special meeting was called in order to give instruction to the many people who had been prayed over in the preceding few days. It quickly developed, however, that the leaders disagreed about several points, in particular about the wisdom of praying over people in conditions of such publicity as had occurred the preceding Friday night. Many of those who had come for instruction gradually drifted out of the meeting disenchanted at the argument which ensued, mild though it was.

Even more alarming was the effect of this argument on the leaders themselves. Up to this point, they had never had

10. From an unpublished account by James E. Byrne.

a serious disagreement. Without planning or organization, all had been carried forward by the breath of the Spirit in a spontaneous harmony. In this idyllic atmosphere, the sudden appearance of discord (so slight that in other circumstances it would hardly have been noticed) was like acid poured into milk. One had the frightening sensation that something precious and delicate was at the point of being destroyed.

In fact, it was not to be so; but the lesson had to be learned that the Holy Spirit was not going to continue permanently maintaining harmony all by himself. There were practical problems on which he did not inspire the community with a solution; they had to be handled by reason.

Many of the questions that were warmly debated in those early months have since been forgotten. A few that can be remembered are: Whether people should be encouraged to pray in tongues aloud or quietly? Whether there should be one weekly meeting for the whole group or various small meetings? Whether the meetings should be open to anyone who wished to come? Whether those seeking the baptism in the Spirit should be prayed over in public or in private? How much instruction should a person have before being prayed over at all? Some people were greatly distressed over the commotion of the meeting of April 14, and wanted to avoid a repetition of it at all costs; others felt that this was something that had to be endured bravely.

Different people had different views about these questions, and they had to discuss their differences rationally and reach an agreement. This is one of the oldest lessons in social living; but it had to be relearned in this atmosphere in which everyone sought to be guided not merely by reason, but by the Spirit, and to seek not merely his own interests even when defending his own opinion. The answers reached in these discussions are not as important as the simple fact that the questions had to be dealt with in a manner that was both reasonable and spiritual.

Agreement never was reached on some of them, which are still debated today. On others, the decision taken at first was later reversed. Some have ceased to matter.

Some people were distressed by these discussions, which seemed in a way quite unspiritual. They would have preferred to meet only for prayer. But it was necessary for faith and charity to be exercised not only in sweet surrender to the inspirations of the Spirit, but also in the hard exercise of reason and the hammering out of human agreements.

It was, however, quickly perceived that such discussions had to be carried on apart from the prayer meetings, or the latter would be spoiled. The atmosphere of prayer and the atmosphere of discussion are as diverse as oil and water.

On the other hand, they also had to learn that it was not right for believing Christians to treat any problems *merely* by the exercise of reason. Even the business meetings were begun with prayer, and this sometimes played a palpable role in the settling of a question. For example, once when a group met to discuss plans for the summer, they found themselves apparently irreconcilably divided on one point. Then one of the women intervened to say, "I think we should stop arguing and pray for a minute." They did, and immediately afterward found a compromise solution that was agreed to by all. More than once this sort of thing happened.

Sometimes what was intended as a business meeting had an unexpected spiritual fruit. For example, eight or ten people gathered at a private home one day to discuss some business. However, a friend of the host's dropped in unexpectedly from out of town and was invited to the meeting. The latter was taken up almost entirely with prosaic practical arrangements. When these were settled, the group began to pray and read scripture. The visitor put his head down and began to sob, quietly at first, then louder and louder. The others bravely kept on with their reading and prayers for a while; but eventually all grew silent, except for the sobbing. Then the visitor slipped to his knees and asked the others to pray for him. When they had done so, he took a bible, and read the story of Christ driving unclean spirits out of a man (Mark 5). After closing the book, he said, "I am full of unclean spirits; pray that they may be driven out of me." They did, and soon he was cheerful and smiling again.

Organization and Authority

One matter that only gradually came to be settled had to do with organization and authority. When it grew evident that docility to the Spirit and the exercise of charisms were not sufficient to bring order and unity into the community, the question arose whether some kind of office ought to be established. The group seemed to be reliving the experience of the primitive Church, and it occurred to someone that office and institution do not originate as threats to the charisms (as historians often suppose), but are needed by charismatics for their own protection and harmonious integration.

The natural and acknowledged leaders were spoken of as "elders," in a somewhat playful yet earnest imitation of the usage of the early Church. These met as occasion demanded to lay plans and make arrangements. But it was never too clear exactly who the "elders" were, and not everyone was willing to accept the decisions of such a non-constituted assembly. Sometimes, in moments of need, various individuals, by their perspicacity in recognizing what was called for, and the generous spirit of responsibility with which they took initiative, exercised effective leadership. This hit-and-miss procedure let heavy burdens fall on some, and made others feel neglected.

Several times during the first year or two, this matter was discussed rather earnestly, but inconclusively. No plan for appointing a definite leader or administrative council received decisive support. Concern for safeguarding the freedom of the Spirit, backed up by misgivings about the danger of institutionalization, held off any further attempts at organization for over three years. The community existed like Israel in the time of the Judges, with no other king but God himself; and the Spirit of God seemed to raise up leaders sufficient for the needs of each moment. Things were not, however, to remain this way forever, as will be seen in the next chapter.

The Prince of Darkness

It is characteristic of the Pentecostal movement that, along with renewed faith in the Holy Spirit, there comes a greater awareness of the evil spirit. Perhaps this is because a keener spiritual sensitivity makes a person more perceptive of evil influences as well as good ones. Perhaps it is because, when the Holy Spirit begins to act in a more manifest way, Satan retaliates by doing likewise. (May it not be that the widespread modern disbelief in the reality of the devil is simply a counterpart of the modern neglect of the Holy Spirit?)

In any case, experience has taught people in the charismatic renewal to take very seriously that aspect of the Christian life that has to do with warring against the evil one. One very intellectual leader of the Pittsburgh community, of decidedly liberal tendencies, used to maintain that Satan was only a mythical expression for the dark forces latent in human nature. Not long after the events of February and March, 1967, someone asked him whether he believed in Satan now. "You better believe I do," he replied—laughing, but dead serious. The Epistle to the Ephesians is not pursuing a myth, but is giving solid, practical counsel when it warns us:

> We are not contending against flesh and blood, but

> against the principalities, against the powers, against the world rulers of this present darkness, against the spiritual hosts of wickedness in the heavenly places (Eph. 6:12; cf. I Pet. 5-8).

Many prayer communities have had frightening encounters with the work of Satan. The stories will not be told here, for it is unhealthy to dwell on such incidents. There is already a tendency in some places to pay too much attention to the diabolic. It is not unhealthy, however, to bear in mind the true nature of the enemy with whom we are contending.

Since the earliest days in Pittsburgh, it has been a common practice within the movement to exorcise Satan any time there seems to be reason to fear his influence. In many places this is done quite regularly before a person is prayed over for the baptism in the Spirit. Ordinarily no set formula is used. The one leading the prayer simply invokes the power of Christ in whatever terms he sees fit, and in his name commands Satan to depart and give place to the Holy Spirit.[11]

Contacts With Other Churches

After two more large meetings like that of April 14, curiosity at the University largely died down. Meanwhile, however, the Pentecostal denominations in South Bend were learning how "the Holy Spirit had fallen on Notre Dame," and they were eager to know more. They began to invite members of the Notre Dame community to speak in their churches.

At the same time, people from the Pentecostal churches in South Bend began to come to the prayer meetings at Notre

11. These informal exorcisms are not to be confused with the solemn exorcisms of the Church, which may be performed only by a cleric and with authorization from the bishop.

Dame. Several times they were as numerous as the members of the Notre Dame community, or even outnumbered them. They joined in the singing and praying, and the Catholics were deeply impressed by the faith and love of many of these people, who pattern their lives on the gospel with a simplicity that is rare and refreshing. The Pentecostals in turn remarked that they found something new and good in these meetings. One testified with tears in his eyes, "I've been going to prayer meetings all my life, but I have never been to one like this." Another declared, in tones of wonderment, "I have lived in South Bend since I was a boy, and never did I dream the day would come when I would worship my God under the Golden Dome of Notre Dame."

On the other hand, a few of these visitors were the source of some distress. Completely uninhibited, they were insensitive to the fact that their manner of praying and preaching was strange to Catholics, and their assertions sometimes offensive. Once one of them stood up during a meeting and pirouetted about for holy joy. Another time, two traveling evangelists began to pray over people in so flamboyant a tone that they had to be led away lest others be driven off by them.

Some of the visitors even seemed to feel that they had a mission to illumine the Catholics, whom they regarded as shrouded in darkness; others were merely being themselves in all simplicity, worshiping God in the way they were used to. In any case, it took only a small dose of this strong sauce to flavor an entire meeting, and make the Catholics present feel uneasy. Some Pentecostals prayed over one nun so forcefully that the only prayer she could think of was, "Sacred Heart of Jesus, get me out of here!" After the performance of the two evangelists mentioned above, a woman who had come to the prayer meeting for the first time left, vowing never to return. Other people ceased coming to the public prayer meetings, and began to meet in private homes instead. This problem became so serious that several earnest discussions were held on what to do about it.

In time, what really solved the problem was the growth of the Notre Dame community itself, not only in numbers, but in spiritual maturity. With fuller experience of the charisms, there came greater confidence in the use of them and keener discernment in recognizing what was from the Holy Spirit and what from human psychology. At the same time, the emergence of a definite and acknowledged leadership in the community made it possible to deal with the more obstreperous cases with the required firmness.

In time, members of the established Protestant denominations likewise began to attend the prayer meetings. There were many Lutherans and several Episcopalians, Presbyterians, Baptists and others. The community retained its predominantly Catholic character, but members of other denominations were heartily welcomed. Since the meetings are devoted to prayer and worship rather than to theological discussions, the diversity did not create any serious problems, but brought a special blessing by making people more aware of the brotherhood of Christ that joins them together beneath their doctrinal differences.

Meanwhile, a Pentecostal prayer group also developed at the nearby Lutheran University of Valparaiso. Bonds of warm friendship grew between it and the Notre Dame group, and occasionally members of the one group would go to pray with those of the other.

In general, the ecumenical effects of the charismatic renewal have been among its most beautiful and moving results. Members of many denominations are led to pray and worship God together, not through a denial or diminution of their doctrinal commitments, but through the love of God and faith in Jesus Christ which they have in common. Among people who have experienced the power of the Holy Spirit, there quickly form bonds of deep spiritual affection quite different from those which result from the interchange of ideas or collaboration on a common project. The Holy Spirit makes people dear to one another in a very distinctive way. He does not nullify their doctrinal divergences, but enables them to see beyond the latter and to embrace one another in love, while waiting confidently for the day when the misunderstandings among them will be removed by Christ's own light.

4

Growth, Maturity and Organization

The events recounted in the two preceding chapters all occurred in the space of three months. A brief resume of what has taken place in the Notre Dame community during the next six years (up to the spring of 1973) will be compressed into the present chapter.

The marvels of God's grace continued in an unending stream, but the later ones had not the same significance as the early ones. The mighty works with which God led Israel out of Egypt, through the desert, and into the Promised Land remained foundational acts for all the subsequent existence of his people, defining their relationship to him, and symbolizing his unbelievable election and fatherly care for them. In following centuries, God continued to intervene mightily in the life of Israel; but none of the marvels which fill the books of Judges, Kings, Chronicles, etc., ever acquired the same religious significance as those of Exodus. The deliverance from Babylon never held the same stature in the religious memory of the people as the deliverance from Egypt. In the same way, due proportion guarded, it can be said that the later events in the history of the Notre Dame community did not have nearly so much importance in shaping and defining its character as those of that first spring.

Even so, it will be useful to know something of how the community developed. A community does not simply prolong its existence in the same state, any more than an individual man does; it goes through phases of development advancing from infancy to maturity. The development of the Notre Dame community will be sketched here, not (I repeat) as though it were a model, but simply as one concrete instance. The history of any one community will be very different from that of another, but it still exhibits certain laws and forces that are more or less common to all.

At Notre Dame, the spring of 1967 was a springtime of grace. A new sap of joyous vitality was rising in hearts quickened by an unexpected stirring of that Spirit who renews the face of the earth (Ps. 104:30). The warm breezes and gentle rain of God's blessing made green appear on the stoniest hillsides. The whole world was suffused with a delicate light which gave beauty and glory to every incident, every detail. The warm love which pervaded the atmosphere could not be driven away by the occasional winds of harsh criticism.

As the spring gave way to summer, the regime of grace seemed to undergo a parallel change. The freshness of the beginnings faded away and the time of steady, laborious cultivation began. The drab hues and awkward contours of everyday life reasserted themselves, and the ordinary had to be integrated into the charismatic. A greater exercise of faith was required to realize that God was still sovereign.

God often follows this pattern. He begins with a glorious Pentecost, in which he alone does almost everything singlehandedly, in order to make it evident that it is he, and he alone, who has produced the work. Then he turns the work over to men, and lets them carry it forward by their own activities, while he still helps and supports but in a more invisible way.

I do not mean to insinuate that charismatic manifestations abated after the spring of 1967. The gifts of tongues, interpretation and prophecy became, if anything, more firmly established. New conversions (often deeply moving), joyous discoveries, awe-inspiring manifestations of God's wisdom and power continued to occur, along with those providential coincidences—often as hilarious as helpful—arranged by a God who, if he does not have a sense of humor himself, obviously knows how much his earthly creatures delight in it.

The change I am trying to describe seems to have lain in the atmosphere generated by the events, rather than in the events themselves. The first charismatic manifestations created an excitement in which they themselves were somewhat the focus of attention. They also aroused a spirit of wonderment and marvel. One had no idea what to expect next, and was ready for anything. But after a while, people grew accustomed to the charisms, and ceased to be so excited by them. They likewise began to put them in truer perspective. The fruits of love, joy, peace, patient endurance and the like took on proportionately more importance. The charisms are neither the source, the goal nor the substance of Christian life; they are an aid—a powerful one indeed, but one which needs to be integrated into the life of prayer and fraternal service which this aid is meant to foster.

Moreover, the wonderment of the first days involved also a disorientation, in which people often lacked the wisdom and judgment to distinguish authentic activity of the Spirit from human foolishness and diabolic fraud. Many members of the community have said, as they reflected on that early period, "We made some foolish mistakes in our naivete." But with the coming of experience and maturity, patterns began to take shape, criteria to emerge and wisdom to grow. Common sense recovered its role in the conduct of affairs, but a common sense now purified and illuminated by faith.

For the Holy Spirit is not simply a spirit of surprises. His works are indeed baffling to us so long as our thoughts and standards are formed chiefly by the "wisdom of the world" (I Cor. 1:20). There is, however, a consistency and fidelity to his way of acting, for which a person can acquire a kind of sense and "feel," if he lets himself be led and instructed by him (I Cor. 2:6-16). It is true that we can never anticipate the works of God, "for who has known the mind of the Lord, or who has been his counselor?" (Rom. 11:34; Is. 40:13). We must always be ready for the unexpected from the God who declares, "Behold, I am doing a new thing" (Is. 43:19). Nevertheless, there is a spiritual wisdom that is able to distinguish with considerable accuracy between that which is in accord with the Spirit's action and that which is not.

Summer of 1967

When school ended in the latter part of May, 1967, it was variously estimated that between 75 and 100 people were deeply involved in the Pentecostal movement at Notre Dame. The majority were undergraduates (including one or two girls at St. Mary's College), but there were also several graduate students, three faculty members, three priests, three sisters (who were also graduate students), and several people from the South Bend-Mishawaka area.

The approach of summer school, however, presented an entirely new situation. The majority of the students in the Pentecostal community were going home, and an entirely new student body would be arriving on campus. This would consist almost entirely of graduate students, the larger part of whom would be priests, sisters and brothers teaching in schools and colleges around the country. Probably none of them would have had any direct personal contact with the Pentecostal movement, but many might have read about it in the papers.

Would it be good to try to "evangelize" them? Or would it be better to wait for them to inquire? No one was quite sure. For the first time in the history of this young community it became necessary to make plans, and yet there was no experience on which to base them. After several discussions, the decision was made to hold a public forum on the movement for all who were interested, but not to advertise it other than by a brief notice inserted in the University calendar.

On the day announced (June 30), a crowd of 300 or more gathered in the law auditorium to attend the forum. A panel of five persons spoke to them. Afterwards, questions raised by the audience were discussed for nearly two hours. Although nothing had been said publicly about the time and place of the prayer meetings, about 40 people privately expressed their desire to attend one. They were divided into two groups, one of which was to meet on Wednesdays and the other on Fridays. The Notre Dame people divided into two teams of three or four to lead them.

Attendance at the first meeting was somewhat larger than expected, but the meeting went quite well nevertheless. At the second meeting, which was meant for the other group, most of the first group returned as well, bringing still more with them. As a result, a crowd of perhaps 125 jammed into the largest classroom available in the annex to Holy Cross Seminary. It was a hot, steamy July night.

There was considerable anxiety about holding a prayer meeting with such a large crowd, most of whom had never taken part in this sort of thing before. That fact, together with the physical discomfort, could have made the meeting a disaster. Instead, it turned out to be one of the most blessed meetings that had ever been held on the campus. Several people were moved to speak in tongues to the entire assembly, which was then quite unusual when many strangers were present. Instead of being scoffed at, the messages which were mostly words of encouragement, were well received. At the end of the meeting, many people were prayed over. A number received the baptism in the Spirit or other distinct graces.

Among those present were about 25 Sisters of the Holy Cross, delegates to a general chapter of their congregation, which was due to open in a few days. Like most other religious communities in the throes of *aggiornamento,* they were deeply divided over several crucial issues, and their meeting threatened to be a stormy one. Most of them asked to be prayed over. A week later, many of them returned, declaring how deeply that first meeting had impressed them. Several mentioned that their chapter discussions had been unexpectedly peaceful, which they attributed to the work of the Holy Spirit.

Instead of dropping off, the crowds continued to increase for the rest of the summer. At one meeting, people had to stand in the doorway for lack of space. Several of those who made their first contact with the movement through these meetings went home at the end of the summer to start prayer groups of their own.

Shortly before the end of the summer school, however, a "bomb" fell. The provincial superior of the priests of Holy Cross announced that the bishop of the diocese was ordering all priests to withdraw from the Pentecostal movement. The priests affected were stunned, but agreed that the only right course of action was to obey.

At the meeting called to discuss the bishop's directive, Sister Amata proposed that the one remaining prayer meeting scheduled for the summer school be canceled. Others argued vehemently against this, declaring that the Pentecostal movement was not dependent on clerical direction, but had developed chiefly under lay leadership. The question was put to a vote, and the latter view won the majority. However, without another word being said on the subject, all the leaders mysteriously had a change of heart in the course of that evening. In the end it was unanimously agreed that the meeting in question should be canceled.

Within a few days, the chancery was contacted, and it was learned that the so-called "ban" was only a misunderstanding. The bishop had not ordered priests to withdraw from the movement, but merely wanted them to avoid roles of active leadership which might give the impression that the movement had been officially approved by the Church.

At a later date, two priests were able to discuss the matter at greater length with Bishop Pursley directly. He expressed satisfaction with what he was told, and declared that while it was quite out of the question for him to give an official approval to the movement, he found likewise no grounds for condemning it. He gave his blessing to all those involved.

Two Years of Slow Growth (1967-1969)

When school reopened in September of 1967, many expected that this would be a great year for the charismatic renewal. They expected to take off from the peak that had been reached the previous spring, and to rise to new heights with the reinforcement of some of the Pittsburgh leaders who had moved to South Bend in the meantime. These expectations were to be disappointed.

In the first place, it soon became apparent that only about 25 people were still deeply involved in the prayer community. Where were the rest? Some had graduated in June and gone elsewhere; but many others had simply fallen away in the heat of the summer. It is relatively easy for a person, while still buoyed up by the first Pentecostal grace, and supported by the community around him, to believe in the work of the Spirit. But after some weeks, when the early effects of the baptism subside, he is frequently assailed by grievous doubts about the reality of his experience. If, in addition, he finds himself isolated, or surrounded by skeptics, it is very difficult to maintain his enthusiasm.

Hence the group had, in a sense, to begin all over again, and this time growth came much more slowly. In part, this is because the students now found themselves somewhat insulated from their fellows, who tagged them as religious fanatics. In part it was due to a leadership vacuum. Those who had been leaders during the spring were mostly seniors, who were now gone, and it was a while before new ones emerged. In fact, growth took place more in South Bend and neighboring communities than at the University.

Another difficulty was the fact that the group had not yet learned its role of collaborating with the Spirit. People continued to go to prayer meetings, rejoicing in the grace of the Father, and expecting him to do great things. They also continued, of course, to bear witness to others when and as they could; but they lacked the vision and organization necessary to do their part effectively.

For these reasons, as well as those mentioned at the end of the preceding chapter, the Notre Dame community grew very slowly during the two years between the fall of 1967 and the fall of 1969. During all that time, the attendance at the prayer meetings seldom went much above or below 30. That meant that there were perhaps 50 people firmly involved in the community.

Many other communities have grown much more rapidly than the one at Notre Dame, attaining a membership of over a hundred in less than a year. Too rapid an expansion, however, causes severe growing pains; and from these the Notre Dame community was largely spared. In a spirit of remarkable serenity, it gradually acquired maturity and experience in dealing with the charismatic life.

The meetings were held in the home of Professor Paul

DeCelles of the Physics Department at Notre Dame. This was within easy walking distance of the University, and had room enough to hold such a group conveniently.

Although in small numbers, people began to be drawn from all walks of life: from the city and from the country, grandparents and high school students, professional men and factory workers, some with Ph.D.'s and others with little formal education. The name, *"Notre Dame community,"* gradually ceased to be adequate, although it continued to be used around the country.

True House

The school year, 1967-68, ended with an incident that not only had considerable influence on the development of the Notre Dame community, but also illustrated the remarkable way in which God's providence often takes care of the needs of those who commit themselves to his work with complete faith. Two Notre Dame students, James Byrne and Peter Edwards, were preparing for graduation. Roommates and close friends, they had worked together closely all year long in the student apostolate. Both of them felt drawn to continue this work after graduation. At first, they planned to go to Ann Arbor and join the community which Steve Clark, Ralph Martin, Jerry Rauch and Jim Cavnar had begun there. But as the school year drew to a close, Jim Byrne felt more and more drawn to stay at Notre Dame and begin a similar work.

The University, however, had no provision for laymen in such work. If Pete and Jim were to start it, they would have to do so on a voluntary basis, without remuneration. But this posed a difficult financial problem; neither of them had money enough to support himself for very long. The most pressing need was for a place to live. Jim treated the problem lightly. "If God wants us to do this work," he said, "he will make it possible." Peter, still undecided whether to stay at Notre Dame or go to Ann Arbor, asked for a sign. "If God provides us with a house," he said, "that will be a sign that I should stay." It was then late in the spring semester, and the two of them began to pray that God would make his will known.

About a month later, in *The Huddle* at Notre Dame, a young priest came up and asked, "Say, could you men use a house?" He was Father Robert Connor, chaplain of *Opus Dei* in South Bend. He knew nothing whatever about their plans, problems or prayers. Some friends had offered to put a house at his disposal free of charge, but he had no use for it.

The friends were Dr. and Mrs. Herbert True, of South Bend. They owned two houses, and had been living in one and renting the other. The tenants of the latter had recently moved away, and the house had been put up for sale. The price which Mr. True was asking was too high, the realtors assured him; nevertheless, within a few days, a purchaser appeared, prepared to pay it without argument. He wanted to open a child-care home, and this building suited his requirements better than any other. Mr. True was so startled at this, that he began to reflect, "If that house is so well suited for such a project, maybe it would be for some other one too. And God has been so good to me that perhaps I ought to try to use this house for him."

He told the would-be purchaser to wait ten days. If in that time he found no way in which to devote the house to the service of God, he would complete the sale. Then he phoned his friend, Father Connor, to ask whether he could use it. Father Connor put the Pentecostal community in touch with Mr. True, who allowed the Pentecostal community the use of it rent-free for an indefinite period of time. On the ninth day of the ten he had fixed as a limit, his offer was accepted.

It proved to be invaluable, not only as a residence for Jim Byrne and Pete Edwards (later joined by others), but as a center of operations for the whole community. Although the weekly prayer meeting continued to be held at the home of the DeCelles', there were other meetings, days of recollection, Antioch weekends, and the like, for which the True house provided convenient facilities. The Communication Center to be mentioned below was also established there.

When it was agreed that the house should be accepted, the question arose, "What shall we call it?" Various names were suggested, *True House* obviously being one of them. As opinions were divided, the group stopped to pray; then Pete Edwards opened his bible. The passage he came upon was John 8:26, ". . . He who sent me is true. . . ." That ended the debate.

Apostolic and Social Action

The apostolate to Notre Dame students undertaken by Jim Byrne and Pete Edwards advanced at first painfully and slowly, but eventually drew other young people to associate themselves with them. Meanwhile, Paul DeCelles and Andrew Plodowski were laying plans for a deacon training center to be known as the "Apostolic Institute." A group of young families on the West Side of South Bend were working actively to improve race relations between blacks and whites. All these groups sought for ways in which to integrate their particular apostolate with the charismatic renewal. Their visions of the future sometimes diverged painfully; but for several years, they were still able to come together in loving fellowship and prayer.

Other members and families of the community, without any particular plan in view, responded to human needs as they appeared. Several opened their homes to young people who, for one reason or another, had need of a household in which to live. One touching incident occurred as a result of Leon

Kortenkamp's visit to the hospital to see his wife, who had been injured in an automobile accident. There he met an elderly man, also keeping vigil with his wife, who was critically ill. Joe's home was too far away for him to return to it at night, and he could not afford a hotel room. He was renting an unheated room in a private home, and since it was the beginning of winter, he suffered considerably. Within a few hours, arrangements were made for him to stay with one of the families of the community. Prayer meetings were being held in their home at that time, and Joe was quickly "adopted" by the whole community. He was deeply touched by their affection and consideration, and remarked later, "I never dreamed there were so many good people in the world." Prayers were offered for his wife at one of the prayer meetings, and the next day, for the first time, the doctors gave him some hope that she might recover. A few weeks later, she was released. Meanwhile, Joe, who was a fallen-away Catholic, had been reconciled with the Church, and had his marriage blessed.[1]

While the members of the community were thus active in a multitude of ways, there was no apostolate or work proper to the whole community except the weekly prayer meeting. This disturbed some, who felt that the community as such ought to have a ministry. "God does not form a Christian community just to hold prayer meetings," they sometimes declared. But although several people felt that this state of things was an incomplete, unfulfilled beginning, no one was able to propose a work to which the whole community could feasibly dedicate itself.

1. In order not to give any misleading impressions, it should be added that his wife died a month or two later. Hence, this story is not told as representing a miraculous cure, but in order to illustrate the kind of unplanned work of love in which the community is often engaged. It does, however, exemplify the kind of spiritual healing that not rarely accompanies such work.

Perhaps, however, such fretting, generous and zealous though it was, sprang from a failure to discern the full value of that which was already there. It was no small thing for people to gather together week after week to give glory to God. It is important that, in the great desert of materialism, secularism and estrangement from God and from one another, there should be verdant oases of hearts in joyous contact with the fountains of living waters. The prayer meetings refresh the souls and restore the confidence of those who are struggling to live as Christians in their workaday world.

Furthermore, the worth of a community is not measured by some work extrinsic to the community itself, but rather by the very life and communion which community makes possible —especially when the life is none other than that which the heavenly Father has imparted to the disciples of his Son through the breath of his Spirit. Perhaps, therefore, when a prayer community has no proper work other than prayer itself, this may be meant in Providence to teach it how precious true prayer is, and how great a thing it is for such a community simply to be itself.

Outreach

One of the most powerful influences on the Notre Dame community was its involvement in the national leadership of the charismatic renewal. Some members were called upon to speak in other parts of the country, and eventually abroad. In several localities, these talks were important factors in the origin of new groups. Experience soon showed, however, that this is a risky way to start a group. If not supported in some other way, it is liable to elicit a development that is not solid and is prone to aberrations.

Consequently, a different mode of operation came to be preferred whenever feasible. Teams of three or more would go to a place where the ground had already been prepared, to spend at least one full day, and longer if possible, making an ample presentation (so to speak) of the Holy Spirit's work, and giving special instruction to the potential leaders. Thereafter an effort was made to maintain contact with that community until it was strong enough to sustain itself.

One of the earliest and most fruitful examples of such action took place in Grand Rapids. Three members of the Notre Dame community had moved to that area during the summer of 1967 and wanted to start a prayer group. They prayed about the matter for two months, and discussed it with other interested persons, in particular Monsignor Arthur Bukowski, president of Aquinas College, and Father Charles Antekeier, associate pastor of St. Mary's parish. Finally they invited a group from Notre Dame and Ann Arbor to hold a long meeting in Msgr. Bukowski's home on the evening of November 21, 1967. The living room was packed tightly with students from the college and from the neighboring diocesan seminary, along with several priests and nuns. After some talks and personal testimonies, there was a short prayer meeting, at the end of which many were prayed over for the baptism in the Spirit.[2] Several people received manifest graces that very evening, and the prayer community which originated there grew rapidly. (Ironically, one of them had prayed anxiously that the group would not be without the help of a priest; in fact, they started out with more priests than most other communities have received after several years of existence!)

A much more ambitious undertaking was the monthly "Day of Renewal" conducted during most of the school year 1969-1970 at St. Benedict's Abbey, Benet Lake, Wisconsin.

2. Since that time, experience has indicated that it is ordinarily better to insist on much more preparation before people are prayed over for the baptism in the Spirit.

Each month a team spent two days there conducting prayer meetings and developing a program of instructions for leaders, for newcomers, and for those seeking to grow in the life of the Spirit. This laborious undertaking was enormously fruitful not only in the Chicago-Milwaukee area, but also in the development of the Notre Dame community itself.

National Conferences and Organs

The "Michigan State weekend" described in chapter 3 had been so powerful in its effects that a similar meeting was held at Notre Dame March 28-31, 1968. Between 100 and 150 people came for a weekend of talks, discussions and prayer meetings. Most were from the Midwest, especially Michigan, Indiana and Illinois; but there were a few from as far away as Massachusetts and Florida.

In 1969 another such weekend was held, April 25-27. This was the first that could realistically be called national. People came from the east coast, the west coast, the deep South and the Southwest, to say nothing of those from the Midwest. Three provinces of Canada were also represented. Some 450 participants were registered, and certain sessions were attended by as many as 500. There were 25 or 30 priests. A number of observers from Protestant and Pentecostal churches participated, including David DuPlessis, who is perhaps the best-known spokesman of the main-line Pentecostal churches.

Because of its size and scope, the 1969 weekend had a very different spirit from the previous two. These had been essentially small reunions of people already acquainted with one another, or who promptly became acquainted. They were marked by a spirit of informality and impromptu arrangement. Those who came were housed in spare corners wherever available. A spirit of joy prevailed over the inconveniences, and the blessing and leading of the Holy Spirit more than made up for the lack of human organization.

The 1969 weekend was inevitably to a large extent a convention of strangers, even though an atmosphere of warm friendliness still enabled one to get acquainted quickly. The meetings could no longer be fitted into classrooms; they were held in a gymnasium behind the old Holy Cross Seminary. Accommodations and meals had to be planned in advance, and, where the logistics were deficient, the resulting confusion and inconvenience were too great to be laughed off lightly. In the enthusiasm of the crowd, one could occasionally sense the power of a force that could get out of control. The spontaneous unity and simplicity prevailing in the earlier weekends were no longer so apparent. The leaders who met afterwards to assess the results were troubled by the realization that the mere fact of growth was changing the tone of the weekends, and some questioned whether it would be wise to continue to hold them. After discussion, it was agreed that mass meetings also have their role to play in the work of the Spirit, and that there was no good in looking back with nostalgia to a youthful freshness that could never be recovered. But this decision was made with the realization that more planning and firmer control would be needed from then on if the conferences were not to degenerate into something unwholesome.

In 1970, the increase was still more spectacular: 1,279 people[3] registered for what was officially entitled, "The Fourth National Conference on Charismatic Renewal in the Catholic Church."[4] Again people came from all over the nation, with surprisingly large representations from some distant points.

3. This figure includes only those who registered for the whole conference. There were also people who attended only one or another session, raising the total attendance to perhaps 1,500.
4. For practical reasons, this convention (June 19-21, 1970), was held in St. Joseph's High School, across the highway from Notre Dame.

There were about 50 from the New Orleans area, and a whole busload from Augusta, Georgia. So many came from Canada that the conference could more appropriately have been called continental. Friday evening was devoted to a sharing session and prayer meeting of the entire assembly. Saturday the conference divided up into eight seminars on doctrinal and practical questions,[5] each of which lasted all day and terminated with the Eucharist. Sunday morning, a memorable general address by Ralph Martin on "The State of the Church Today"[6] was followed by 14 talks or discussions of more particular points.[7] The day closed with a Mass concelebrated by some 30 or 40 priests, and attended by at least 1,400 people.

As a direct result of this conference, a Service Committee of eight[8] was formed in order to provide an instrument for

5. The topics: Introduction to the Baptism in the Spirit, Growth in the Spiritual Life, Witnessing to Christ, Charisms, Christian Community, Union With God, Theology of the Pentecostal Movement, and Prayer Meetings.
6. An expanded version was subsequently published as "Unless the Lord Build the House. . . ," Ave Maria Press, 1971.
7. Priests and the Charismatic Renewal, Sisters and the Charismatic Renewal, the Holy Spirit in the Gospel of St. John, Parish Structures, Prayer, Healing, Literature on the Pentecostal Movement, Ecumenical Aspects of the Movement, High School Students, Pentecost and Drugs, Christian Responsibility for Racial Harmony, Modern Pentecostalism and Traditional Catholic Spiritualities, Family Life, and Prophecy.
8. Officially entitled, "Catholic Charismatic Renewal Service Committee," it was originally composed of: James Byrne, chairman (Notre Dame), Steve Clark (Ann Arbor), Bertil Ghezzi (Grand Haven, Mich.), Father George Kosicki, C.S.B. (Detroit), George Martin (Williamston, Mich.), Ralph Martin (Ann Arbor), Father Edward O'Connor, C.S.C. (Notre Dame), and Kevin Ranaghan (Notre Dame). Since then, Byrne, George Martin and I have resigned, being replaced by Father Harold Cohen, S.J. (New Orleans) and Paul DeCelles (South Bend); Bishop Joseph McKinney (Grand Rapids) has been associated with the committee

coordination of the activities of Catholics in the Pentecostal movement. Likewise, a Communication Center was set up at the True House[9] in order to furnish information, distribute literature and tape recordings, and maintain a directory of charismatic prayer communities. Finally, a small newsletter serving the Michigan communities was expanded into a monthly *Pastoral Newsletter* of national scope.[10]

About 4,500 took part in the 1971 weekend,[11] which was the first to be announced as "international." Besides Canada, several other foreign countries were represented, including Australia, Korea and Israel. Together with 147 priests, Bishop Stephen A. Leven of San Angelo, and Bishop Joseph C. McKinney of Grand Rapids, presided over the closing liturgy, which had to be moved to Notre Dame's new Convocation Center because of its size. As the procession of priests filed into the arena, the people sang "Priestly People" with thunderous enthusiasm.

Mass was preceded by a series of people giving personal testimonies (one about a healing that had taken place during the conference), speaking in prophecy, or reading from scripture. Two or three times during Mass, the prayers of the assembly turned spontaneously into a chorus of singing in tongues. It took a long time for 20 priests to distribute Communion to all who wanted it; but the people continued to pray and sing tirelessly. The whole ceremony lasted two hours and a half.[12]

---

as episcopal advisor, and Father Kilian McDonnell, O.S.B. (Collegeville, Minn.) as theological advisor.

9. Mailing address: Box 12, Notre Dame, Indiana 46556.
10. Now *New Covenant,* published at P.O. Box 102, Main Street Station, Ann Arbor, Michigan 48107. Ralph Martin, editor.
11. Held at St. Mary's College, June 18-20. Officially, 3,986 were registered before the registration cards ran out.
12. Much of the Mass was recorded on film by the Franciscan Communication Center of Los Angeles.

The 1972 conference[13] was attended by more than 11,000 people[14] from 16 countries. It is remembered around Notre Dame especially for the long lines of people waiting, in some cases more than an hour, to get into the over-taxed dining halls. Instead of complaining in frustration, they sang, prayed, and used the opportunity to meet new people and share with them about the Lord's work in their lives. Even the maids who cared for the dormitories were impressed by their friendliness and courtesy, while the janitors and grounds crew observed that there was almost no property damage or litter left behind by this crowd, which was well over twice the size of any that had ever attended a convention of any other sort at Notre Dame. Others were impressed by the collection of $11,200 for the Bishops' Campaign for Human Development and for the Catholic Relief Services.

In 1973, an estimated 22,000[15] attended the general assemblies, which had to be held in the football stadium. At an altar erected near the south goal line, about 500 priests concelebrated the final Eucharist, presided over by Archbishop James M. Hayes of Halifax, Nova Scotia, while Cardinal Leon-Josef Suenens from Malines, Belgium, preached an electrifying homily. Those who had attended football games

13. Held at the University of Notre Dame, June 2-4.
14. The difficulty of giving exact statistics for any of these conferences is illustrated by the following data. Approximately 9,500 registered for the 1972 conference. In addition to them, many people attended one or another session without registering, to say nothing of volunteers who came from all over the country to help put on the conference. The manager of the Convocation Center estimated that about 10,000 took part in the closing liturgy; but some who had been at the conference were obliged to leave before this. The estimate, "more than 11,000," is an attempt to take all these factors into account.
15. The paid registrations for this conference, held June 1-3, numbered 14,300. Estimates of the attendance at the general assemblies ranged from 20,000 to 25,000.

in this stadium were moved to tears to hear the stands now reverberating with song and praise for Jesus Christ.

Besides these huge rallies, other types of conferences meanwhile began to develop to serve other purposes. A conference reserved for leaders of charismatic prayer groups was held at Ann Arbor on January 1, 1969. Each year since then, a similar one has been held around the same date. In 1972, regional meetings began to be held in other parts of the country.[16] Local conferences, as well as conferences devoted to a study of the theological, psychological and other aspects of the movement, have likewise been held in many places. A meeting of leaders from all over the world was held near Rome, October 9-13, 1973. Pope Paul received 11 of them in audience and spoke briefly but pointedly about the responsibility of bishops to exercise discernment and direction in regard to ferments of spiritual renewal.[17]

Developing Organization

Experience with the decisive 1969 conference, and with activities such as the Benet Lake Day of Renewal, together with the successful example of the Ann Arbor community, brought home to the Notre Dame community the necessity and the spiritual fruitfulness of careful planning and organization. People learned to work together in teams. For example, during the summer school of 1969, three teams were set up to care for the diverse functions of the prayer meetings. One looked after general arrangements, another prepared instructions for newcomers, and the third gave conferences on how

16. The first ones were held in Augusta, Georgia (October 20-22, 1972), San Francisco (November 24-26, 1972), and New Orleans (December 1-2, 1972).
17. Cf. New Covenant, Dec. 1973. The original (French) text of the Pope's address appeared in *Osservatore Romano,* Oct. 11, 1974, p. 2.

to make progress in life in the Spirit.

Likewise the growth and multiplication of the conferences required more planning and the definite allocation of responsibilities. Eventually a permanent office was set up, with an accordion-like staff which grew in size as the international conference approached, and then was cut back to a minimum after it was over. The Communication Center, which had begun in the summer of 1970 with volunteers operating out of a spare room, in three years had become a serious business, occupying a building of its own, and employing about 11 people. In 1973 it distributed approximately 350,000 books and 20,000 cassettes.[18]

Thus the exigencies of practical operation imposed organizational structures upon a group which in its first few years had relied much more upon spontaneous individual initiatives. Beneath this lesson in cooperation and organization, a deeper wisdom was being acquired. The effective awareness was growing that each member of the Christian community has his proper gifts, and thereby his peculiar, God-given ministry to the community. This was nothing other than a realization of the doctrine of Vatican II:

> It is not only through the sacrament and the ministry that the Holy Spirit sanctifies and leads the people of God, as well as enriching it with virtues. He "apportions to each one individually as he wills" (I Cor. 12-11), and distributes special graces among the faithful of every rank. Thus he makes them fit and ready to undertake various tasks or functions for the renewal and upbuilding of the Church . . . .[19]

18. Estimate made by John Boughton of the distribution department at the center.
19. *Constitution on the Church (Lumen gentium)* #12. It is awkward for our present purposes that the Conciliar text uses the term *ministeria* ("ministries") to refer to the functions of the clergy.

On the other hand, people were also learning in a new way that planning and organization are among the ways in which man must cooperate with God. Even when the Holy Spirit initiates a work that no man would have the right or the power to undertake on his own, man is ordinarily required to collaborate in it with the means at his disposal. This gives occasion for all the mistakes, conflicts of opinion, petty ambitions and jealousies to which human beings are liable, but these are problems that must be dealt with and cannot be avoided.

The Fixing of Authority

We saw in the preceding chapter that the Notre Dame community existed for a long time without any formally constituted officers. Those who had emerged as *de facto* leaders exercised a certain very real authority, but it was quite informal and unobtrusive. Nevertheless, the life and activities of the community went on with little friction or disagreement. When decisions had to be made, e.g., about the time and place of prayer meetings, about retreats and days of renewal, about the policies to be followed and instructions to be given, various ways were found to make them. Occasionally it was possible for the whole community, more or less, to get together

---

I have translated this as "the ministry" (the Abbott translation gives "Church ministries"). However, the Council surely does not intend to imply that only the clergy can be said to exercise a ministry in the Church; in fact, the passage cited is in effect saying just the opposite. The term ministry is simply being used in the conventional way, which refers it exclusively to the clergy; such usage is legitimate, but nevertheless regrettable. On this same subject, see also #7 and #30, as well as the decrees on *The Apostolate of the Laity (Apostolicam actuositatem)*, #3, *The Missionary Activity of the Church (Ad gentes)*, #15, and *Ecumenism (Unitatis redintegratio)*, #2.

and discuss the issue. Sometimes the leaders held an *ad hoc* meeting and later proposed their conclusion to the community for ratification. Sometimes one person, or several, simply took the initiative to do something. If it worked, and was accepted by the community at large, it became an institution.

Seldom were issues put to a vote. Usually agreement was reached through discussion and prayer. This is not because there were no disagreements or varieties of opinion; there were times when opposing views appeared irreconcilable. There were also some extremely disagreeable and delicate tasks to be performed. On two occasions people had to be asked to withdraw from the community. Nearly always a way could be found which met with the agreement, or at least the acquiescence, of almost everyone.

I am not trying to say that there were never any hurt feelings, resentments, or lasting disagreements; these are inevitable in any social endeavor. But the unity of purpose, considerateness for others, and effort to be led by the Spirit were so strong that the friction could be absorbed. The life of the community went on with a serenity that would seem unthinkable in most secular or even religious experiences.

Nevertheless, even in such an atmosphere, it was impractical to continue without a more definite authority. To gather the whole community, or even a nebulous group of leaders, each time a decision has to be made, is inconvenient and unworkable. Likewise, it is normally better for a community to know exactly with whom a certain responsibility lies. For example, the freedom of prayer meetings can be abused by people who are there in the wrong spirit. Unless firm and prompt action is taken to call them to order, they can quickly spoil a meeting and even wreck the community.[20]

It was no doubt a good and admirable thing that the Notre

20. On this point, see p. 223 ff.

Dame community was able to continue as long as it did without any more formal authority. The time came, however, when for it to refuse to adopt the normal organs that any society needs for its healthy functioning would have been a refusal to cooperate with grace, just as truly as it would be if an individual refused to use his head because he was counting on supernatural illumination.[21]

Covenant communities

The normal development of organization and authority in the Notre Dame community was accelerated, and given a new direction, by the formation of two "covenant communities" during the school year 1971-1972. The idea of communities in which people would not just meet for prayer and fellowship, but would make a firm commitment to share their lives in a more complete and stable fashion, had been developed especially by the leaders at Ann Arbor.[22]

Following their example, most of the larger prayer groups around the country had developed "pastoral teams" to care for the planning and organization of the prayer meetings and other works. A number of these pastoral teams began to take on the character of distinct communities, meeting not only for planning but also for additional prayer and sharing. They were spoken of as "core communities" at the heart of the

21. I stress this point because too simple a notion of being led by the Spirit leads some to assume that organization and authority are necessarily opposed to it. This is the impression given, e.g., by Frank Bartleman, in *What Really Happened at Azusa Street?* Voice Christian Publications, 1962, p. 32 ff., p. 56 ff., etc.
22. They in turn were powerfully influenced by the example of the Episcopalian Church of the Redeemer in Houston, Texas; cf. W. G. Pulkingham, *Gathered for Power,* Morehouse-Barlow, New York, 1972. The vision directing the Ann Arbor developments has been partially formulated by Stephen Clark in *Building Christian Communities,* Ave Maria Press, Notre Dame, 1972.

larger, more amorphous communities that gathered only once a week. It was quickly sensed, however, that to be strong and stable, the core communities needed to be bound together by some kind of firm commitment on the part of their members. Thus emerged the concept of "covenant community."

In South Bend, however, not one but several communities emerged: the True House, the People of Praise, and two or three others not formally structured. Their separation had its background in various tensions which had been felt between different groups within the original prayer community, and to which allusion has already been made. The people from town sometimes felt intimidated by the University people. The students found that their needs were not always being suitably met. A group of people from the West Side wanted more involvement with social action. Another from Osceola had too far to come, and wanted a prayer meeting closer to home. Moreover, some were inclined to stress the autonomy of the subgroups, while others insisted more on the unity of the whole community.

In an effort to see to all these concerns, a team of eight coordinators, chosen from the various sectors of the community, was appointed in November, 1970. They functioned for a year and a half but failed to resolve the tensions. The West Side and Osceola people gradually separated into distinct groups. Some of the younger people, mostly students or recent graduates of the University, felt drawn by the Lord to form a covenant community. It was their special aim to provide a milieu that would foster the growth of a full and deep Christian life for University students. After a year of discussion and prayer, the new community was formally inaugurated in September, 1971, with the name, "True House," although they had moved from the original building of that name to new quarters. Meanwhile, another group, consisting chiefly of townspeople, formed a second community, which covenanted shortly thereafter, as the "People of Praise."

Both communities believed themselves to have originated, not merely out of human planning, but out of a call from God. Neither came into being, however, without some pain and rancor, and a loss of some of the friendly fellowship that had previously pervaded the entire community. As the various elements of the covenants were being hammered out, the inevitable disagreements divided people who had been closely united. Those who could not accept the covenants sometimes felt themselves rejected by those who made them.

On the other hand, the covenants made possible much more efficient organization than had existed before. Each community was governed by a definite group of coordinators, assisted by a network of other people charged with specific functions, such as preparing the various seminars by which people were introduced to the charismatic life and instructed how to grow in it. Both communities set up a discipline that embraced, without of course regulating in detail, the total life of its members.

But with this new order and efficiency there was also less of the spontaneity and simplicity of the original prayer group. Moreover, as the prayer meetings came to be sponsored by a covenant community, they tended to become a function of the community itself, at which non-community members, no matter how much they were welcomed, inevitably felt themselves to be guests rather than full participants.

At first, the two communities continued to come together in the single weekly prayer meeting which was the root out of which they both had grown. But, even this was too difficult to maintain, and since the spring of 1972, each has sponsored its own "public" prayer meeting, while holding another restricted to its members. This has the advantages of allowing the leaders of each group to work according to their own plans, free from the friction of divergent ideas. On the other hand, there has been a loss of some of the richness which came from the presence of old and young, University and towns-people together, and which had been a moving testimony to the unifying power of the love of Jesus Christ.

Thus the development of these covenant communities has been a mixed blessing. Such communities represent one expression of the charismatic renewal, and one mode of Christian life, suitable for some situations and some people, and not for others. Moreover, it is not the *idea* of such communities that is good or bad, but really existing communities that are more or less successful. In any case, it takes specially gifted leaders to make them succeed, and never is this achieved without pain and sacrifice.

This account of the early years of the charismatic renewal in the Notre Dame area ends on an ambivalent note. This is not only because it is too early to make a definite appraisal of works that are still relatively young, it is also because of the very nature of the action of the Holy Spirit in a human medium. The Spirit initiates and empowers all authentic renewal in the Church, and his work carries the benchmarks of loveliness, simplicity and peace. But the human collaboration which the Spirit himself demands provides occasion for all human flaws to enter into the work. The earthly Church is a field in which the enemy is always able to sow weeds amid the wheat; both must grow together until the harvest. It would be unrealistic to demand perfect holiness as a sign of authenticity. It would also be a lack of faith if the human ambiguities and defects which mar them led us to deny the marvels of grace. After the weeds and the chaff have been winnowed away, these are what will endure.

The MOVEMENT AT LARGE

Part Two

5

Chief Elements of the Movement

The preceding chapters sketched the development of the Pentecostal movement as it took place in the Notre Dame community. The present chapter will deal in a more abstract and general way with the chief features that seem to characterize the movement everywhere. The three factors of chief importance would seem to be the prayer meetings, charisms, and the baptism in the Spirit. The latter two involve many more theological issues than can be taken up here. These will be treated, God willing, in a later volume. Here, my purpose is simply to give a picture of what goes on. Theological explanations and problems will be touched upon only in matters of special urgency.

Prayer Meetings

The practice of gathering together in small groups for informal, spontaneous prayer has not been usual in the Catholic Church for a long time. In the early Church, the eucharistic assemblies seem to have had this character, but very early Catholic prayer became largely polarized between two types: public prayers that followed a fixed text and rubrics, and individual prayer that was spontaneous but silent. Between these types there were various crossbreeds such as individual vocal prayer. But for groups to meet together to pray aloud spontaneously—i.e., without using any rote form—has not been very common for many centuries.

In modern times, the Quakers and Methodists in particular have been noted for this style of prayer. Among American Catholics, prayer meetings began to be practiced on a large scale in the early 1960's—about the same time that the bible vigil also became popular. The great majority of Catholics, however, are still unfamiliar with them.

When the Pentecostal movement began at Duquesne and Notre Dame, it took root first among people who already belonged to prayer groups, and the prayer meeting was spontaneously and unquestioningly adopted as the natural vehicle of the movement. In fact, it has proved to be an ideal vehicle, to such an extent that wherever the movement has spread, the prayer meetings have gone with it. It is almost impossible to visualize it without them.

The pages which follow have to do with Pentecostal prayer meetings among Catholics. No attempt will be made to cover prayer meetings of other denominations, or of a non-Pentecostal type. Since freedom and flexibility are of the essence of these meetings, no two of them are ever quite alike. Nevertheless, some typical general outlines can be noted.

The prayer meeting is a mode of worship that combines the utmost in freedom and community. Freedom: for every participant is free to pray in whatever way he likes, provided that he respects the demands of love and faith. Community: for people are there to pray *together,* and not just simultaneously. Paradoxically, the freedom of the prayer meeting does not destroy its communal character, but intensifies it, by allowing each one to make his personal contribution to the common prayer, and to present his personal needs. It is out of just this sort of pooling of the personal that human community arises. Conversely, for a group of people merely to pray in unison, as occurs at the Mass or in a rosary, does not suffice to create a sense of community. On the contrary, it is liable (if not counterbalanced by other factors) to deaden this sense, by reducing all the individuals to anonymous ciphers.[1] Conversely, the strong sense of community which develops at healthy prayer meetings does not tend to suppress individuality and freedom, but on the contrary teaches people to appreciate and be glad of the distinct contributions of each individual, and to be patient and understanding with their weaknesses.

These effects are not achieved simply by gathering pious people together in the same living room. There must be unity among them, but not a unity of human calculation. It must be a unity of love, and so it is important that whatever is said be animated by a spirit of love. More deeply yet, the unity comes from Christ, who is present and actively leading the meeting through his Spirit. Without any doubt, the principal inspiration of these meetings is the Lord's promise, "Where two or three are gathered together in my name, there am I in the midst of them" (Matt. 18:20). It is very consciously in order to enter into and participate in this presence of Christ that the community assembles. When from time to time the interest of a story or the dialectic of an exchange begins to carry thoughts away on its own momentum, someone will remind the group of the presence of Christ, and of the need of raising their thoughts to him.

But Christ is not in the prayer meetings merely as a presence; he is there as sovereign Lord, who wills to lead the meeting actively by the inspirations of his Spirit. Hence, while all are given the freedom to say or do what they will, this is not a

1. I do not say this with the intention of belittling formal prayers, which are also necessary, but only in order to bring out the distinctive value of the prayer meeting.

license to "do as they please." It is their grave obligation, in virtue of the very sense and meaning of the prayer meeting, to follow, to the best of their ability, the gentle leading of the Holy Spirit. Where this really occurs, the prayer meeting becomes a beautiful realization of the body of Christ, in which each member carries on a function assigned and consecrated by the Spirit of Christ, the strong supporting the weak and all bearing one another's burdens in love, while the Lord himself brings about the growth of his body through the many exchanges he effects among the members.

Naturally, any human community falls short of this perfect ideal; but the impressive thing about the Pentecostal prayer meetings is that the goal is at least in sight. These mysterious truths of faith become the functional realities that make the meetings live. One is in real touch with them, even though not yet fully conformed to them.

From what has been said, it will be understood that the prayer meetings do not follow any fixed formula. They are whatever the people present make of them and (to the extent that people are truly submitted to the Spirit) this means that the meetings are whatever the Lord makes of them. In fact, they vary surprisingly in tone, from joyous to pensive, from song-filled to silently worshipful. It is also surprising at times what unexpected turns they take due to the remarks of a single person deep in prayer, or what unforeseen patterns develop from the uncoordinated remarks of various persons as they say what the Spirit gives them.

As a group meets over and over, a vague, loose pattern does tend to establish itself; but this is only like the frame in which a picture is going to be mounted. Someone may read a text of scripture to which the Spirit has led him; another may "give testimony" to some blessing of God in his life. Often what one person says or reads evokes a reflection by another; but every effort is made to keep this free interplay of thought from turning into a merely intellectual discussion. From time to time, all join in a hymn. Lively, modern ones are favored, and guitars are usually welcome.

Usually someone is appointed to lead the meeting, although a small group of people used to such prayer can get along very well without a leader. The latter's part varies greatly, depending on the nature of the group, the gifts of the leader, and the type of prayer meeting. In some cases, he exercises a very prominent role, somewhat like a master of ceremonies. In others, he is very unobtrusive, and does little besides opening the meeting and calling it to a halt.

Even when the leader is unobtrusive, he is very important; and even when he is prominent, it is not his role to dominate the meeting or set the tone. It is his function to facilitate the prayer of the community; his concern must be that *they* do *their* part. Sometimes it is well for him to come to the meeting prepared, for example, with a few scriptural texts that will provide fuel for meditation. Now and then he may, if he senses the need, give a slight redirection to it, by calling for a few moments of silent reflection, or for a hymn. He may have to urge those present to make use of the gifts they have from the Lord for the sake of the community. On rare occasions, he may have to exercise some authority by (gently) cutting off speeches that are not in keeping with the occasion. But all this he must seek to do not just by keen human perceptiveness, but by being sensitive to the movements of the Spirit, especially as they are manifested in the assembled community. Simply to judge when it is time to call the meeting to a halt demands real spiritual sensitivity.

Perhaps that which strikes most people about the prayer meetings is the earnestness of the faith which inspires them. But this faith does not make the meetings solemn or lugubrious. Instead, they are usually filled with joy and gaiety. Those who are there laugh readily at one another and at themselves—but with a gentle, friendly laughter, not a raucous release of nervous tension.

Although spontaneous and unplanned, the meetings are not in any respect wild or chaotic. They move along quietly, each person waiting for others to finish before he speaks. There is never any shouting or gesticulating of the "Holy Roller" type. Observers from the main-line Pentecostal denominations find these meetings much less emotional and demonstrative than their own, and sometimes characterize them as dull. The frequent exclamations of "Amen" and "Hallelujah," so characteristic of the main-line Pentecostal churches, are seldom heard at most of the Catholic meetings. Likewise the hymns used tend to be much less sentimental than those of these other churches.

Now and then there occur intervals of silent prayer and meditation for a minute or two. Sometimes one person will pray aloud spontaneously for the entire group, sometimes the entire group will recite a formal prayer together, such as the *Gloria* or the *Our Father*. There has been a special predilection for the latter from the beginning. In almost every meeting, and usually two or three times, there will occur what is called "a word of prayer." It is a period of a few moments in which all pray together, each in whatever way he wishes: some aloud, some silently, some in tongues, some in English. This practice has been taken over from the main-line Pentecostals, who are not so accustomed to silent prayer. Some Catholics find the "word of prayer" distractive and unappealing; others, however, see it as a beautiful hymn of praise to the Creator. This is particularly manifest on certain occasions when the Spirit himself seems to bless the prayer and turn it into one great symphony, as occurs in the phenomenon of singing in tongues to be described below.

A part of most meetings is devoted to the mention of intentions for which the community is asked to pray. Anyone who has a special need mentions it, and then all join together in a "word of prayer" for these intentions.

Another very characteristic form of prayer at these meetings occurs with the laying on of hands, several instances of which have already been recounted in chapters 2 and 3. After the close of the first or second part of the meeting, anyone who has requested prayer kneels or sits in the middle of the room, and the others gather around him, laying their hands on his head or shoulders to invoke God's blessing on him. This form of prayer is always used when the baptism in the Spirit is being sought.

The gesture of the imposition of hands is not looked upon as a magic rite or a sacrament; it is simply prayer in action. It is used with full awareness that the gesture of itself produces nothing; God alone can give the grace or favor sought for, and he is in no wise dependent on such a ritual, which has not even the instrumental power of the sacraments. However, the gesture does symbolize graphically the fact that God's grace is often mediated to a person through others, and especially through the community. God seems to bless the faith from which this prayerful gesture proceeds; again and again people find that they have been helped in a powerful and manifest way by it. In particular, the baptism in the Spirit is usually received thus.

One of the most extraordinary facts about the prayer meetings is the length of time they last. During the first few months, at Notre Dame, they were seldom shorter than four hours,[2] and the average was perhaps closer to five. I have already described one meeting which, for some people at least, went for

2. I am including the time spent on the coffee break, and the time of more informal conversation at the beginning and end of the meeting, in these figures; for they too are an integral part of the meeting and filled with a spirit of prayer. Usually meetings began at 8:30 p.m., and finished well after midnight.

eight and a half hours.[3] Since that early period of fervor, the meetings have been shortened. Even so, the principal part ot the meeting still takes an hour and a half, and the total meeting time may run three or four hours. These figures will surely seem remarkable if we recall how restless people usually get when Sunday Mass goes much longer than 50 minutes. Likewise, to get people together for a serious meeting of any sort is usually a painful task but in the Pentecostal community they return spontaneously week after week. They do so, not out of a sense of obligation, nor as a result of any pressure or propaganda, but solely because the meeting itself attracts them.

What accounts for this extraordinary attraction? This is difficult to say, because each person seems to express it somewhat differently; but I believe it will not be too unrepresentative to say that it is at bottom a sense of the presence of God in the community assembled for prayer. Christ really keeps his promise to be present wherever men gather in his name. If someone were to ask, "In what way does he make his presence felt?" or "What is the sign by which you know that it is he?" there is no easy way to answer. He does not appear, or make himself perceptible to any of the senses. There is no image in the imagination, no locution in some inner ear.[4] It is not rare for one individual or another to experience a kind of interior warmth that seems to be actually physical; but this is far from universal, and in any case would not prove anything by itself. There is simply no criteriology whereby one could say that such and such are the signs by which one can "objectively" verify the presence of Christ. Nevertheless, people know that

3. See the account of the Michigan State weekend in chapter 3.
4. In saying this, I do not mean to deny that visions and locutions ever occur; from scripture and from the experience of the Church, we know that Christ does sometimes manifest himself to people by these means also. But they are not the ordinary mode in which he makes his presence felt at a prayer meeting.

he is there, and that they have encountered him. It is a presence that many say they have never or seldom found elsewhere; and it is a presence not merely believed in, but in some mysterious way experienced. We believe that God is everywhere, and that Christ's human nature is substantially present in the Eucharist; but we do not ordinarily have any *experience* of his presence in these modes.

The objection may be raised: "If Christ promised to be present wherever men gather in his name, why should Pentecostal gatherings be more privileged than any others?" Part of the answer is that Christ makes himself present in proportion to our faith, and Pentecostal gatherings are characterized by a lively faith. Christ is also present elsewhere, wherever people receive his promise with faith; but how often do they? Secondly, the charisms are one of the chief means by which Christ manifests his presence. Where these are not operative, and especially where they are not even believed in, one of the main ways of access to Christ's presence is closed off. Wherever the charisms are operative, the meeting is by that very fact Pentecostal. Finally, our age seems to be one in which God wills to reveal the mystery of the Christian community as never before. The Pentecostal meetings are focused on this mystery; perhaps it is for this reason that they are being specially blessed. In any case, the presence of God sensed at these meetings is not a presence alongside, or in addition to, that of the people assembled, but is (or so it seems) a presence *in the community as such.* To put it somewhat crudely, Christ is not so much *in the room* as *in the assembled people*.

In the prayer meetings, some people experience an atmosphere of grace that plunges them into prayer. It is not just the spirit of the group which takes hold of them and catches them up, as at a pep rally or a celebration; instead, there is something of the goodness and holiness of God making itself felt. His love seems to fill the room and all those in it, imparting that peace of his which is unlike any other. Not infrequently, people who come to the meetings troubled and anxious about some problem find themselves pervaded with this spirit of peace and their hearts put at rest.

It is not only the love of God that is sensed at these meetings, but also the love of others. The Holy Spirit has a way of making people very dear to one another in and through these meetings. Bonds are established among them that carry over into the rest of their lives. They find a joy in any chance meeting with one another as they cross the campus or walk down the street. Instead of the meaningless routine greetings which most people exchange with one another, a live spark of genuine friendship leaps across the gap between those who have found true community in Christ. The Spirit of Jesus blesses even the natural ties of friendship so as to give them new grace and beauty.

The atmosphere of the prayer meetings has been described as a "sea of liquid love." In this sea, many masks are dissolved, and the protective walls behind which people hide from one another crumble away. This effect is not brought about by any psychological method, or deliberately sought as an end, as is the case with "sensitivity sessions." It happens of itself, simply because the ocean of Christian love pervades a person and makes him know that he is accepted and appreciated by others (above all by that one Other who is God), and without ever saying so teaches him to be true to himself.

This is nothing other than the mystery of Christian community in actual realization. It is not simply a divine gift, nor a product of human nature, but a combination of divine and human together. It is the love of man and the love of God compenetrating each other: the love of God elevating the love of man, and the love of man serving as the vehicle for the love of God. Human friendship is brought to fulfillment while serving as the vehicle of intimacy with God.

People are affected in varying degrees by these meetings. Many who come sense little or nothing of the atmosphere just described; others sense it in greater or lesser degrees. Occasionally, someone is so deeply impressed that he can think of nothing else to compare it with but heaven itself. One of the most impressive testimonies was a negative one. A student told of a meeting he attended while in the state of mortal sin. He did not want to go at all, but a prior commitment obliged him. He sat through the meeting, but it seemed to him, as he said later, "like four hours of hell." Indeed, what else will hell mean but to be in the presence of love with a heart that is closed to it?

Charisms: The Gift of Tongues

That which marks the difference between the Pentecostal prayer meeting and prayer meetings of other types is chiefly the exercise of the charisms. In this context, *charism* does not designate any natural gift or talent, not even extraordinary natural gifts such as dynamic leadership or persuasive speech; it designates *preternatural gifts* of the Holy Spirit. In I Cor. 12:8-10, St. Paul mentions gifts of healing, the working of miracles, prophecy, discernment of spirits, speaking in tongues, and the interpretation of what has been spoken in tongues, as examples of such charisms.[5] It will not be possible here to do a lengthy study of the charisms,[6] but in order to

5. In that same list, Paul also mentions "the word of wisdom," "the word of knowledge," and faith. The precise nature of these three gifts is not so obvious, and that is why I do not include them as examples here.
6. For more information on this subject, see the excellent little pamphlet, *Spiritual Gifts*, by Stephen B. Clark, Dove Publications (Pecos, New Mexico), 1969, as well as chapters 5 and 6 of *Catholic Pentecostals*, by Kevin and Dorothy Ranaghan, Paulist Press, 1969.

complete the picture of the prayer meetings, it is necessary to give a brief sketch of the gift of tongues, which has been a bench mark of the Pentecostal movement from the beginning.

This is by far the most common of the charisms. Somewhat over half the members of the Notre Dame community seem to have received it, but this may not be representative. The incidence seems to vary considerably from one community to another. Despite its comparatively frequent occurrence, this gift is still widely misunderstood. Essentially, it enables a person to pray in a language he has never learned. This does not mean that he has been given command of the language, for he does not determine what he is going to say, nor understand what he has said. That is to say, a person whose charismatic tongue is French remains quite incapable of composing a sentence in French of his own free will, or of understanding French spoken by someone else. Even when, through his charism, he speaks in French, he does not know the meaning of the words he is saying. However, if someone who knows French is present, he will understand.

This fact of experience is in perfect accord with, and makes it possible to reconcile, two texts of scripture that have long puzzled exegetes by their apparent contradiction. On the one hand, St. Paul declares plainly that one who speaks in a tongue is not understood either by himself or by others, unless one of them has also the gift of interpretation (I Cor. 14). On the other hand, St. Paul's disciple, Luke, says that on the day of Pentecost, those who spoke in tongues were understood by the foreigners then present in Jerusalem (Acts 2:8-10). The tongues which were spoken by the apostles and their companions on that day were in fact the languages of the people who heard them, and so were understood. But ordinarily, this is not the case; the tongue spoken usually remains unknown and unintelligible to any who happen to hear it.

This also explains why, of all the charisms, the gift of

tongues most frightens people and is the most scoffed at. The other charisms at least serve an obviously useful purpose; but to utter sounds understood neither by the hearer nor even by the speaker has the appearance of insane raving.

Often it is said that modern psychology looks upon glossolalia as rooted in emotional disturbance. For instance, Father Andrew Greeley declared that clinical psychologists would describe glossolalia as a manifestation of "extreme suggestibility" or "delusional hysteria."[7] The fact is, however, that this view (which owes its circulation largely to a work published in 1927 by a Baptist minister, G. B. Cutten, *Speaking With Tongues: Historically and Psychologically Considered*)[8] has not the scientific support which is often glibly ascribed to it. There have been numerous psychological studies made of this question, with results that are often contradictory to one another. It would seem, however, that the more comprehensive, scientific and recent studies tend to discredit the hypothesis that glossolalia is in any way pathological.

Such, at least, is the conclusion arrived at by three comprehensive surveys of the evidence made in recent years. The first of these was done by a team of anthropologists at the University of Minnesota, L. P. Gerlach and V. H. Hine. After summarizing the more important investigations that had been made, as well as the work of their own research team, Hine concludes: "Quite clearly, available evidence requires that an explanation of glossolalia as pathological must be discarded."[9] The second survey, made by Father Kilian McDonnell, O.S.B., comes to a similar conclusion.[10]

7. The *National Catholic Reporter,* October 2, 1970, p. 17.
8. *Speaking With Tongues: Historically and Psychologically Considered,* Yale University Press.
9. *Journal for the Scientific Study of Religion,* VIII (1969), p. 217.
10. *Commonweal,* 1968, p. 202.

The third survey was made by the Presbyterian committee mentioned above, in chapter 1. The psychological part of the report, prepared by Thomas Foster, M.D., and H. Meisgeier, Ed.D., declared: "Older psychological explanations of glossolalia as a concomitant of schizophrenia or hysteria have been found to be no longer defensible or acceptable in the light of recent socio-historical and psychological data."[11]

All of these surveys call attention to the fact that in some of the studies made, the glossolalics showed up as having slightly better mental health than the control groups with which they were compared, or the general norms of society. Thus empirical psychology, instead of casting discredit on the speaking of tongues, tends rather to discredit those who claim it to be pathological.

In any case, it is not the role of psychology to pass judgment on the authenticity of a charism. Whether the sense and value of the gift of tongues are evident in the natural order or not, no one who accepts the authority of the New Testament can reject this gift on principle. From the Acts of the Apostles, it is clear that it occurred, not only on Pentecost day, but on various occasions over a period of many years (Acts 2:4 ff., 10:46 and 19:6).[12] From St. Paul, we know that it was a very common gift in the Church of Corinth, and Paul declares expressly that it is given and inspired by the Holy Spirit (I Cor. 12:7-11). Paul himself had received this gift, and was

11. *Report of the Special Committee on the Work of the Holy Spirit, to the 182nd General Assembly of the United Presbyterian Church in the United States of America,* 1970, p. 11.
12. The canonical ending of Mark (16:17) represents Christ himself as declaring that his disciples would, among other charismatic works, "speak in new tongues." This text must be used with discretion, because of its problematic authenticity; but at the very least it shows that the gift of tongues was widely regarded in the early Church as authenticated by Christ.

thankful for it (14:18), and goes so far as to say, "I want you all to speak in tongues" (14:5).[13]

As for the sense of this gift, the chief point which needs to be recognized is that it is a gift of prayer, not of communication: "one who speaks in a tongue speaks not to men but to God" (I Cor. 14:2). It is not the foreign tongue in itself which is important. This is only an external sign, the superficial part of the charism, like the one-eighth of an iceberg that appears above water. It signifies the fact that the Holy Spirit is the principal author of the given prayer, even more than the person who utters it. "We do not know how to pray as we ought; but the Spirit himself intercedes for us with sighs too deep for words" (Rom. 8:26).

The experience of those who have received this gift affirms emphatically that what is really important in it is the new dimension of prayer that it opens up for them. It uplifts them as no other form of prayer does—not, however, through the excitement of doing something spectacular, but through the efficacy with which it raises their hearts to God. Many have found that tension, depression, fear and temptations which could not be gotten rid of in any other way are promptly banished when they pray in tongues. Likewise, when they are so distracted that other forms of prayer seem impossible, they find that they can pray in this way. When they must pray for someone whose needs are unknown to them, or

13. This text cannot be used as an argument that everyone ought to speak in tongues, since Paul has expressly declared, just a few paragraphs earlier, that the Holy Spirit does not give this or any of the other charisms to all men but only to some (I Cor. 12:4, 10, 11, 30). Rather, this is a concessive clause, in the hyperbolic style usual with Paul, made in view of his argument that prophecy is still better. Thus, the sense of the passage is, "The gift of tongues is always good, but prophecy is better." For a similar use of such hyperbole by Paul, cf. 6:12 in this same Epistle: "All things are lawful for me, but not all things are helpful."

whose problems are so complex that they don't know what to ask for, prayer in tongues is particularly appropriate, because the Spirit does know and will ask for the right thing. Often this kind of prayer seems to have more efficacy than any other. Above all, however, it provides the most adequate expression for the praise of God; for the praises man can formulate by his own mind are hopelessly unworthy.

It should not be supposed, however, that those who pray in tongues give up all other forms of prayer in favor of this one. On the contrary, they continue to pray in other ways as much as before, and in fact more, since their whole prayer life increases. It is common for them to begin their prayers in English, then go into tongues for a few minutes, and revert again to English. Many have found that prayer in tongues has an enlivening effect upon their entire prayer life, through the contact with God that it brings. One Benedictine prioress says that she makes it a practice to pray in tongues before going to choir for the singing of the office, because this recollects her and fills her with a lively desire to praise God.

Despite many popular and pseudo-scholarly beliefs to the contrary this gift is not ecstatic.[14] The subject is fully conscious, both of himself and of all that is going on around him. During the first week or two of the movement at Notre Dame, the students would occasionally smile or laugh at one another when they were praying together in tongues. This probably scandalized the sanctimonious and aroused the suspicions of the skeptics; but it was due merely to the fact that they were fully aware of one another's tongues, and at moments were

14. In this connection, it should be noted that the New Testament *nowhere* describes prayer in tongues as "ecstatic utterance." That term has been coined by modern scholars in their efforts to conjecture what this gift must have been like. The experience of the Pentecostal movement suggests that their guesswork has been ill-advised.

struck by the humor of hearing a familiar friend praying or even singing in an esoteric language.

The person who prays in tongues is likewise in calm control of himself before, after, and even while he is doing so. The prayer never bursts out of him uncontrollably. He needs no intense concentration or emotion in order to prepare for it, and manifests no emotional reaction afterward. It is commonplace for Pentecostals to interrupt a conversation in order to pray (in tongues if they are so inclined) for an intention that has occurred to them, and then to continue the conversation where they left off.

One who has this gift can use it freely whenever he wishes. To say that he can turn it on and off like a faucet might be in poor taste, but is roughly accurate. The gift is in his power, to be used whenever he wishes and for as long as he wishes. There are limits, of course, as is true of everything human. Some find that there are times when they are psychologically incapable of praying in tongues. One nun found that she could do so only when alone in the presence of the Blessed Sacrament. In any case, the gift of tongues, unlike the gift of prophecy, does not require a special inspiration each time it is exercised.

Since "he who speaks in a tongue speaks not to men but to God," the chief use of this gift is in private prayer. There is, however, another function, called a "message in tongues." In such a case, the one who speaks in tongues finds himself inspired to speak aloud and to others. His words contain a message for those to whom they are addressed, but the message remains unintelligible until it has been interpreted. St. Paul speaks of this situation in I Cor. 14:27 ff., and examples of it have already been given in chapter 1.

Unlike prayer in tongues, this use (which might be called prophecy in tongues) is not at the free disposal of the subject. It requires a particular inspiration; otherwise he would have no message to deliver. In fact, when someone gives a message in tongues, it ordinarily happens that someone else is inspired with the interpretation, which he gives in the vernacular.

The interpretation of tongues is itself a distinct charism. St. Paul mentions it in two lists (I Cor. 12:10 and 30), besides the reference given above. The interpretation is not a translation. The interpreter does not first understand the language spoken in tongues, and then proceed to restate the same in English. Instead, he receives a distinct inspiration about the meaning or sense of what was said, without having understood the words themselves.

Sometimes it happens that several people receive an interpretation together. Their interpretations usually do not coincide word for word, but do have the same general sense. Occasionally, after an interpretation has been given, someone else will speak up and say, "I received that too, but was afraid to speak out." Some people begin speaking tongues fluently from the outset; others begin haltingly, with only a word or two, which are in time followed by others. The first time they speak in tongues, many people must make a deliberate effort to utter the sound that is in their imagination, or the sensation that wells up from deep within them. Often this is a frightening step that demands a great act of faith, for they feel as though they are making fools of themselves. ("We are fools for Christ's sake" was the text that gave one Notre Dame student the courage to begin.[15]) With other people, the beginning comes quietly, gently and effortlessly: with Tom N., it was as he was finishing his rosary; with Rita M., it was while she was singing a hymn at Mass; with Sister M., it came as she knelt in silent prayer to the Blessed Virgin. Colleen W. woke up in the middle of the night and burst into tongues; another person began praying in tongues in his sleep, and was not able to do so consciously until two weeks later.

15. See above, p. 43.

The tongues differ greatly from one another. What struck the present writer more than anything else the first time he heard tongues spoken was that those who were praying in tongues could not be imitating one another (even unconsciously), because their tongues were so diverse. Moreover, the tongues often include sounds that do not exist in the English language, and which are extremely difficult for Americans to learn even with practice, such as the French *u,* or the Arabic gutturals.

It is not often that the tongue can be identified. However, the following languages have been recognized by the present writer, or by people known personally to him: Greek, Latin, French, and a hybrid of German and Italian, of the sort that is spoken in the Italian Alps. Very probably Arabic should be included in this list also, but the identification was not certain. Furthermore, another tongue was identified by three different experts in Semitic languages as probably an unwritten dialect of Arabic or Aramaic. In all of these cases except the German, it was possible to verify that the one who spoke had had no prior acquaintance with the language in question.

Ordinarily the tongue which a person receives remains always the same one. Some people, however, receive a second tongue, or even several; but in such cases, they usually do not seem to have the power to use the secondary tongue(s) at will.

Most of those who have this charism are able not only to speak but also to sing in the tongue they have received. That is to say, not only the words, but also the melody is given to them charismatically. St. Paul was probably alluding to this when he wrote, "I will pray with the spirit (i.e., in tongues) and I will pray with the mind also; I will sing with the spirit and I will sing with the mind also" (I Cor. 14:15). An example of this was given in the story about Ernie, in chapter 2. The melodies are just as unlike one another as the tongues.

When people pray together during the "word of prayer,"

those who can do so often sing in tongues, each one quietly and to himself. But there are times when the Holy Spirit seems mysteriously to inspire the whole group to sing in unison. Each one continues to use his own tongue, as well as his own melody, pitch, tempo, etc.—every one being different, sometimes utterly different, from all the others. Nevertheless, they all blend together in a harmony of unearthly beauty. Instead of the hideous cacophony which should be expected from such a situation (as occurs, e.g., when the members of a band are practicing their parts individually in the same room) there is a symphony the like of which has never been produced by any human choir. And this does not happen only with small groups that have been meeting together for a long time; it occurs also with groups of hundreds who are with one another for the first time. Sometimes one can detect a great, pulsing rhythm like that of waves rolling in from the sea. At the end, the music usually tapers off sharply and comes to a definite halt, as if some hidden director had given a signal. On at least two occasions, accomplished musicians have expressed amazement at this charismatic harmony. One, a professor of music at a college in Toronto, declared, "By all the laws of music I ever learned, that is impossible."

This inspired symphony is not merely a kind of super-miracle. It expresses vividly and accurately the theological meaning of all the charisms. Each of them is given to enable a person to serve God in a particular way; and all charisms and all service are ordained finally to one end, that of giving glory to God. In God's plan, the whole universe is one great symphony of praise to his name; but he alone can direct all the parts in harmony (just as he alone can hear all the notes needed to make the music complete). It is by his Spirit above all that he directs rational creatures to play their part, and insofar as a person lets himself be guided by the Spirit, he takes his due place in the ensemble. In heaven, which St. John represents as one vast choir (Apoc. 5:9-14), the complete orchestration will be heard by everyone. Here on earth snatches of the melody reach us from time to time, but to a great extent we must play our parts in faith. The charisms are a sign to our faith that the director is still at work.

Baptism in the Spirit

The term, *baptism in the (Holy) Spirit,* originates from the words of Christ just before his ascension: "John baptized with water; but before many days, you shall be baptized with the Holy Spirit" (Acts 1:5).[16] Thus the baptism in the Spirit is substantially that which happened to the 120 disciples when the Holy Spirit descended on them on that first Christian Pentecost. It is from the renewal of this same experience that the Pentecostal movement gets both its name and its dynamism.

But not everything that happened on that first Pentecost was repeated each time a person received the Holy Spirit. The rushing wind and the tongues of fire, for example, do not recur anywhere else in the New Testament. It is a matter of great debate today as to whether certain other things, e.g., speaking in tongues, form an intrinsic part of the baptism in the Spirit. Without pretending to settle the many such questions that are still outstanding, let me try here to give a rough, general idea of what is entailed in this difficult notion.

First of all, to be baptized in the Holy Spirit does not mean to receive the sacrament of baptism, through the pouring of water over one's head. This is certainly not what happened to the apostles on Pentecost day. If they were baptized with water, this occurred sometime previously. Their baptism in the Holy Spirit was an interior experience of the power of the Holy Spirit filling and transforming them. So it happens also

16. Cf. Luke 24:49; Matt. 3:11; Mark 1:8; I Cor. 12:13.

with most people today. The baptism in the Holy Spirit is something that happens to them often many years after they have been sacramentally baptized.

In the second place, the expression, *baptism in the Holy Spirit,* does not imply that the Spirit was not given through the *sacrament* of baptism. On the contrary, this sacrament confers the greatest of all the gifts of the Spirit, namely, the very person of the Spirit himself. This is far more important and more necessary for salvation than all of the charisms together.

Some people identify "water baptism," as they call the sacrament, with the baptism of John, which did not give the Holy Spirit (Mark 1:8; Acts 19:1-7), but this is a grave mistake. Christian baptism is different from the baptism of John precisely because it does impart the Holy Spirit; that is why the Christian is said to be "born again of water and the Spirit" (John 3:5). Hence St. Peter told the crowds on Pentecost day itself, "be baptized (i.e., with water) every one of you in the name of Jesus Christ for the forgiveness of your sins; and you shall receive the gift of the Holy Spirit" (Acts 2:38).

We read, it is true, about the first converts in Samaria, that "the Holy Spirit" had not yet fallen on any of them, but they had only been baptized "in the name of the Lord Jesus" (Acts 8:16). But this only shows that besides the hidden communication of the Holy Spirit which occurs through the sacrament of baptism, there is also a manifest communication that may occur later, and which is here vividly described as the Holy Spirit "falling upon" a person. This agrees fully with the experience of the apostles themselves at Pentecost.

From the experience of the Pentecostal movement, it is clear that the baptism in the Spirit takes different forms and has different effects from one person to another. This makes it quite difficult to determine what exactly is essential to it. But amid all the variations, two chief types seem to stand out, which may be called the manifest type and the hidden type.

The manifest type is much easier to characterize, because it occurs at a definite moment in the form of a conscious experience. For example, sometimes while a person is being prayed over, he is filled with an overwhelming sense of the presence, power and love of God. He experiences great joy, but at the same time a deep peace. He may be moved even to the point of tears; but they always seem to be tears of joy. It is not as though he has some kind of inner experience, for example, a "vision" of God or the feeling of something happening to him, *as a result of which* peace descends or joy arises. No, he has no other experience or perception than simply that of being inexplicably filled with the peace, joy and love of God. There may be exceptions to what is said here; but ordinarily the experience itself seems to be nothing other than the realization that one has been filled with, that one is full of, something that may be called joy or peace or love, depending on the nuances of the case. To put it another way, this joyous, loving peace seems, from a psychological point of view, to be given in itself, almost as if it were a substance; it is not a reaction of the subject to some event or experience distinct from it and the cause of it.

People speak, it is true, of encountering God, or Christ, or his power and love; and in a later chapter I will be obliged to have recourse to such language too. But by this it is not meant that Christ appears to them, or that his power or love encounters them as a distinct object of which they are aware, and which they are then able to identify as belonging to God. No, what is meant, if I am not misinterpreting, is that these attributes of God which previously were more or less meaningless to them are now something which they know. But between the not-knowing and the knowing, there is no intervening event, perception or process. Just as a room that was dark is in an instant filled with light, without one's being able to perceive light rays moving across it or even perceiving their source (if we suppose that the latter is hidden), so a person finds himself at a given moment suddenly filled with light whereas before he was dark and empty; but he cannot point to anything that has brought this about.

There is no point in asking the question, "How does he know that this peace, joy, love, etc., are from God?" There is no interior discourse by which, after experiencing these things, a person comes to discover that God is their source. To know the peace of God, and to know that it is from God, are one and the same.

Besides the inner experience just described, the baptism in the Spirit is often manifested by the reception of some charism, especially the gift of tongues.[17] Some people begin speaking in tongues at the moment of the baptism. Others do not begin until hours, days, or even weeks later, and some never do.

The hidden type of baptism in the Spirit is so called because it is not marked by any conscious experience or charismatic sign at the moment of its reception (although these may come later). It often happens that a person, after being prayed over, says, "Well, nothing happened to me." But after the lapse of several days, he begins to realize that something has indeed happened to him. A new light has dawned in his soul, although he did not observe the moment of sunrise. He may find himself filled with a deep new joy, peace and love; but these, instead of arriving in an avalanche, as in the first type, permeated his being gradually. Or it may be that by some other sign or effect, e.g., a strength and boldness he never had

17. Some people claim that there is a distinction between the gift of tongues, which is permanent, and simple praying in tongues once, at the time of the baptism in the Spirit. Others deny the validity of the latter experience. I do not mean to take a position on this problem here, but am using the term *gift* to include all charismatic tongue speaking.

before, the cessation of a temptation, or the disappearance of some anxiety, he realizes that he has been changed without his knowing when or how. At first, he may suspect that it is only imagination, or a passing mood; but as time goes on, and the change is repeatedly confirmed, it becomes more and more certain that something real has happened to him, until finally there is no longer any doubt.

For example, Father Joseph is a priest who used to be deeply disturbed by many things which he felt were going wrong in the Church. When he was prayed over for the baptism in the Spirit, nothing seemed to happen. But some weeks later it struck him that he was no longer so depressed by these things as previously. He still had the same judgment about their being wrong; but now, instead of the deep sadness which the thought of them used to cause him, there was a buoyancy that enabled him to encounter them with the peaceful confidence that the power and wisdom of God were not going to be outdone by any human failing.

Between the two types of baptism just depicted, the manifest and the hidden, there are many intermediate cases which we need not try to enumerate. In all cases, however, the baptism in the Spirit seems to involve an *experience* of the working of the Holy Spirit. The experience may not be conscious, as is the case with the second type, but at least the effects of the Spirit's action are perceptible.

On the other hand, not every religious experience can be called a baptism in the Spirit; but how to determine which can and which cannot, it is not easy to say. I would suggest the following marks which I will not try to justify here: 1) The baptism in the Spirit has the character of a new beginning, a rebirth, an entry into a way of life directed and supported by the Holy Spirit in a more or less manifest way. 2) It always involves a moral transformation: that is, it is not merely a delightful experience, but effects a change in one's way of thinking and acting. The change may not last, the person may eventually fall away; but still the baptism itself brings about a real change in him. 3) Finally, the experience, at least when it is conscious, seems to have the character of a "being filled." "My cup is running over," is an exclamation that comes spontaneously to the lips of those who have known it.

One final point: the baptism in the Spirit is not to be identified with the laying on of hands. They are closely connected, as was noted above. It is through the laying on of hands that the baptism usually seems to be imparted, which is why some people confuse the one with the other. But the laying on of hands is a gesture of prayer which any man can make; the baptism in the Spirit is an interior work of grace which only God can perform. There are people who receive the baptism without any laying on of hands. This was the case with the apostles and with Cornelius (Acts 10); it also happens today, e.g., while a person is praying or listening to someone speak about the Holy Spirit. Likewise, a person can be prayed over with the laying on of hands and not receive the baptism, either because he is not prepared, or because God has some other plan in mind for him.

Supplements to the Prayer Meetings

Besides the weekly prayer meeting, most communities usually find it necessary to have a supplementary meeting of some sort, although its nature varies greatly. At Notre Dame, in the beginning, there were simply extra prayer meetings each week. However, it was soon recognized that there were functions needed by the community which the prayer meetings could not supply. At times there were decisions, problems, both practical and theoretical, which required objective discussion of a sort that would have been quite out of place at a prayer meeting. There was also need of sustained and somewhat formal instruction in the life of prayer and the apostolate.

For a while, when it was necessary to deal with some practical matter, someone would call an *ad hoc* meeting of those who were more or less recognized as leaders; but such sporadic meetings were difficult to arrange and inadequate for the needs. During the fall of 1968, an attempt was made to hold a weekly discussion meeting to deal either with some topic in spiritual theology or any practical matters that might have arisen. These meetings were never well attended, however, and after a few trials were abandoned altogether. The idea behind them was sound, but the motivation of the Spirit seemed to be lacking.

In the course of 1969, a new type of meeting developed by a kind of spontaneous generation. It began with a few leaders who felt drawn to meet informally each week on the morning of the prayer meeting, to pray for the meeting and to discuss the needs of the community. As the time approached for the National Conference of 1969, they became a kind of *de facto* planning committee. Gradually others joined them, and eventually there evolved the "pastoral meeting," open to the entire community.

The chief purpose of these meetings was to provide a forum for discussion and planning; but they were also impregnated with prayer. They began with Mass, followed by a sharing session, in which relevant news was communicated, and there was an opportunity to bear witness to the works of the Lord. Finally, people broke up into three groups to prepare for the coming prayer meeting. One was in charge of the instruction of newcomers, a second was for the instruction of the rest of the community, and a third for the conduct of the prayer meeting as a whole.

These pastoral meetings were fruitful and well attended for the better part of the school year of 1969-1970. Eventually, however, interest in them also ebbed and they had to be canceled. They were replaced by a prayer meeting limited exclusively to the "core community," that is, to those who were committed and active members of the community. Within a few months, however, interest in this meeting also declined, and it too was suppressed. At the moment of this writing (December, 1970), it is not clear what will be tried next.

Two points at least seem to have been established by this experience: first, that in addition to the prayer meetings, the community needs a forum for discussion; second, that unless this discussion itself is thoroughly impregnated with prayer, most of the people will not be motivated to attend it. What must still be sought for is the right proportion and format in which to blend the two together.

Another way in which the prayer meetings have been supplemented has been by having someone prepare a talk on some aspect of life in the Spirit, to be given in connection with the meeting itself. This has the advantage of not obliging people to come to an extra meeting, but the disadvantage of either prolonging the evening unduly, or cutting into the time of prayer. For a while, the attempt was made to have someone give a brief talk at the end of each prayer meeting. This year, an experiment is being made with relatively long conferences (about three-quarters of an hour) given before the prayer begins to those who are interested enough to come. It is still too early to assess the effectiveness of these two methods.

Another supplement to the prayer meetings has been the monthly day of renewal. It originated in October of 1967, when about 20 members of the communities at Ann Arbor, Lansing and Williamston spent a day together in prayer and the sharing of experiences. This proved to be so fruitful that the practice was kept up once a month. Others began to join the group. They rapidly outgrew the capacity of a private home and had to move first to a parish hall, and then to a high school auditorium. People began to come from all over the state of Michigan, as well as from northern Indiana and Ohio, and even more distant points. By 1970 attendance was sometimes as large as 700 or 800.

Meanwhile, similar days of renewal were initiated in Chicago, Cleveland, New York City, Albuquerque, New Orleans and many other areas, as well as at Notre Dame. Usually they are held on a Sunday. The format varies from place to place and from month to month, but the principal elements are: a sharing session, a conference followed by discussion, seminars on topics of the spiritual and apostolic life, and finally a prayer meeting to close the day. Often there is a special leaders' meeting the day before.

The day of renewal provides an opportunity for several communities in the same area to come together and minister to one another. It also attracts individuals who do not belong to any community, and thus serves as an effective means of evangelization and instruction. On the other hand, however, it is a heavy burden for those who must prepare for it. Recently, several communities (including those in Michigan which invented the day of renewal) have begun to replace it with smaller "Community Days," in which the emphasis is placed on restful prayer rather than on evangelization of newcomers and the formation of leaders.

6

Effects of the Movement[1]

It is by its effects on people that the Pentecostal movement will ultimately have to be judged. The orthodoxy of its ideas only shows that it *may be* good. The upright character and good sense of its adherents give us a certain *a priori* confidence in their witness. But the question, whether the Holy Spirit has really intervened here, can only be decided on the basis of the effects. "By their fruits you shall know them" said Christ when he warned against false prophets (Matt. 7:15 ff.).

Knowledge of God

The most radical effect can only be called simply the *knowledge of God*. For those who have been touched by the Holy Spirit in the Pentecostal experience, God is no longer a vague, distant figure, but a reality they have encountered. He

1. This chapter was originally read as a paper addressed to the College Theology Society at its annual convention in Chicago, April 6-8, 1969. It was published in the *Proceedings* of the Society, *Theology In Revolution*, edited by George Devine (Alba House, New York, 1970), under the title, "The Pentecostal Movement Among Catholic College Students," pp. 47-86. My thanks to Father Mark Heath, O.P., president of the Society, as well as to Father Devine, for permission to republish it here. It has been slightly revised for the present book.

has *demonstrated* his reality to them. "He is really real!" is a phrase used very often, as human language is tortured in the effort to express that which cannot be put into words.

Instead of the doubts that plague most believers, the Pentecostals are impressed and overwhelmed by the reality of God who has met them with such power.[2] They have been touched somehow by his presence. Many people *believe* in the presence of God, but are not effectively influenced by it. But these people tend (in varying degrees, of course), to live and abide in it, as an atmosphere that engulfs them, and a weight that presses constantly upon them.

Likewise, God is no longer a peripheral figure on their horizon; he has established himself right at the center of their lives and their thought. They turn to him spontaneously. When they have a decision to make, they ask, "What does God want of me here?" When anything happens to them, their characteristic question is, "What is God trying to say to me?" Not that they seek superstitiously, by contrived imagination, to force meanings upon coincidences; but aware that God is in all things and governs all events by his providence, they do not let their minds stop at the human event, but always seek by faith to reach the Lord of history who lies behind it.

One student declared, "I have always tried to be faithful in giving God a part of my life. But now I see that he is not content with a part; he demands everything. And by his grace, I'm going to give him everything."

2. Later on, doubts may, and frequently do, occur, about the reality of the Pentecostal experience. This is altogether normal; for when a transitory grace has passed, one can no longer even remember the grace itself (since no idea, no image, is adequate to it), but only something associated with it. But the lasting effect of the experience is to leave people with a remarkably firm conviction about the existence of God, even when it does not deliver them altogether from the temptation to doubt about the experience itself.

A girl from St. Mary's College said, "I used to consider myself very religious. I tried to offer God everything I did. But now he has made me realize that I was hiding him behind other people. He is not content to be left in the background; he demands to be right in the center of the stage. He wants to be loved in himself, directly, not just in other men."

These people know God as a person; they have a personal relationship with him. One senses personal familiarity in the way they speak of him. He is not just an entity about whom they have learned some lessons; nor the ground of being to which they subscribe. In attempting to say what the Spirit has done to them, many have used such expressions as, "For the first time in my life, I really knew God. Previously, I had known *about* him, but that's not the same as knowing *him*."

It is as though someone had opened a secret door in the center of their being, and, like Alice stepping through the looking glass, they had entered in and discovered a whole new world they had never known was there. They had heard of it, indeed, but as something strange and unreal, unrelated to their experience. Now, suddenly, they find themselves within it, able to move about in it.

In particular, they know his love. They *know* that they are loved. In a personal, experiential way, they have felt his love embracing and sustaining them. As a result, they are able to respond to him also with true love. Whenever good Christians speak of loving God, often what they really mean is, "I know I ought to love him, I want to love him, and I try to love him." They love him in intention. But many will frankly, and sometimes desperately, admit, "I don't know what it means to love God. I don't know whether I love him or not. How can you love someone you have never met?" What usually passes for the love of God does not look much like that which we call love in human relationships. When a man and a woman are in love with each other, they know it; they know what love is.

But the love of God usually bears very little resemblance to this. It has neither the warmth nor strength, the consuming character of human love. It is a pure act of will, without passion.

Many people will defend this state of affairs by saying that the substance of love does not consist in emotions but in an act of will. The test of our love of God is not whether we feel it, but whether we keep his commandments. Of course this is true; Christ himself gave us this criterion (John 14:15, 21), and every one of us must expect to go through periods in which his love for God manifests itself in no other way than obedience. However, it is also true that love is more than obedience. An employee may obey an employer whom he detests, likewise a soldier his commanding officer; this is not love. When love is strong, full and rich, it does not normally remain confined in a pure act of will, but arouses harmonics in the emotions. No doubt St. John of the Cross and St. Teresa of Avila tell us that in its highest and purest form, the love of God leaves the emotions untouched, because they are too gross for it; but that is not the problem of the ordinary Christian. It is rather because his love of God is so weak and rudimentary that it appears as sheer volition. It is real enough to bring him salvation, but so underdeveloped that it does not show its true face. If we loved another human being in this way, we would hesitate to call it love. Many Christians never discover that it is possible to love God by anything better than this pallid intention. But where the Holy Spirit has descended in power, people love God with love that is unmistakable. They love God with warmth and affection, as a man loves a woman or a child his parents. God becomes truly very dear to them.

This knowledge and love of God are often concretized in a deep sense of God's fatherliness. The *Our Father,* recited slowly and thoughtfully, is a favorite prayer at Pentecostal meetings, and many other prayers are addressed to God as

Father. One priest declared that the greatest grace he had received through the movement was that of *realizing* that God is our Father. He had always known this and believed it, but now he *experienced* it, and *felt* toward God the attitude of a son toward his father. Is this not what St. Paul meant when he wrote, "God has sent the Spirit of his Son into our hearts, crying, *'Abba, Father'* " (Gal. 4:6)?

The same priest added that this grace likewise enabled him to look upon other men as his brothers in a way he never had before. He had done so, of course, by faith and deliberate resolution; but it used to require a deliberate and difficult effort to treat disagreeable persons as brothers, whereas, now, in a more spontaneous and powerful fashion, he felt a brotherly affection for them.

The knowledge and love of God show up in the way people speak about him. Most people, and especially most Americans, are very diffident in speaking of God. Pious parents will tell their children about him, and priests, rabbis and ministers are expected to speak about him to their congregations. Apart from these cases, adults seldom speak about God to one another. If they do, it is usually in a discussion or argument; but to speak simply of God as a reality well known and unquestioned, as a person dear and familiar, about whom we gladly share our thoughts among our friends—this is unknown to most of our countrymen.

Such is not the case with the people who have had the Pentecostal experience. They are willing and glad to talk about God. College students talk about him to their campus acquaintances—to their roommates, and classmates, to casual acquaintances and to old friends. They are willing to stand up before strange groups, even on occasion unsympathetic groups, and speak not timidly and diffidently, but with as much boldness and enthusiasm as they will show the following Friday at a pep rally. Conviction rings through their speech. When you hear them, you sense the reality God has for them. At the same time, however, they do this without the artificial pressure or proselytizing insistence of fanatics. Their very conviction allows them to be relaxed, sensitive to the reactions of the hearer, and willing to bide time, if need be, until he is ready.[3]

As a result, they spread the word to others effectively. There is almost never a prayer meeting at which some new people are not in attendance, drawn by the confident, pressing message of those who were in the group before them. Many people have been brought back to God and to Christ and to the Church through this quiet missionary activity.

People who speak about God professionally today so often do so in despairing tones. Religion as they have known it seems to be vanishing, and their frantic efforts to reanimate it are scorned by a youth that finds God-talk irrelevant. Their feverish search for a new language in which to speak of him, and new symbols in which to worship him, is like a desperate effort to save an expiring man; and some of course have given up and conceded that God is dead.

Once I was having lunch with a Pentecostal minister who began to speak about how wonderful God is, and how great it is to be alive today. His face glowed as he reflected on the good things God is doing, and the power with which he is ruling over all the world. It struck me then that almost the only people who speak this way today are those who have been touched personally by the Holy Spirit. They feel a joy and confidence that make such a contrast with the melancholy tones in which most theologians and ministers of religion be-

3. It is true that not all the Pentecostals display such tact; sometimes, especially in their initial enthusiasm, they are guilty of an excessive insistence that irritates. But when they are of good will, this usually disappears rather quickly.

wail the disappearance of God from human life, or the disintegration of the Church.

The sense of God and of the value of prayer among the Pentecostals today is all the more remarkable in view of the fact that our age is preoccupied with the social gospel. Humanism, secularism and activism permeate much that is preached in the name of Christianity today. Modern men, and college youth in particular, have a difficult time with the idea of worship and prayer, with contemplative values, because their thoughts have been directed almost exclusively to concern for the needs of neighbor by a philosophy that reduces the love of God to social service. Yet it is often among people raised in such a climate, and formed in its attitudes, that the Holy Spirit is touching hearts and making them know God and the depths of his loving personality.[4]

Those who are being thus affected are by no means confined to the introverts, the disillusioned, or the "natural" contemplatives. On the contrary, many of them were enthusiastic activists and socialites. But like St. Paul at Damascus, they have found their false worlds suddenly shattered by encounter with the truth and reality of God, which tears away the webs behind which they have hidden him, and reveals to them the shallowness and emptiness of views they had held with passionate faith.

It is certainly no human persuasion that has brought this about. By means of theological arguments to bring a secular humanist to acknowledge that God has a claim on our attention and devotion *in himself,* and not just through the world, is

4. In order to avoid any possible misunderstanding, let me recall here that there are many extraordinary Christians outside the Pentecostal movement, and what is being said here applies perfectly well to them. But usually they occur as isolated individuals, who suffer a great deal from lack of support. What is striking about the Pentecostal movement is to find so many people together who know experientially what is spoken of.

a slow, difficult, and usually fruitless task. Likewise, it is very hard to bring much conviction about the presence of God and the divine indwelling to the average Christian through preaching. He may believe what you tell him, but the ideas seldom take much of a hold. Most of what you say is quickly forgotten; or if it is remembered by a few, it is as a belief held onto by an effort of will, and acted upon sporadically.

With those who have been touched by the Holy Spirit, the case is almost reversed. They already know, by their own experience, the reality of which you speak; it isn't necessary to persuade them. They have already drunk from the stream of living water that springs up within them; indeed, they have been plunged into it. Preaching and instruction are still useful for them, but have a different function—that of articulating for them something that is a matter of deep but obscure personal experience; of helping them to understand that which has actually taken place in them; and finally of reminding them of a truth which they too can be tempted to forget.

The difference can be compared to the contrast between trying to move a car when the engine isn't working, and when it is. In the first case, you shove to the point of exhaustion in order to make the car roll a few feet. But when the engine finally starts, the car spurts forward with immeasurably more energy than you could put into it. So, when you preach about spiritual matters to people who have not been opened to them by the Holy Spirit himself, you generally find that they will go just about as far as you can push them; and their inertia is so great that you can't push them very far. But after the Holy Spirit has acted they begin to move under their own power; the course of energy is within. From then on, the preacher has the gentler role of guiding and encouraging; he no longer has to push.

Who is it then that has taught these people in a way no human teacher can do? Who is it that has opened within them those valves no human hand can touch, releasing the fountains of living water? I do not believe it can be anyone other than him who said to the Samaritan woman, "If you but knew the gift of God, and who it is that speaks to you, you would have asked him and he would have given you living water. . . . And the water that I will give will become . . . a spring of water, welling up unto life everlasting" (John 4:10, 14).

When Jeremiah foretold the new covenant that God was going to make with his people he characterized it thus:

> This is the covenant which I will make with the house of Israel after those days, says the Lord: I will put my law within them, and I will write it upon their hearts; and I will be their God, and they shall be my people. And no longer shall each man teach his neighbor and each his brother, saying, "Know the Lord," for they shall all know me, from the least of them to the greatest, says the Lord (Jer. 31:33-34).

Only in the kingdom of heaven will this covenant be fully achieved. But already here and now, though men still need to be taught by one another, there is a secret knowledge of God which no man can impart to another, which each must receive directly from his personal contact with God. It is this knowledge (which has always been known in the Church, and has been in a special way the goal of the contemplative life) that is the chief fruit of the Pentecostal movement, and the chief source of its dynamism.

Prayer

The experiential knowledge of God given by the Holy Spirit seems to be a root out of which many other effects proceed. Perhaps the most important of the latter occurs in the life of prayer. Pentecostals spend a great deal of time in prayer. Most Catholic Pentecostals seem to go to Mass and Communion frequently, if not daily. Some also meet together each day for lauds and vespers. Many make a daily meditation of half an hour or even more. This is in addition to the weekly prayer meeting, which may last two hours or more, as we have seen. When there is some special need, it is a common thing to hold a 24-hour vigil of prayer, to which each member of the community usually contributes half an hour or more. In the fall of 1967, when two priests had to report to the bishop on the movement, they asked the community to pray that all would go well. The latter responded by keeping an all-night vigil of prayer in Farley Hall chapel. One student felt that he ought to talk about the Pentecostal experiences with a certain professor who was not very open to such things; he prepared for this spontaneously by making an hour of adoration.

A college chaplain, after learning about the Pentecostal movement from a student at another university, hesitantly asked to be prayed over. "All I felt was strange," he wrote later in a letter. But he went on to add:

> After leaving Jim, I was pretty busy till that night. I went to the chapel and immediately went into a deeper prayer than I usually do, especially after a full day. From that day on, I have been spending from 30 minutes to over an hour in the chapel every night, something I haven't done since tertianship. And I have been much more united to God during the day. This to me is *the* sign of the authenticity of the experience. At first I worried that I was praying extra to make the experience *have been* authentic; but I know I couldn't have kept this up for over two months, in peace, with no forcing myself to prayer. In fact, my thirst for prayer is growing . . .

It is not only the quantity of prayer which is impressive; it is much more the spirit and style. Pentecostals take very seriously the promise of Christ, "Whatever you ask for in prayer, believing you shall receive" (Matt. 21:22). They pray with the confidence of those who know that their heavenly Father hears them always and will refuse them nothing. They go to him for their most ordinary and everyday needs, as well as for great and "impossible" things. Often their prayer is answered in a way that is almost palpable. They frequently tell stories of having been freed from illness, found missing articles, and obtained other favors they had eagerly sought through prayer. Most of these stories cannot be told in detail without becoming tedious; moreover, they are about things so commonplace as to be meaningless except to the individual concerned. But occasionally there is a more dramatic instance, such as the following:

In the fall of 1967, after a prayer meeting, someone proposed to hold a weekend retreat. Almost unanimously the group agreed to this. But when they discussed the various places where it might be held, none appeared suitable. Old College was too small; Moreau Seminary too big; the parish hall that had been used for Antioch weekends was no longer available. And so it went. Then someone suggested, "Wouldn't it be nice if we had a house up on Lake Michigan?" Everyone agreed that this would be ideal and promised to pray that God would provide such a place. Some, however, wondered whether it was not tempting God to make so specific a request.

About two weeks later an elderly couple in Michigan offered the use of their house for the retreat. No one in the group had approached them; no one even knew them. They had heard indirectly of the needs of the Notre Dame community,[5]

5. They were attending a meeting of the Full Gospel Business Men, at which someone mentioned that the Notre Dame students were looking for a place to hold a retreat.

and had spontaneously made their offer. Their house, which was large enough to accommodate about 30 people overnight, proved to be ideal. And it was situated just three or four miles from the lake!

Perhaps the most remarkable thing about the prayer of the Pentecostals is the degree to which it is impregnated with the praise of God. Anyone who has done much study in the field of prayer knows that the prayer of praise is for most people the most difficult form of prayer. If people pray at all, it is usually to ask God for something they need. Only a few even remember to thank him for favors received (one out of ten, according to biblical sociometrics). But to *praise* God doesn't even come into the minds of many people, and often remains meaningless for them even when it has been explained. In the Pentecostal group many have declared that they never in their life offered a prayer of praise before receiving the baptism in the Holy Spirit. But now the praise of God seems to predominate in their prayer. Spontaneously they burst into exclamations of praise; they sing hymns of praise with great spirit. The goodness and glory of God have impressed them so profoundly, his greatness, wisdom and power have hit them so hard, that they are glad to praise him. They don't need a theory as to *why* man ought to praise God; the way they know him makes them *want* to do so. They want to tell all the world how great and good he is; they feel a need to tell God himself what they think of him. Their spirit is that of the heavenly hosts that sing, "Worthy is the Lamb to receive power, and divinity and wisdom and strength and honor and glory and benediction" (Apoc. 5:12).

Occasionally a person who has been quite reticent about speaking of God is so touched by the baptism in the Spirit that he cannot say enough about him. Previously, if he dared to pray in public at all, he put words together hesitantly and laboriously, one by one. Afterward, however, the praise of

God pours out of him like water from a geyser; the warmth and spontaneity of his language are eloquent witness to the power of that which touched him.

One of the earliest published articles about the Catholic Pentecostal movement was entitled "People Having a Good Time Praying."[6] This is journalese, but it reflects a truth. The Holy Spirit does transform prayer from something difficult and burdensome into something glad and joyous. One young woman declared, "I used to find it hard to pray; yet after I prayed, I felt good because I had done what was right. But now I feel good *while* I pray." This joy in prayer does not take away all the burden from it, and does not last forever. It is a transitory grace, like that of the apostles on Mount Tabor. It is not meant to be permanent; for every disciple of Christ is called to take up the cross and follow him up the hill of Calvary. But while it lasts, it teaches us effectively as nothing else can, how good God is to those who love him, and how truly Christ meant what he said: "Come to me, all you that labor and are burdened, and I will give you rest" (Matt. 11:28).

I am convinced that some grace of infused contemplation has been given to quite a number of these people. This is what explains the joy with which they pray, and the fact that, with little or no previous training in mental prayer, many of them suddenly find themselves able to pray for extended periods of time simply by placing themselves in the presence of God and abiding there quietly, wordlessly, lovingly. . . .

Love of Scripture

One of the most striking effects of the Holy Spirit's action has been to give people a new love for the reading of scripture.

6. The *National Catholic Reporter,* May 17, 1967.

This is a point on which Catholic life has been deficient in recent centuries,[7] and which a new biblical movement, under the leadership of recent popes and vigorously seconded by the Vatican Council, has tried to rectify. Its fruits, while noteworthy, have been far from satisfactory.

After the baptism in the Spirit, nearly everyone experiences an intense desire to read scripture. In many prayer communities nearly all the members carry small pocketbook editions of the New Testament around in their pockets and purses, to be read in the course of the day as there is occasion. Many, even among the students, have bought the expensive new *Jerusalem Bible,* which appeared just a short time before the movement got started.[8]

They don't read scripture as a duty, but because they love it. They don't study it as a textbook, they read it for light, power, nourishment and encouragement. It is a book that comes to life for them. One person remarked, "The words seem to leap off the page and take hold of your heart." Sometimes they can recall from memory a passage that burned itself into their mind on a single reading.

Jeanne D. has for years made it a practice to read a chapter of the bible every day. The day after receiving the baptism in the Spirit, she sent her husband off to work and her children to school, and then sat down with her bible as usual and began to read the Acts of the Apostles. She had read this book several times before, but now it was as if a veil had been taken

7. While frankly regretting this situation, we ought also to bear in mind what brought it about. Scripture can be abused by those who read it in the wrong spirit. Abusive and gravely injurious interpretations of scripture in the late Middle Ages and the 16th Century led the Church to discourage the private reading of the bible by unqualified persons.
8. It costs $16.00 a copy, which is no slight outlay for students. Most other students sell their bibles to a used book agency as soon as their scripture course is over.

away from it. The stories recorded there were charged with new color, force and meaning. Entranced, she continued reading, racing ahead with excited curiosity, turning to passage after passage among her favorites, to see how they looked now. All day long she kept this up until it was time to prepare supper, and didn't interrupt her reading except for the most indispensable tasks, such as caring for the baby. The phone did not ring that entire day (that was in itself unusual in her household) and she thanked God for it, because she would have regretted the interruption.[9]

The day after Gerry R. was prayed over, he spent four hours reading his bible. He kept this up every day for two weeks, even though he was at this time carrying a full load of classes, attending prayer meetings, talking to numerous students about the Holy Spirit, and engaged in several extracurricular activities. After two weeks, he realized that he would have to moderate his reading in order to study for his classes; so for the rest of the semester, he limited himself to only two hours of scripture a day!

Some faculty members who heard about this were concerned that it might do serious harm to his studies. I was a little worried myself, and I knew that if the students suffered academically because of their Pentecostal involvements, it would provoke the complaint that they were neglecting their duties. Shortly after the final examinations, I asked Gerry, who was due to graduate, how he had done in his courses. "It was the best semester I've ever had," he replied. "I got an A in every class!"

9. A woman in Cincinnati wrote, "After all these years I now read the bible and find it a great source of consolation. In fact, I can hardly wait until my chores are finished and I can sit down and study it. I read and reread some of the passages, especially the Psalms."

Transformation and Deepening

The majority of the people in the Pentecostal movement were, so far as I can judge, genuinely good people before the Holy Spirit came in a new way to touch and transform them. They observed their religion faithfully, usually practiced much more than an ordinary life of prayer, and in many cases were active in some form of apostolate. Thus, several members of the Notre Dame group had been leaders of the cursillo movement in the South Bend-Mishawaka area. Others were engaged in the Antioch weekends or other prayer groups. The first two original leaders of the Lansing group were among the original designers of the Antioch weekend; and during the eventful year 1966-1967, they were working, without remuneration, in the student apostolate at Michigan State University. Other prominent members of the group were (and still are) active promoters of the liturgical movement.

The same thesis could easily be documented in other parts of the country. Also, many people, without engaging in any noteworthy work which could be cited, were nevertheless leading good Christian lives in a quiet, steady way, when the Spirit came as a kind of fruit and reward, to bless and deepen what was already there.

The effect of the Spirit's coming[10] has been to give new depth and fire to their lives. I have already pointed out how many have been led to discover a new interiority in their life of prayer. But this does not mean that they have given up the apostolate or withdrawn into a self-centered spirituality neglectful of the needs of others. On the contrary, they have grown more sensitive and more strongly motivated in these

10. I do not, of course, mean to imply that the Holy Spirit is absent from a person's life prior to the baptism in the Holy Spirit, but only that the latter is a new and more manifest coming. Cf. p. 132, above.

areas than before. Their concern for others has a deeper, wiser and more persevering quality; they are not so easily disheartened by ingratitude or opposition. They have learned to base their apostolate on prayer, to seek divine light and help before taking a step, and to be attentive to the leadings of the Holy Spirit. Although many of them are now aghast at the thought of the "humanism" (which, of course, called itself Christian) they used to profess, I believe they are more authentically human than before.

Some of them have come to live in an attitude of constant alertness to the spiritual needs of any chance person they meet. Conscious that God sometimes uses these casual encounters to impart some grace (as he did for the Ethiopian eunuch in Acts 8:26 ff.), they are ever listening for the call of a hungry soul, however camouflaged it may be under trivial conversation, and ever ready to declare, simply and gladly, the "reason for the hope that is in them" (I Pet. 3:15). Hitchhiking has become a specially privileged exercise of this apostolic spirit. Many of the younger people in the movement have to do a good deal of it, and they use the long period of waiting that this entails to pray that God will send them a driver to whom they can speak about him. Often he does, with results that are sometimes as hilarious as they are salvific.

It has been mentioned that Steve Clark and Ralph Martin devoted the year 1966-1967 to the student apostolate at Michigan State even before the Pentecostal movement began. Since then, others have joined them (now at the University of Michigan); meanwhile, a similar group has formed at Notre Dame, and another at the University of Iowa. These groups are composed of young men or women recently out of college, and in some instances with graduate degrees, who have set aside jobs and careers in order to devote a year or a lifetime to the apostolate. They are doing this without remuneration, without even receiving room and board. They support themselves by part-time jobs supplemented by occasional donations.

It is not only in the religious and apostolic dimensions that these people have been deepened; the whole of their lives has been changed. Dorothy Ranaghan likes to declare: "When we received the baptism in the Spirit, in a sense nothing happened at all; just everything became different." Like other married couples in the group, Dorothy and Kevin found that their love for each other had grown and been transfigured with new warmth and light. Its radiance has been visible to all who know them. The love of Christ, poured forth in their hearts by the Holy Spirit, has imbued and enhanced the human love that it found there.

Similarly, the joyous spirit that is natural to some members of the group has been beautifully enhanced by a new supernatural joy that the Spirit of Christ has brought. Ralph K. was always a cheerful person, but when I met him on his visit to the Notre Dame campus in February, 1967, even though I did not yet know anything about what had happened to him, I was struck by a new light of joy in his eyes that vaguely haunted me until I learned the explanation weeks later.

Similarly, quiet, gentle people have received a new Christian humility that adds depth and charm to their nature; cheerful, friendly characters have acquired a note of graciousness that is a flowering of Christ's love; those who have natural gifts of leadership have had these confirmed by many new gifts, such as firmness, tact and wisdom.

On the other hand, however, some people have been changed in directions opposite to the more obvious bent of their character. For example, people who are naturally extroverted are often made quieter through the action of the Holy Spirit, and more aware of the dimension of interiority and the value of silence. Perhaps even more often, those who are naturally introverted and reserved lose some of their concern with self and drop their inhibitions, as they discover the lovableness of others and the meaning and reality of Christian community. Those who tend to be vacillating sometimes acquire a surprising new firmness, while those who were strong, perhaps to the point of harshness or rigidity, learn the meaning of gentleness.

However, a person's natural temperament never seems to be reversed or radically altered. Rather, the Holy Spirit seems to make him more truly himself, by dissolving some of the artificial structures and deformations acquired by struggling in the competition of the jungle of life. Excessive traits are moderated and undeveloped aspects of the personality are strengthened, but the man remains truly and recognizably himself, and his characteristic traits are often sensibly enhanced by the supernatural.

Likewise, people's intellectual and cultural stances have not been destroyed. Liberals remain liberal and conservatives conservative, only they become more moderate in their positions, with an openness and understanding toward one another that was often lacking before. They are able to belong to the same community with a love and loyalty for one another that must stand as a minor miracle in the Church of today. Dave Z. used to tell of a certain priest whose sermons he could not listen to. But after the two of them had been touched by the Holy Spirit, Dave found he could listen to this priest's sermons with pleasure and profit. A very liberal young Catholic woman tells about a conservative confessor she used to try to avoid. After she received the baptism in the Spirit, this priest turned up in the confessional several times unexpectedly, and each time gave her exactly the counsel she needed. Finally she had to recognize that he was the one God wanted her to go to.

Not everyone, however, who has received the Pentecostal experience had prepared for it by leading an admirable Christian life beforehand. Many declare plainly that they were nothing but "Sunday Christians" before the Spirit "hit" them.

Smug or complacent, they were doing the bare minimum necessary to save their souls, while the interests that really absorbed their hearts lay elsewhere. They were not interested in the Church or Christ or God. But now in humble amazement they thank the Holy Spirit, who broke or burned away their lethargy, and made them know that God is more important than anything else, that he demands our whole heart, and that he can really be loved.

Deliverance

Others have been trapped in habits of serious sin which they had been unable to break until the Spirit set them free. Pentecostal literature for decades has been full of the stories of people who have been snatched suddenly and dramatically from immorality, drunkenness, drug addiction, prostitution, and just about every disorder and degradation to which human nature is liable.[11] The Catholic Pentecostal movement, although its life span has been quite short, has already begun to accumulate its own repertoire of striking conversions. Because of the personal factors involved, however, they cannot be narrated here.

In many more cases, people have been released from psychological bonds such as scrupulosity, anxiety, and inhibitions, which, without necessarily implying any moral culpability on their part, nevertheless did effectively impede them from serving God in complete and joyous freedom of spirit. One woman writes:

> All my life, my stomach has been in knots. When I re-

11. Some of the most impressive of these are to be found in the story of David Wilkerson, *The Cross and the Switchblade,* edited by John Sherrill, 1962, Spire Books, 1964 ff. See also *Run, Baby Run,* by Nicky Cruz (Logos, Plainfield, 1968).

ceived the Holy Spirit it was as if someone turned off a switch inside and my stomach has been calm since. . . .

My house has been neat for weeks now—three days running had been the record before. And it seems to be getting better.

Daily Mass, which had been a fight with five children, is almost a daily occurrence with little hassle.

And I'm not exhausted anymore. My husband teases me that it must be black magic.

I have a neighbor who periodically decides that we must have a "truth session." The last one caused me to lose ten pounds in one week, and a great amount of mental anguish. Last week, she decided it was time again, but this time, thanks to the inspiration of the Holy Spirit, I quietly told her the things that had bothered me over the years about one problem we've had—no upset, stomach *calm!* My husband could hardly believe it when I told him.

There are even a number of people who had tried to give up the habit of smoking, but had been unable to persevere. When they received the baptism in the Spirit, the desire for cigarettes simply left them.

The awareness of having been set free from some kind of bondage is one of the most frequently reported traits of the Pentecostal experience. Sometimes, as in the examples just cited, the bonds are definite realities with which a person has struggled for years. In other cases, it is not until after he has been set free that he is even aware of the bondage he was under. Finally, many people find that the freedom they receive is not a release from any particular bonds, whether conscious or unconscious, but is a positive experience of an exhilarating new fullness of life in Christ. It is a free expansion into a realm they had not even been aware of, a release from the unrecognized confines of their own being. It is a freedom they did not know existed, and it brings a new dimension to their very concept of freedom. They cannot explain it, or compare it with anything that preceded it, for it is quite supernatural; but when it comes, it makes them know the surpassing truth of Christ's promise, "If the Son makes you free, you will be free indeed" (John 8:36).

Physical Healings

In one of the earliest Pentecostal prayer meetings at Notre Dame, there was present a nun who had injured her back. She had fallen and damaged her spinal column a year and a half previously. Five different doctors had told her that the injury could not be repaired, and that she would have to wear a brace the rest of her life. She could not bend, genuflect, or lift anything. She had to spend a considerable part of each day lying down, but nevertheless suffered considerable pain. She came to the prayer meeting reluctantly, upon the recommendation of a friend. When it was time for people to be prayed over, she took her place with several others, not thinking of her back, but simply wanting to receive any graces the Spirit might have in store for her. When the others laid hands on her, she was filled with a profound peace, and returned home that evening with great joy. Next morning, she felt inclined not to put on her brace. In the course of the day, she discovered as she experimented more and more boldly, that her back was normal again, and she was able to do all the things that had been impossible to her for 18 months. She has gone without the brace ever since.

This story can be taken as representative of innumerable others with which the Pentecostal annals abound. There have been healings reported of nervous, muscular and bone disorders; of congenital defects in infants, injuries and diseases in the more aged; healings from very grave maladies pronounced incurable by specialists, as well as from the most transient headaches, toothaches, colds and other minor afflictions. Some recoveries have taken place suddenly, others gradually but much more rapidly than normal. In some cases, the healings have been attributed to an individual endowed with the charism of healing; in others, it was simply the prayers of the community, or of an individual, that obtained them.

The place of faith healing in the Pentecostal movement is so important that one may wonder why only a few paragraphs are being devoted to the subject here. The answer is in part that the topic is so vast that to go into it adequately would demand far more space than is available. Likewise, to verify the details of the stories, and make sure that they are reported accurately and without exaggeration, is a very burdensome task.

Moreover, Catholic prayer groups for the most part do not seem to be preoccupied with the subject of healing to the same extent as many groups of other denominations. It is primarily to worship God that the community assembles; all other considerations are kept secondary to this. But Christ did come to heal our ills; therefore, anyone suffering from any ailment whatsoever presents it to him, usually invoking the prayers of the community. If the person gets well, God is thanked for it. If the illness remains, that too is accepted in a spirit of submission to the will of God, who knows better than we what is good for us (cf. I John 5:14).

For the most part, no systematic attempt is made to distinguish healings that are miraculous from those that take place naturally. This would be a very difficult thing to do in most cases, and would only serve to focus attention on the wrong thing; for God is the origin of all that is good, regardless of whether it comes about in a natural or supernatural way. Nevertheless, it does seem that a surprising number of very remarkable healings have occurred in the Pentecostal groups. This is understandable when we recall that Christ healed people "according to" their faith (e.g., Matt. 9:29). A lively, simple trusting faith is one of the characteristics of Pentecostal spirituality.

Peace and Joy

Although effects of baptism in the Spirit vary with persons and circumstances, two notes which seem to be universal, and are the surest signs of the baptism itself, are peace and joy. Whatever other graces a person has received, whatever deliverance he may have undergone, peace and joy always seem to accompany them. When a person testifies at a prayer meeting of what the Lord has done for him, these terms will almost always come to his lips. Even if he does not use the words, they are plainly written in the expression on his face and in the tone of his voice.

Newcomers to the prayer meetings are commonly impressed above all by the joyousness of the people they meet there. This joy is radiant and contagious; it creates an atmosphere that envelops and pervades, and acts as a kindly invitation and encouragement. Bitter or hostile persons sometimes react with a vague sense of anger against this atmosphere, or shrink from it as an alien thing but even their reaction is a testimony to its reality.

It frequently happens that a person has been suffering under deep grief, frustration or discouragement for a long time, and through the baptism in the Spirit is flooded with peace and joy, like day dawning suddenly after a black night. One woman had been seeing a priest about some spiritual anguish of which she was unable to rid herself, and none of his recommendations or attempts at encouragement had more than a short-term effect. One day he suggested that she attend a prayer meeting. This she was reluctant to do, for she had visited one previously, and had been repelled by it. Nevertheless, she followed the suggestion, without him giving her any hint of what to expect. The next day she returned, and even before she had closed the office door behind her, exclaimed, "Why didn't you tell me about the wonderful peace and joy that were going to come when they prayed over me?"

This peace and joy do not always appear so abruptly. A person may not even advert to them until they have been present for several days or a week. Then, looking back over the time elapsed, he observes that the depressions, griefs or irritations to which he ordinarily would have been subject have not occurred. Instead, a quiet unobtrusive "lightsomeness" has pervaded his soul.

There are, of course, many kinds of peace and joy in human life; but those which are given by the Holy Spirit are quite unlike any other. The peace does not depend on exterior tranquility, and is not induced by psychological technique. Neither does it require some kind of heroic aloofness. It is an almost substantial thing that is received gently and effortlessly as a gift, and resides deep within, undisturbed by exterior conflicts. It is what Christ promised when he said, "My peace I leave with you, my peace I give to you; not as the world gives do I give to you" (John 14:27).

Likewise, the joy is not aroused by singing and shouting, or any other psychological action. It is not the wild intoxication of a person who has momentarily broken out of the inhibitions which will later close their cold jaws upon him once again, and lock him in a deeper depression. It is a strong, quiet joy that corresponds to another promise of Christ: "I will see you again, and your hearts will rejoice, and your joy no one will take from you" (John 16:22). No man can take it away, because no man has given it.

This peace and joy seem to be not so much two distinct

gifts as two aspects of the same gift, which is a peaceful joy and a joyous peace. The peace does not turn into torpor or numbness, because it is so joyous. The joy does not excite or elate, because it is permeated with peace. But even though delicate, they are so sturdy that disappointment, contradiction or ridicule cannot dispel them.

Anyone involved in the Pentecostal movement is liable to find himself laughed at from time to time. The Holy Spirit does not ordinarily make people insensitive to hurt. In fact, this is what cuts short the enthusiasm of many and causes them to separate from the movement. But again and again one meets those who, to their own amazement, have found that the glad serenity Christ has given them remains untroubled by things which normally would have disturbed them greatly.

Attitudes Toward the Institutional Church

People sometimes suppose that the Pentecostal movement is anti-institutional, and that prayer meetings and other "esoteric" activities substitute for the liturgy and traditional Catholic devotions. Quite the opposite is true. The effect of the movement has generally been to give people a greater love and appreciation for all that is authentically traditional in the Church.

Among the earliest reports about the happenings at Duquesne was the increased devotion to the Eucharist that had resulted from them. The same was quickly verified at Notre Dame, and has been confirmed by subsequent history. Nearly all those who take part in the prayer meetings attend Mass daily or at least frequently. What is more, many have commented on how much more meaningful the Mass has become for them. One student remarked that he had come to love the long lists of little-known saints in the old Roman canon, because the Eucharist meant so much to him that he was glad to summon all the angels and saints of heaven to join him in giving thanks for it.[12] When another student received the baptism in the Spirit, his first instinct upon returning to the University was to go to the chapel to give thanks. There he felt powerfully drawn toward the tabernacle by a force that seemed almost physical. The presence of Christ on the altar seemed to dominate the entire chapel, and draw everything toward itself. He spent an hour or more in wondering adoration before the Blessed Sacrament. Nothing of this sort had ever happened to him before.

Several persons have mentioned that the Holy Spirit has brought them a new sense of sin, and with it an awareness of the value of frequent confession, which they had neglected before.

Many have said they wished they could receive Confirmation all over again, now that they had so much more appreciation of the work of the Holy Spirit. It had meant little or nothing to them when they received it in their youth.

A Benedictine priest relates that the most striking effect of the baptism in the Spirit on him was that it gave him an eager desire to sing the Divine Office. Previously, this had been a burden; but now he felt a great longing to praise God, and the office was one of the most beautiful ways to do this. Other priests too have reported that the recitation of the office has become a joy for them.

Devotion to Mary has been strengthened by the Pentecostal movement, not only at Notre Dame, as we have seen (see p. 59), but throughout the country. Some people, who had always been devoted to her, have rejoiced to find that the Holy Spirit has made her dearer than ever before. Many, whose devotion had been perfunctory or lukewarm, have be-

12. He made this remark without any awareness whatsoever of the criticisms of these lists that are being made by promoters of liturgical reform.

come much more earnest about it, and in some cases have even become zealous promoters. A few, who used to experience a deep antipathy for Marian piety, now find that they can at least understand and accept it. (On the other hand, some of the "zealous promoters" have learned to be more tactful and understanding toward those who do not share their devotion.)

One couple tells how their prayer group gradually dwindled until only one other couple continued with them. Finally, at one meeting, the four of them sat in silence for an hour, just "listening" to what God might wish to speak. Then they decided to cultivate devotion to Mary. From that point on, the group began to grow larger.

After a prayer meeting at which prayers had been said for the bishops of the Church, a visiting priest commented wryly, "The Holy Spirit must be there. That was the first time I have heard anything good said about bishops in a long time!" Similar remarks have been heard several times. Although attitudes toward the clergy, and in particular the hierarchy, vary from person to person, and also from group to group, there is comparatively little of the anticlericalism or the tendency to deride and defy the bishops that is often so strong among energetic Catholic lay groups today.

Since a very early age, it has been recognized that obedience to those who hold office in the Church is one of the surest signs that an inspiration comes from God rather than from some secret craving of self-love. The Pentecostal movement has already been tested several times by this criterion.

In one diocese, the bishop gave orders to a newly formed prayer group that there was to be no speaking in tongues or laying on of hands at their meetings. This came as a severe blow; there was considerable fear that these restrictions might bring the meetings to an end and cast a cloud of suspicion over the movement. Nevertheless, the group obeyed and, to their amazement, their numbers began to increase noticeably from that date onward. Furthermore, the restrictions themselves were lifted after a few months.

In another diocese, the prohibitions were even more severe. Besides speaking in tongues and the laying on of hands, exorcisms (even of an informal sort) and "asking for a text" (i.e., opening the Bible at random and reading whatever passages one chanced upon) were also forbidden at the prayer meetings. The only charismatic practice not forbidden was prophecy, and this was merely an oversight. Here again, the group submitted to the regulations of its pastors, and the fruits of this obedience were evident at once. At the very meeting at which the regulations were announced, the grace of prophecy was received for the first time in that group. The following day, one of those present sent the following account of the events in a letter to friends:

> It's probably the best thing that has happened to us. . . . We had the best prayer meeting yet. . . . The Spirit was there in full, and we went away with a full harvest of love, joy, peace, patience, kindness, gentleness, and self-control. I'm saying this in real seriousness, because for me it was a real moment of closeness to Christ and filling with the Spirit. It was Christ overcoming the world. One of the things we felt was that this would be a call to seek the higher gifts, and sure enough we received prophecy for the first time. The two that we are sure of, and have written down are: "Bear in all patience what has happened to you. Obey those I have put over you. See the care I have for my flock." "Fear not, for the wonders I have worked among you shall not cease."

After a series of vicissitudes too complicated to be narrated here, this comunity was eventually allowed complete freedom in its prayer meetings. Meanwhile, it experienced a phenomenal growth, and became the instrument of God for bringing the gifts of the Spirit to an extraordinary number of people.

Not a few of those involved in the movement had previously been bitter critics of the Church. Some were vehement advocates of radical reform; others had given up hope of any improvement. There is at least one couple whose friends are surprised to find them still Catholic today, and another couple whose efforts to "enliven" parish life had met with such discouraging rebuffs from the pastor that they were on the point of abandoning the Church. The effect of Pentecost has been to restore their faith in the Church and awaken a new love for it. That some have remained in the Church is directly attributable to the movement. Those who made criticisms and advocated reform still do, but with less bitterness and more gentleness, patience and wisdom. No doubt, even in their fiercest moments, they have been animated by "zeal for the house of God"; nevertheless, it is a wonderful thing when the Holy Spirit, without argument or exchange of ideas, but simply by his warm and loving breath, imparts the insight that enables a person to perceive and be grateful for the mysterious, fecund holiness which he creates in the body of Christ despite its flaws, and to look upon the latter with understanding and compassion, rather than with the acrimony of a condemning judge.

Several priests and nuns who had been on the point of abandoning their state have had their hopes restored by the Pentecostal movement, and have determined to continue to serve the Church in their calling. One priest, a member of a religious order, had come to the generalate with the precise purpose of announcing his intention to leave. He had to wait two or three days before he could see the superior; meanwhile, he observed such a change in the spirit of the men he knew there, as a result of the Pentecostal prayer meetings in which they were taking part, that when he did finally see the superior, it was to announce that he had changed his mind and was not going to leave after all.

No Instant Sanctity

Before we close the subject of the effects of the Pentecostal movement, two critical points concerning the suddenness and the durability of these effects must be discussed.

The foregoing pages have presented many instances of changes brought about quite abruptly. Moral and psychological bonds which a person had been unable to break in years of struggle have been lifted from him when he received the baptism in the Spirit. Graces of prayer and an appreciation of scripture quite incommensurable with anything in one's previous experience have been given in a moment.

These dramatic examples should not mislead us. The majority of spiritual developments, even among Pentecostals, take place quietly and gradually. Also, when a given case is investigated, it often turns out that there has been more preparation than was evident at the moment. Looking back, one perceives that privileged moments of grace long ago had given him some foretaste of what was in store for him, or that suffering and anguish had been, in God's providence, sapping the walls of Jericho and getting them ready to fall.

But when due allowance is made for such factors, it still remains true that for a considerable number of people, the baptism in the Spirit has been a mighty intervention of the power of God in their lives, giving them suddenly and effortlessly results for which they had labored and prayed without success, and placing them many steps farther ahead on the road to sanctity than their previous progress would ever have entitled one to expect.

These are not, however, cases of "instant sanctity," as some have supposed. No one is changed overnight into a saint. The graces in question are powerful aids toward sanctity, but they leave the recipient with many steps yet to take, in which he is subject to all the laws, perils and exigencies inherent in the spiritual combat.

Not rarely, a person seems to be delivered from one big fault or problem, but is left to struggle with many lesser ones. Or he is given a grace of prayer that is a source of strength and refreshment, light and orientation in his life; yet he must laboriously work to bring the details of his day-to-day conduct into harmony with this grace. In particular, I have the impression that those who have received the grace of infused contemplation without having gone through the purification which normally must precede it are often obliged afterward to take the steps which they seem to have skipped over. Thus the baptism in the Spirit serves as an aid, stimulus and encouragement to the spiritual life, like the mighty works God did when he led his people out of Egypt and through the desert; but it does not exempt a person from the labor of subduing and tilling the land of Chanaan, which is the lot of all who have not yet entered into the sabbath rest of the people of God (Heb. 4:9).

Durability of Effects

Finally, we must take up the question, how long-lasting and durable are the effects of the Pentecostal movement?

In answer, a distinction must be made, I believe, between two classes of effects, some of which are essentially transitory, and others permanent, although the dividing line between the two is not clear-cut.

The baptism in the Spirit frequently puts a person into a state of peace and joy, of intense and actual love of God and of all men, and of freedom from sin or sinful inclinations, which might be compared to the blessedness of the apostles on Mount Tabor. This state never remains permanently, and there seems to be a sort of inverse ratio between its intensity and duration. It may have a first moment of extreme intensity which lasts only a few hours. With most people, there seems to be a state of lesser intensity which lasts perhaps a week or two. Seldom, I think, does it endure more than a couple of months, and when it does, it is only in the form of an unobtrusive peace and joy deep in the soul, that by no means make one impervious to trouble and temptation.

On the other hand are effects such as growth in prayer, apostolic zeal, the practice of love toward one's neighbor, etc. (It will be noticed that these are much more dependent on the person's will than the foregoing.) These are the effects which seem to be by nature permanent in character,[13] and are the real fruits meant to be fostered by the more transitory graces of the baptism. It is with regard to them that the question must be asked, whether they are solid and enduring, or merely enthusiasms that soon vanish.

The most comprehensive answer to this question is contained in the parable of the sower (Matt. 13:4-8). There are some people who respond with great readiness and enthusiasm to the Pentecostal graces, but very quickly fall away. There are others who last for a longer while, but eventually give up. Finally, there are others whose lives seem to have received a permanent and fruitful orientation from their Pentecostal experience, and they bring forth fruit—some a hundredfold, some sixty, some thirty. . . .

The first class no doubt includes some people who never were moved by anything more than a superficial enthusiasm,

13. The charisms also are, apparently, permanent in character. However, I am leaving them out of consideration here, because they are simply means of collaborating in the work of the Church, and are not properly *fruits* of the Spirit.

but it seems also to include others who genuinely had received the baptism in the Spirit, accompanied in some cases with the gift of tongues and other charisms. What has happened to them is difficult to say; they are usually reluctant to speak of the matter themselves. Sometimes it appears that the derision to which they have been subjected was more than they could bear. Sometimes they seem to have placed too much stock in emotionally experienced joy and love; when these subside, as is inevitable, the enthusiasm does likewise. Sometimes the doubts which commonly assail a person soon after the baptism in the Spirit has lost its freshness, are sufficient to make him doubt the reality of the whole experience.

The second type of person mentioned above has often been less enthusiastic than the former in accepting the Pentecostal spirit, and his departure from it is also less decisive. He does not so much reject it as he gradually loses it. Other matters absorb his interest: studies, work, social events, or various activities in which he is involved. He finds that he has less and less time for the prayer meetings, or for the personal prayer and spiritual reading necessary to grow in the life of the Spirit. Eventually, it is evident that he no longer belongs to the movement in any real sense. The "thorns" have simply choked out what the Sower planted.

With regard to the third class of person suggested by the parable, it is to be noted that well over three years have passed since the beginnings of this movement among Catholics. Many of those who were among the first in it are still with it, and many others who have entered into it since then have also remained faithful. They have been faithful, not only to the "movement" as such—this would be a small thing—but to the grace they have received, to the new life of intimate union with God and love of their brethren to which they have been introduced. Their early enthusiasm has matured into depth, strength and steadiness. They have kept up their life of prayer and the reading of scripture; their apostolic endeavors have developed, often into a distinct personal ministry, their love has become seasoned with wisdom. No doubt one must be prepared for further defections, even of people who have developed well for a long time; however, in themselves the fruits of the Pentecostal movement appear to be deep, solid and firm, and give every reason to expect that they will endure and continue to develop.[14]

14. Whether a person perseveres and grows is not only a matter of his personal qualities, however. In many cases, it seems to depend largely on his being integrated into a community of people who share his vision and aspirations. It is very difficult for a person to maintain the life of the Spirit when he cannot share it with others and be supported by them. Hence, more and more thought is being given in this movement to the matter of forming really Christian communities, and of integrating the Pentecostal fruits into the existing parochial and diocesan communities.

THEO-LOGICAL REFLEC-TIONS

Part Three

7

Pentecost and Traditional Spirituality

Many people are wary of the Pentecostal movement, not because of any specific points of doctrine that might be objected to, but because of a certain strangeness in the general tone or style of the spirituality which it engenders. The present chapter will attempt to determine in what this strangeness consists, and how it relates to traditional spiritual doctrine.

Before we get directly into this discussion, however, two preliminary points need to be made. The first is that a kind of newness is always to be found in any life and energy that are authentically Christian. Christianity is a blend of the old and the new, of that which abides forever, and that which is constantly arising afresh. But it is the oldness and stability of Christianity that have somehow preempted attention. We need a reminder, therefore, that our God is a God who is forever doing new things, as he himself proclaims (e.g., Isa. 43:18). The very work of Christ consists in turning man into a "new creature":

> If any man is in Christ, he is a new creation; the old has passed away; behold, the new has come (II Cor. 5:17).

This coming of the new did not occur only at the moment

of the Incarnation; it goes constantly forward, through the "washing of regeneration and renewal in the Holy Spirit" (Titus 3:5). It will continue until the very end of the world, when there will come a new heaven and a new earth, along with a new Jerusalem, as he who sits upon the throne declares, "Behold, I make all things new" (Apoc. 21:1-5).

The second preliminary point to be noted is that there is obviously need of renewal in Christianity today. The Church so often appears ineffectual, irrelevant and dispirited. It seldom seems to be bearing witness to Christ with confidence, joy and conviction; instead, it gives the impression of struggling to maintain its hold on the masses that are drifting away from it. It has failed to Christianize the institutions or the *mores* of our society; on the contrary, these have been shaped basically by a secularism which is now rapidly extirpating the tokens of faith that still remain in public life. Seldom are converts drawn to the Church because of the spiritual vitality that marks its members off from others. More often, we are obliged to explain away the impression that as a group we do not seem to live in a way significantly better than people who do not share our faith. We have not even been convincingly successful in forming Christian outlooks in the youth who have been confided to us for that purpose. In spite of the immense expenditure of money and human effort being put into parochial schools, how often do we not hear the complaint that a pitifully small proportion of the students emerge as deeply convinced and committed Christians? We can therefore well use some new life in the Church; and if it stings and irritates as it comes, perhaps that is only like the prickling one feels when fresh blood begins to rush back into an arm or leg that has gone to sleep.

The Pentecostal movement certainly is new and strange in the sense that it breaks with some of the patterns of thought, attitude and behavior that have become settled and customary in our practice of religion. However, as was suggested in the preceding chapter, these patterns do not represent the authentic tradition of Christian spirituality, but an adjustment to mediocrity. They are the result of a compromise between the gospel and the world. Thus, the mechanical way in which we often recite our prayers or perform our liturgy; the businesslike style of activity in so many of our rectories and chanceries; the uninspired preaching and the spiritless singing at our Masses: these are not a way of life to be maintained, but a dead carapace to be sloughed off so that living energies can flow freely once more.

In contrast with them, Pentecostal spirituality brings a note of confidence and joy, a lively awareness of the presence of God, a sense of contact with him, and a deep conviction of his omnipotence. Its strangeness is nothing other than the freshness of new life. It is the newness of the return of spring, or of a breath of fresh air, or of an engine that has been cleansed of grime that had accumulated during long use.

However, I do not wish to stress any further the newness of "Pentecostal spirituality," because there is already too much of a tendency to exaggerate this point. Those who are enthusiastically caught up in the movement are prone to imagine sometimes that authentic Christianity only began with them. There are people who firmly believe that the Dark Ages extended from the reign of Constantine (306-337)[1] until the present, i.e., Pentecostal era, with only brief glimmers of light occurring in the meanwhile. Those who think thus readily adopt the posture of emissaries of the Orient from on high,

1. This is the period at which many mistakenly suppose that the gifts and charisms of the Holy Spirit departed from the Church. The gift of tongues seems to have disappeared during the second century, so far as we can tell from the scanty historical evidence. Charisms and gifts of other sorts have continued to be manifested in the Church all down through history, without interruption.

sent to shine on others who sit in darkness and the shadow of death!

Some who do not go quite that far, nevertheless, in their enthusiasm for the new life which the Holy Spirit has brought them, and in ignorance of the spiritual and theological riches of the Church before them, readily suppose that the spiritual life of the past was all relatively mediocre and dull, as perhaps their own previous life has been. In an effort to express the values they have discovered in what seems to them a *new* doctrine, they readily make caricatures of traditional theology. Occasionally one meets even priests and religious who, through the Pentecostal movement, have received an intimacy with God that they had previously sought in vain. Imagining that the experience of all others more or less approximates their own, they are sometimes quick to speak belittlingly of the religious life and spiritual doctrine of the past as sterile by comparison with the "new" program of life in the Spirit that they have discovered. Thus a monk once argued: "I think my prayer experience has been typical of that of religious generally; and if we religious have not had more success in the life of prayer, then who has?"

Such an attitude is bound to alienate those who have lived by the traditional spiritual doctrine of the Church and have found that it has indeed brought them into an intimate union with God and a deep life of prayer. Likewise this attitude alienates anyone who is aware of the great spiritual riches of the lives of the saints, those men and women who have lived by the Spirit so faithfully that they can profitably be taken as models (which does not mean patterns to be copied!) by anyone seeking to follow the Spirit today.

Furthermore, as a matter of principle, any spirituality that is not in profound continuity with that of the past is for that very reason suspect. The laws and phases of the spiritual life are substantially the same now as what they have always been; for this life is nothing other than human life led under the sanctifying and illumining influence of the Spirit of Jesus. This does not imply that all the thinking and creative work have been done by men of the past, leaving nothing for us to do today but follow the canons they have left us. The Spirit lives as fruitfully in the Church now as ever, and there is no reason why there cannot be even greater saints and theologians in the future than in the past. And whether greater or not, any genuine saint or theologian will have an originality about this life and his work that comes from the newness of his situation, the freshness of new points of view, and above all from the perpetually new inspirations of the Spirit. But what is new, if it is authentic, will not contradict the old, any more than new blossoms are in "contradiction" either with those of past years, or with the old tree trunk which bears them all.

For this reason, it is important to note what I believe is a fact, that the spiritual experience of those who have been touched by the grace of the Holy Spirit in the Pentecostal movement is in profound harmony with the classical spiritual theology of the Church.[2] It is this that the present chapter will

2. It is not easy to point out the "classical doctrine" of the Church, since it is not a definite, official body of teaching, but a tradition to which many have contributed and of which no individual man or book is an adequate representative. However, for the purpose of making my reference somewhat more concrete, let me say that some of the chief sources and best representatives of this classical doctrine are: Augustine (354-430), John Chrysostom (ca. 347-407), the unknown fifth-century author who wrote under the pseudonym of Denis the Areopagite, Gregory I (ca. 540-604), Bernard (1090-1153), Richard of St. Victor (d. 1173), Bonaventure (1221-1274), Thomas Aquinas (1225-1274), Jan van Ruysbroeck (1293-1381), *The Imitation of Christ* (ca. 1418), Ignatius of Loyola (1491/95-1556), Teresa of Avila (1515-1582), John of the Cross (1543-1591), L. Scupoli (1530-1610), Alphonsus Rodriguez (1538-1616), Francis de Sales (1567-1622), Cardinal de Berulle (1575-1629), Vincent de Paul (1576-1660), Louis de Lallemant (1587-1635), John of St. Thomas

seek to demonstrate, at least on certain representative points. I believe it will be found that the classical doctrine sheds much light on the Pentecostal experience, both helping us to understand it, and furnishing practical guidance for those who undergo it. On the other hand, the Pentecostal experience illustrates the classical doctrine in such a way as to confirm it and make it more concrete. Moreover, on many points, the Pentecostal experience comes as a jolting reminder of traditional doctrines that have become somewhat neglected, and recalls to us some of the fine points and great insights which we had tended to let go of out of mediocrity or timidity. Frequently it will be found that instead of the Pentecostal experience being at odds with the classical spiritual doctrine, the two confirm each other in opposition to a shallow recent humanism that is eager to create "new theologies" because it has little idea of the deep workings of the Spirit of which classical theology was speaking.

Classical Theology of the Life of Grace

Classical theology has elaborated a very carefully thought out account of the gifts or workings of the Holy Spirit in the human soul. For the purposes of a summary, these gifts may be divided into three spheres: grace, inspirations, and charisms.[3] In their real existence and operation, they are closely

---

(1589-1644), G. B. Scaramelli (1687-1752), Alphonsus Liguori (1691-1787), F. W. Faber (1814-1863), Therese of Lisieux (1873-1897). There are, of course, numerous others who could be mentioned, but it is not my purpose here to be complete. For fuller information, one may consult, e.g., the *History of Spirituality,* edited by Louis Bouyer, New York, Desclee, 1963 ff.

3. It should be noted that each of these terms is used here in a technical sense which artificially restricts its meaning for the sake of clarity. In the less technical language of the New Testament, all three terms are applied to all three of these spheres.

involved with one another; but in order to comprehend the richness which they bring into the soul, it is necessary to take them up one at a time.

1) *Grace*[4] here designates the fundamental transformation which the Spirit works in us to qualify us for the life of sons of God. It implies at once a cleansing and a sanctification. The latter is not something added on extrinsically like an ornament, but is, in the words accommodated from II Pet. 1:4, a *participation in the divine nature*. It involves a real transformation of our very being. It is made dynamic and effective by what are called *theological virtues,* namely faith, hope and charity. These are like organs of grace; they elevate our faculties of mind and will enabling them to come into genuine contact with God himself. For being a son of God is not just a matter of a title conferred, or a kind of juridical relationship, as in the case of human adoption, but involves real personal communion with God.

However, the power of communion with God is not conferred on man in such a way that he can exercise it autonomously. He remains dependent on a constant divine influence to activate his grace-given potencies. This influence, designated technically and inelegantly as *actual grace,* is also imparted by the Holy Spirit, who is the ever-living and personal presence of the divine in man. To sum up the elements of this first sphere: the life of sons of God consists in a contact or union or communion with God through faith, hope and charity, of which the Holy Spirit is the ever-actual source by his grace, which both sanctifies man in the very roots of his being (sanctifying grace), and activates him by continually new influxes (actual grace).

4. In scripture, the term *grace* is used most often for the mercy and loving-kindness of God in his dealings with men. However, it is also used to designate the gifts which he gratuitously bestows on man (e.g., I Pet. 3-7); and it is in this sense that the term is used here.

Nothing could conceivably be finer or better for man than this participation in the life of Father, Son and Holy Spirit; and the glory of heaven itself will consist in nothing but the fullness of this life. However, man does not live up to the full measure of this divine life from the moment he receives it. Rather, grace is imparted to him somewhat like leaven being put into a mass of dough. Only by a gradual process of fermentation does it diffuse its influence. And since not all men cooperate equally with grace, its influence is scarcely perceptible in some lives, while in others it develops into an abiding state of intimate union with God.

2) In order for grace to reach its fullness and perfection in us, it needs to be supplemented by the *inspirations* of the Holy Spirit. These are impulses by which the Holy Spirit intervenes in a person's life from time to time to give him guidance or strength or help of some sort. Thus, for example, the Spirit "told" Philip to catch up with the chariot of the Ethiopian (Acts 8:29), or forbade Paul to preach the gospel in Asia (Acts 16:6). These inspirations are quite distinct from the actual graces mentioned above, because they are more personal and manifest interventions of the Spirit. In the case of the ordinary working of grace, even though man is incapable of doing anything without the energy that must be constantly supplied afresh by the Holy Spirit, he remains, psychologically at least, his own master. He makes his own decisions, and acts on the basis of what he can see for himself (which includes what he "sees" by faith). But in the case of the inspirations of the Holy Spirit, man is led (or in some other way helped) by another. His psychology is that of docility or receptivity toward another. He must still give his free consent, but it is consent to the initiative taken by another, which other is the Holy Spirit in person.

So long as man is picking his own way, and acting in virtue of powers in his possession (even though these be gifts of grace), he cannot live as becomes a son of God. Such a life is too far above his nature; and even though he has been empowered to participate in it by grace, he finds himself clumsy at it, like a spaceman unadapted to conditions of life on some planet on which he has landed. In order therefore that man may fulfill adequately his vocation of son of God, he needs to be conducted personally by the Holy Spirit, the "other Paraclete" who comes in the place of Jesus. The Spirit instructs and strengthens the disciples, as Jesus also did, but interiorly and invisibly, instead of externally and visibly. "They that are led by the Spirit of God," says Paul, "they are the sons of God" (Rom. 8:14).

To make him receptive and docile to the inspirations and promptings of the Spirit, man is endowed with what have been called conventionally the "gifts of the Holy Spirit"; for while there are many other things given by the Spirit (such as the graces mentioned above, or the charisms to be treated below), these are gifts in a special sense.[5] They are not virtues, like faith or justice, which, even though they have been infused, are within man's power to exercise when and how he sees fit, and are built up by practice. The gifts involve a much greater dependence of man upon the Holy Spirit, the giver. For example, the wisdom that is a gift of the Spirit is something that

5. There is an ambiguity about the term, *gifts of the Holy Spirit,* of which we must beware. In the technical language of scholastic theology, this term designates the "seven" gifts discussed here. But in the broader usage that is more usual in modern non-scholastic writing, all the graces given by the Holy Spirit, and especially the charisms, are so designated. In the present chapter, I will try to use the term in such a fashion that the context will make clear which sense is intended. Where necessary, I will use the phrase, *the seven gifts,* to indicate the technical scholastic usage.

As was pointed out in note 3, the terms *charism* and *grace* are liable to a similar ambiguity but they seem to create less of a problem.

man never has fully in his own possession, but only to the extent that he is actually being illumined by the Spirit.

The gifts of the Spirit in this sense are traditionally enumerated as seven, according to the Septuagint rendering of Isaiah 11:2 ff.:

> And the Spirit of the Lord shall rest upon him, the spirit of wisdom and understanding, the spirit of counsel and might, the spirit of knowledge and piety.[6] And his delight shall be in the fear of the Lord.

It should be noted finally that although these gifts are received along with sanctifying grace, they do not at once have their full and perfect operation. They are in a kind of embryonic state at first, and only when a person has reached a certain degree of spiritual maturity do the inspirations of the Holy Spirit become frequent and ordinary, and thus bring the gifts to their full role.

3) Finally, there is a sphere of operations of the Holy Spirit which may be referred to as the *charismatic*. There is a serious problem about the sense in which the terms *charism* and *charismatic* ought to be used; but without going into that problem,[7] let me say here that I am taking these terms, as is

6. There are several exegetical objections to the traditional interpretation of this text, most notably the fact that the Hebrew original does not mention *piety*, but speaks twice of *fear of the Lord*. It was when the Hebrew bible came to be translated into Greek that one mention of fear of the Lord was replaced by piety, thus effecting the list of seven which has become traditional. However, the value of the traditional doctrine on this subject does not lie in its exegesis of the scriptural text, but in the Christian experience of which it is an expression. Also, it should not be overlooked that the Old Testament notion of *fear of the Lord* is very well rendered in modern thought by the combination, *fear and piety*.
7. I plan to discuss it at length in a forthcoming book on theological

commonly done in modern theology,[8] to designate what St. Thomas Aquinas called *gratiae gratis datae*. By this is meant preternatural gifts of the Holy Spirit which do not of themselves sanctify the recipient, even though they are useful aids toward the sanctification of the community. They include, for example, the gift of healing and all other miraculous powers, the gifts of tongues and interpretation, divinely inspired eloquence, and in fact all the gifts listed by St. Paul in I Cor. 12:8-10 (as well, no doubt, as others also). They are, in other words, the very gifts that have attracted attention to the Pentecostal movement and caused it to be known also as the "Charismatic renewal."

Although classical theology has relatively little to say about the charisms, the two points which it does make are of the highest importance. On the one hand, they are real gifts of the Holy Spirit, useful to promote the life of grace in the Church. Therefore they are not to be despised.[9] On the other hand, they are not of themselves either a cause, function or sign of sanctity in the one who possesses them. Therefore one should beware of attaching undue importance to them, for example, by avidly seeking for miracles and preternatural manifestations, as though sanctity consisted in them.

It is the latter point which has traditionally received by far the greater emphasis. No doubt it needs to be counterbalanced today by a fuller stress on the first point. Nevertheless, we

---

problems about the Pentecostal movement. See also my article, "The New Theology of Charisms in the Church," in *The American Ecclesiastical Review*, September 1969, pp. 145-159.

8. Except for a reaction in favor of a more "Pauline" use of the term, which may be detected in some of the more recent literature, as is indicated in the article cited in the preceding note.

9. See the text of *Lumen gentium* cited below in this chapter (at note 26), and also the decree *On the Apostolate of the Laity (Apostolicam actuositatem)*, #3.

must not forget that it was Christ himself who declared in the strongest possible language:

> Many will say to me, "Lord, Lord, did we not prophesy in your name, and cast out demons in your name, and do many mighty works in your name?" And then I will declare to them, "I never knew you; depart from me, you evildoers" (Matt. 7:22).

Likewise, St. Paul reiterated this doctrine in the great treatise on the charisms which he composed (I Cor. 12:14):

> If I have prophetic powers, and understand all mysteries and all knowledge, and if I have all faith, so as to remove mountains, but have not love, I am nothing (I Cor. 13:2).

Such in outline is the classical theology of the gifts and workings of the Holy Spirit in the human soul. This theology is not too popular today, even among theologians, who often express the desire to replace it with a theology that will be more personal, dynamic and relevant. For what is called classical theology today is often a degraded form of it. The organism of grace has been broken into a collection of entities which are studied separately, in disregard of the organic way in which they all collaborate with one another and call for one another. Thus sanctifying grace is treated as a static quality. The fact that it demands the complement of the virtues in order to realize the life potential it contains, and of actual grace, in order to be energized, and that all these things are the work of the ever-living Spirit bringing man gradually into a personal communion with God, has been lost from view.

At the same time, on the practical level, the inspirations

and the corresponding gifts of the Holy Spirit have been neglected by the great mass of Christians, who have lived, or at least visualized, their lives merely on the plane of "ordinary" grace and virtue. The "seven gifts" have come to be regarded as mere ornaments of the life of grace, or perhaps as prerogatives of exceptional saints, but their relevance to the everyday conduct of the ordinary Christian has been forgotten.

Construed in such a mental atmosphere, "classical theology" of course came to be criticized for being static and impersonal, for reducing grace to a "state of being," that neglected the personal presence and constant influence of the Holy Spirit. That is why, during recent decades, a powerful reaction to it has deservedly occurred in Catholic theology. Unfortunately, however, the reaction has sometimes been inspired more by naturalistic psychology than by the teachings of the gospel. At times it has tried to rejuvenate a lifeless Christianity by means of a Spirit-less humanism.

Pentecostal Experience and Classical Doctrine

Against this background, I believe it can be said that when the spirituality which has developed in the Pentecostal movement appears to some people in the Church as strange, it is because they are comparing it, not to the genuinely classical and traditional spiritual doctrine of the Church, but to that inert residue that is left from classical theology when its finest qualities have been allowed to escape. The truth is, as I wish to try to show here, that the experience of the Pentecostal movement tends to confirm the validity and relevance of our authentic spiritual traditions.

Before entering into the demonstration of this thesis, however, it will be well to deal with an objection that would seem to exclude it *prima facie*. This is that the refined distinctions and complex constructions of scholastic theology (of which

I have given only a brief summary above) seem to belong to an intellectual world utterly foreign to the lively Pentecostal experience. This is certainly true, but it does not mean that the two are incompatible. What we see here is simply the inevitable difference between intellectual theory and living experience. Thus medical science, in attempting to give an understanding of human life, must fill endless volumes with graphs, data, and technical terminology: and even then it remain incomplete. But a little babe, who cannot read a single one of those volumes, and who is enormously outweighed by the huge medical library necessary to describe all that goes on inside of him, nevertheless carries on simply and easily all those functions and processes which the scientists make so complicated. But that does not make medical science untrue or unnecessary. In fact, it happens every day that the science gathered in one of those books saves the life of an infant in whom the vital processes have been deranged.

So likewise the experience of the Holy Spirit is much simpler and far better than the theoretical knowledge of his operations. Nevertheless, the theory is necessary, both because man naturally desires to grasp with his mind all that is important in his experience, and also because for the practical guidance of souls struggling to cooperate with the Holy Spirit, the different phases of his operations need to be understood. When a person is actually under the "anointing" of the Holy Spirit and filled with the experience of his power and his love, nothing could be simpler or easier than simply to abide in that presence joyously and unquestioningly. But when this anointing is withdrawn, as it inevitably will be, difficulties and temptations reappear, and one is obliged to make a more active and deliberate effort to live by the Spirit. It is then that many questions and problems arise. At that point, a reliable and perceptive theology of grace becomes a priceless help.

A second reason why the classical spiritual doctrine may seem at first to belong to a different world from the Pentecostal experience lies in the broader basis of the former, and the richer resources on which it draws. What I am calling the classical doctrine is the fruit of the accumulated experience of saints of many ages and cultures, illumined by the reflections of theologians of diverse schools of thought. Active and contemplative, mystical and moral, intellectual and practical currents have all contributed to the formation of a common body of doctrine that is immeasurably richer and more balanced than the views of a single man can ever be. In it, the energetic moralism of John Chrysostom has been freed from its narrowness by the generous, genial views of Augustine. The harsh otherworldliness of Peter Damian has been softened by Thomas Aquinas' deep reverence for nature. Even though unofficial, this doctrine truly belongs to the Church rather than to any particular individuals.

The Pentecostal movement, on the other hand, has also begun to engender a spiritual doctrine of its own. However, this movement is only two generations old. Moreover, most of the spiritual writings it has produced seem to consist chiefly in the projection of a single man's experience, supplemented only slightly by the experience of a narrow circle of others with whom he has had direct contact. As a result, they usually lack the broad vision and balanced considerations characteristic of classical theology. They have the advantage, it is true, of greater liveliness and simplicity. A single-minded personal message can reach and stir people who would be quite untouched by the refinement and equilibrium of a more elaborate theology. But it is obvious that the two need not be opposed to each other. The Christian life has need of both the rich wisdom of tradition and the fire and power of fresh personal insights.

Moreover, the doctrine that is developing in the Pentecostal churches today seems to be going through stages very similar to those which occurred in the early Middle Ages when the classical doctrine was taking shape. For one thing, the excessively simplistic and narrow tracts of the first decades are already being replaced by wiser and more balanced works, which draw upon a richer experience and a fuller grasp of scripture. From Frank Bartleman (or Mrs. M. B. Woodworth-Etter) to Robert Frost, an immense progress has taken place.

What is even more reminiscent of the early Middle Ages is the rumination of scripture, that is, the practice of turning over and over in one's mind some favorite passage, exploring all its least details, lingering lovingly over every word. This practice can lead a person to read alien meanings into a text, and to lose sight of its connection with the context. The resulting misconceptions will need to be purified out of the Pentecostal exegesis as they had to be purified out of early Catholic exegesis. Nevertheless, such a procedure is the sign of a spirituality for which the Word of God is really alive and speaking, and this is the indispensable precondition for any really Christian theology.

An interesting example of this mentality is to be seen in the intense study which Pentecostals devote to the lists of the workings of the Holy Spirit that are found, e.g., in I Cor. 12:8-10, 28-30 and Gal. 5:22 ff.[10] These passages are cited and recited, discussed in sermons, posted on bulletin boards, and taught to children. Each term in them is studied and commented upon. The very same thing was also done in the early Middle Ages (e.g., by Gregory the Great), and vestiges of the practice remain in the lists of "gifts" and "fruits" of the

10. Non-Catholic Pentecostals for the most part do not seem to have paid much attention to the significance of Isaiah 11:2 (discussed above) for the work of the Spirit. If it ever comes to play a major role in their tradition, it will be interesting to compare the results with the traditional Catholic use of it.

Holy Spirit which, at least until very recently, were dutifully repeated in all our catechisms.

Finally, the mediaeval predilection for what was called the "spiritual sense" of scripture also has its counterpart among the modern Pentecostals. From the time of Origen and Augustine, it was customary to look for meanings hidden under the symbolic surface of the biblical text. The very same thing is going on, I believe, when Pentecostal preachers comment on the great characters and incidents of the bible as typological and allegorical figures from whom our lives today can draw instruction. Likewise, the practice of turning to scripture to find an answer from God to some pressing present problem is also mediaeval, and arises from the same basic motivation as the preceding, namely, the conviction that scripture is not a dead letter, but a living word of the heavenly Father to his children.

All of these practices can lead to abusive interpretations of scripture, by causing a person to read into it something it was never intended to say. Nevertheless, they are also a sign that scripture is being read *spiritually* in the most Christian sense of the word. For the word of God is indeed living and active (Heb. 4:12) and its true and deep meaning is one that can be attained only by the illumination (I Cor. 2:10) of the Spirit who inspired it (II Pet. 1:21), not by any merely natural scientific exegesis, no matter how learned.[11]

Pentecostal Closeness to God

In terms of the theology sketched above, let us examine those aspects of Pentecostal spirituality which strike people as strange. By and large, they are not matters of doctrine but of mood. We may begin with the joy and confidence to which

11. By this, I do not mean to belittle scientific exegesis, which is truly very useful and valuable, but only to point out its limits.

attention has been called already. These are among the most striking characteristics of Pentecostals of whatever denomination, and it might seem incredible that anyone could object to them. Modern scripture study has even drawn attention to the fact that joy was one of the important marks of the early Christians (Acts 2:46, 5:41, 8:39, 13:52, 16:34. . . . See also the whole Epistle to the Philippians). Nevertheless, in fact it is precisely the Pentecostal joy and confidence which seem to arouse the suspicions of some people. The latter have become so habituated to a joyless, lifeless and unenthusiastic Christianity that they unconsciously regard these qualities as properties of Christianity itself. When anything lively comes along, they recoil from it instinctively. Of such people, it can only be said that their reactions are those of the dead. They are like zombies of the Christian faith. There is no point in trying to justify the Pentecostal spirit from their point of view; one can only hope that the encounter with it, once the initial shock is over, may yet arouse some response from whatever potential of life still remains in them.

If my analysis is correct, the joyous liveliness of the Pentecostals arises from a personal encounter with God and an experiential knowledge of his presence and his workings. These people seem almost to "feel" his presence and to be led personally by him in the details of their lives. This explains the buoyancy of their faith in contrast with the hesitation, doubt, weariness and sense of isolation that cramp the religious life of so many today. Hence, it is this sense of the presence of God, and the conviction of being led by him, that we must examine in the light of traditional spiritual doctrine.

As for the former, there can be no doubt that the "practice of the presence of God," i.e., the cultivation of a constant attention to his presence, has been recognized, since very early times, as one of the most important exercises of the spiritual life.

There is, however, a subtle but very significant difference between what the presence of God means in the spiritual doctrine that has long been usual in novitiates, seminaries, and the like, and what it means for those who have shared the Pentecostal experience. The difference can be put bluntly in the following terms: the former put the accent on the *practice,* whereas the latter put it on the *presence.* That is to say, the former regard the constant awareness of God's presence as a goal to be striven for, but difficult to attain; hence they exert themselves in recalling over and over that God is here, and in frequently renewing their intention to turn their thoughts to him. The latter, on the contrary, seem to start with the experiential awareness of God's presence as the root which enlivens and gives its characteristic notes to all their prayer, love, and spirituality.

Having drawn this contrast in excessively simple terms, let me hasten to qualify it by pointing out, on the one hand, that there are many people who, by following faithfully the *practice* of the presence of God as it is traditionally taught, have indeed come to that precious grace of more or less constant awareness of his presence. Nevertheless, they constitute a small fraction of our Catholic populace as a whole, and a small fraction even of those who are more specially devoted to the life of the Spirit, e.g., by religious profession. In most of the religious communities with which I am familiar, I believe it can safely be said that the tone of thought is set by those who, in practice if not in theory, regard the abiding attention to the presence of God, as well as experiential contact with God, as goals, the attainment of which is not to be reckoned with in practice.

On the other hand, it would also be false to suppose that those who have received the Pentecostal "baptism in the Spirit" normally live from then on in an undisturbed attention to the presence of God. Besides the fact that some fall away, and others cooperate in greatly varying degrees with the grace given them, as has already been pointed out (p. 173), grace works differently in different people, and seldom remains the same even in any one person for any great length of time. The Pentecostals are not spared the trials of aridity and desolation, or the need of having to seek for God when he seems to have hidden his face. Nevertheless, it remains a fact that, taken as a group, they have a spirituality that is distinctively characterized by a keen, lively sense of his presence, which permeates their thinking, their conversations, and their activities with confidence and joy.

I have said that this *actual awareness* of the presence of God contrasts with the efforts to remember the presence of God that are characteristic of the spirituality that seems to be usual in religious houses. This does not mean that it contrasts with classical spiritual theology. On the contrary, this is a point on which the Pentecostal spirituality corresponds so perfectly with the great perspectives and promises of the classical doctrine that it gives reason to ask whether our usual practice today has not fallen far short of our own authentic tradition.

To see this more concretely, let us recall the well-known doctrine that God dwells in a special way in every soul in the state of grace, in accordance with the teaching of John 14:20-23. According to the theology of St. Thomas Aquinas,[12] accepted by the great majority of Catholic theologians, this special presence of God consists in his being an object of faith and love. For God is already present everywhere in the entirety of his substance; he cannot become more present in anyone by drawing closer or by bringing more of his being. He can become more present only in the sense that we can be put more into contact with him. This comes about by the theological virtues, whose incomparable value lies in this, as we have already noted, that they enable us to reach out as

12. St. Thomas Aquinas, *Summa Theologiae,* I, 43, 3.

it were and touch God himself. By supernatural faith and charity, we know and love God in himself, and not just as reflected in creatures. Hence this new presence of God is said to be like that of "the object known in the knower, and the object loved in the lover." This implies that God's "becoming present in us" does not involve a change in him, but in us, as we are made more alive and perceptive of him.

There is a further refinement of this doctrine which even many theologians have overlooked, but which is of burning significance for our subject. It was pointed out by John of St. Thomas,[13] and in modern times has been recalled by Gardeil[14] and, with greater precision, by Maritain.[15] That is that the new presence of God which is attributed to grace is realized fully only through the operation of the gifts of the Holy Spirit. Not simple faith, but faith irradiated by the gifts *(fides illustrata donis*[16]*)* is what gives us that contact with God that justifies our speaking of a new presence. For faith is a mode of knowledge which of itself connotes absence rather than presence, as will be testified by anyone who has seriously endeavored to live in union with God by faith. Likewise, one who is absent can still be loved. The merely intentional pres-

13. Johannes a Sancto Thoma, *Cursus Theologicus* I, q. 43, Disp. 17, art. 3. Note especially #11-14. Unfortunately, this passage does not belong to the treatise, *The Gifts of the Holy Ghost,* which has been translated into English by Walter Farrell (New York, Sheed and Ward, 1951) but to the treatise on the "Divine Missions," which has not been translated.
14. A. Gardeil, *La structure de l'ame et experience mystique,* 2nd ed., Paris, Gabalda, 1927, II, pp. 238 ff.
15. J. Maritain, *Les degres du savoir,* 4th ed. Paris, Desclee de Brouwer, 1946, ch. VI, #15. Translation, *The Degrees of Knowledge,* New York, Scribner, 1938.
16. The phrase is cited by Maritain (*ibid.,* p. 524 n.) from the Spanish Carmelite, Joseph of the Holy Spirit, (1667-1736), *Cursus theologicus mystico-scholasticus* II, disp. 13, q. 1, #3, n. 15. This work, first published in 1720-1740, and republished at Bruges 1924-1929 (ed. P. Anastasius), was not available to me.

ence of the loved one would not allow us to speak of him simply and without qualification as *present*. The new presence of God in man by grace, according to which Father, Son and Holy Spirit are said to come and make their abode in us, is an experienced presence.[17] The knowledge and love by which God is therein attained are experiential. They are brought about by the gifts (in the technical sense) and inspirations of the Holy Spirit, and specifically by the gift of wisdom. This gift consists not so much in an intellectual illumination as in a connaturality with God coming from the intimate union with him that perfect charity produces.[18]

Before this wisdom of the Holy Spirit is fully actualized, the man who is in contact with God by sheer faith (along with hope and charity) is like Mary Magdalene talking with the risen Jesus, but not recognizing him. When, however, the Holy Spirit begins by his inspirations to actualize the union latent in grace and charity, then man becomes like Mary when she recognized her Master's voice, and in a thrill of joy that can scarcely be imagined, *knew* him with whom she spoke, and exclaimed, "Rabboni" (John 20:16).

What is proper to the gifts, and especially the gift of divine wisdom, is that they entail a kind of experience of the presence of God, a genuine contact with him. This experience is not something apart from faith, or transcending it; it takes place wholly within faith, and is nothing but the full realization of the nature of faith, along with hope and charity, since these virtues have God himself as their object. But it is only under the influence of the inspirations of the Holy Spirit that these virtues attain that actual fullness of operation which justifies the notion of a new and specific presence.

Hence, when it is said that God is present in a new way

17. Cf. St. Thomas, *Summa Theologiae* I, 43, 5 ad 2. He is here commenting on a remark of St. Augustine's.
18. St. Thomas, *Summa Theologiae,* II-II, 45, 2. Cf. also I, 1, 6 ad 2.

in everyone in the state of grace, even in the infant who has not yet begun to exercise his spiritual faculties, this must be understood in what may be called a virtual[19] sense. That is to say, that the radical *power* of living in the presence of God is already given with grace. But the actual state of mind of the infant, or of the Christian in whom the gifts have not yet matured, does not of itself justify our speaking of a special new presence of God. We can indeed say that God dwells in them already, but only because the grace that is in them is ordained to and capable of an experiential contact with God that has not yet been realized.

In the light of these principles, I believe it can be said that the awareness of the presence of God which seems to be so characteristic of Pentecostal spirituality is perfectly understandable as the normal and typical effect of the inspirations and gifts of the Holy Spirit. It is not any activity on the part of man that can achieve this awareness, but only a gift of God. Only when Christ reveals himself to us by the Spirit are we placed in his presence in a way that opens a new dimension in our lives and pierces us to the heart, so that we cry, "Rabboni!" However, this gift and revelation are meant to come to all of us. Everything that goes to make up the grace of divine sonship, sanctifying grace, the theological virtues, and the gifts of the Holy Spirit, all point to this and clamor for it as their natural completion.

Furthermore, it is neither the teaching nor the implication of St. Thomas or of any other great master of the spiritual life that the abiding awareness of the presence of God is an ideal merely to be aimed at, but actually unattainable. On the contrary, these masters regarded it as the proper atmosphere for

19. I am not sure the term virtual is precisely the right one here in its technical sense; but I am not trying to make an issue of this precise word, but simply to indicate a situation that is quite difficult to define.

the development of the life of the Spirit; and if many people in the religious state today have lost the sense of the realism of this ideal, it is because they have in effect abandoned the teaching of our own best tradition. In this respect, the Pentecostal movement can be a sign from God telling us, "Remember then from what you have fallen; repent and do the works you did at first" (Apoc. 2:5).

Inspirations of the Holy Spirit

The second aspect of Pentecostal spirituality which we must consider is the conviction of being guided by the Holy Spirit. Pentecostals seek his guidance before acting; they often wait for some sign from him; and not rarely their actions are initiated, modified, or basically redirected by promptings or inspirations which they believe come from him. To some people, this way of conducting one's life seems to involve a presumptuous claim to having a kind of private pipeline into heaven.

However, from the point of view of classical spiritual doctrine, there can be no question that inspirations of the Holy Spirit are a solidly established and normal factor in the Christian life. From the New Testament, as well as from the continuous experience of spiritual men and women throughout the history of the Church, it is certain that God guides us, not only through universal laws and doctrines, but also through calls and inspirations addressed to the individual person. In fact, there is scarcely any principle of the spiritual life that is more certain than this. The practice of Pentecostals on this point, therefore, cannot be condemned as an innovation. Just the contrary; it is a confirmation of the truth and realism of the traditional doctrine. If in the ordinary religious practice of many Christians today the function of the inspirations of the Holy Spirit has been for all practical purposes neglected, it is this neglect which is an infidelity to tradition.

There is no doubt that belief in such inspirations can provide an occasion for illusions and a pretext for abuses of Christian liberty.[20] These problems, however, are inherent in the Christian life, and may not be eliminated by the suppression of one of the essential features of that life. They call for the exercise of "discernment of spirits" (I John 4:1), not for a quenching of the Spirit (I Thess. 5:19).

Moreover, the mistrust which many people feel about this doctrine can be relieved at least partially by a distinction which can be made between two types of inspiration. One type belongs to the sphere of charisms, and would include, for example, voices heard and visions seen, as those we read about in the lives of Sts. Peter and Paul (e.g., Acts 9:3; 10:11-16; 16:9; cf. 9:10). According to classical theology, this sort of inspiration is not ordinary, and I believe that the Pentecostal experience confirms this. Moreover, it is in the case of such inspirations that the spiritual masters warn us to be especially wary of hallucination and diabolical deception.

The ordinary inspirations of the Holy Spirit are of a different type. They do not involve an articulated message, but are communicated rather by way of an inclination or attraction. They may be powerful and definite, but more often they are only a gentle prompting which will be perceived only by one whose soul is truly in the hands of God. Thus, they take place in the same mode as the natural inclinations of man's conscience, from which it is sometimes hard to distinguish them. There may be nothing more than the gentle warmth and appeal of Christ's love to indicate that an attraction is from him rather than from the natural workings of the human faculties. Thus, following the inspirations of the Holy Spirit means, in effect, being attentive to the interior impulses of Christ's

20. See chapter 8.

love; it does not imply waiting for a message in words.

A second doctrine of classical theology which is helpful here is that the life of grace passes through various phases as it develops. In the early stages of the spiritual life, the inspirations of the Holy Spirit play a relatively minor and inconspicuous role. While they are not wholly inoperative, their operation is for the most part masked under the natural human processes by which man arrives at his own decisions and judgments. Even if his decisions are sometimes decisively influenced by the inspirations of the Holy Spirit, this takes place unawares.

But there comes an important turning point at which these inspirations begin to operate in a much more manifest and frequent fashion. This is when the Holy Spirit becomes in a recognizable way (John 14:17) the Paraclete, personally leading, teaching, and strengthening the soul, as Christ announced that he would. He has been there all along, like a mother protecting and helping a self-willed infant who is not even aware of what she is doing; but now the child becomes aware of the one who is caring for him, and begins much more consciously, willingly and receptively to attend to the gentle suggestions he receives from her.

It is at this point that the beginnings of infused contemplation normally occur. This is simply a form of prayer in which God draws the soul gently but powerfully toward himself, enabling it to repose quietly and lovingly in his presence, as it is quite unable to do through any effort of its own. Before this grace is given, a person must make an effort to raise his heart and mind to God. He experiences a kind of heaviness in his soul, which makes it extremely difficult to keep it raised aloft very long. But with the grace of contemplation, the soul finds itself drawn to God by a gravitational attraction that pulls it upward instead of downward. Prayer, instead of being a burden and an obligation, becomes that refreshment which

Christ promised: "Come to me, all you who labor and are heavy-laden, and I will give you rest" (Matt. 11:28).

This infused contemplation is, if my understanding is correct, substantially identical with the awareness of the presence of God spoken of in the preceding section of this chapter; and the two of them together are a direct and proper effect of the working of the Holy Spirit. Thus it is at one and the same phase of development that the inspirations of the Holy Spirit, the experience of the presence of God, and the grace of infused contemplation become manifest. (This perhaps explains why, at the Last Supper, in explaining to the apostles that he was not going to leave them orphans, Christ passed back and forth between assuring them that he and the Father would come to dwell in those that love him (John 14:21-23), and promising to send the Holy Spirit to teach them all things (John 14:16-17; 26). The indwelling of the Father and Son, and the coming of the Paraclete, are in reality one and the same thing. It is by the mysterious teaching and illumination of the Spirit that loving faith is quickened to the point at which it *knows* the Father and Son through the experience of their effects in the soul—above all the effect of peace (John 14:27).

The entrance into this phase of the spiritual life has been analyzed at great length by St. John of the Cross. It was precisely for people at this stage of development that he composed *The Ascent of Mount Carmel*[21] and "The Night of the Senses,"[22] a point that should never be overlooked by his

21. St. John of the Cross, *The Ascent of Mount Carmel.* See the prologue and chapters 11 and 12 of Part II.
22. This treatise forms Book I of *The Dark Night of the Soul.* The first seven or eight chapters (depending on the edition used) "touch upon certain characteristics of beginners" (ch. 1); in chapter eight (or nine), the saint explains that it is his intention to treat briefly the purification of the senses, on which many treatises are to be found, so that he can concentrate on the night of the spirit (in Book II), which had seldom been treated by writers before him.

readers, because the practical recommendations he makes are in many cases quite unsuited to other stages of development. It should be stressed, moreover, that this development follows quite diverse patterns in different people. In some it occurs early, in others late; in some it is abrupt, in others more gradual. However, it is not rare for it to be marked at one point or another by some very manifest operation of grace—perhaps a great inrush of heavenly consolation following upon a long period of darkness and anguish; perhaps a kind of revelation of the glory of God transfiguring all creation; perhaps an experience of being immersed in the presence of God as if in a river. These experiences can serve as points of comparison for the "baptism in the Spirit" that figures so prominently in the Pentecostal movement. But before turning to that, there is another topic we must examine.

The Charisms

The third aspect of Pentecostal spirituality that must be considered here is the role played by the charisms. It is on this point above all that the Pentecostal and classical spiritualities contrast. The prominent place which the charisms held in the life of the primitive Church was gradually lost during the course of the second century. Classical spirituality grew mainly out of the doctrine and experience of later epochs: those of the Fathers, the scholastics, the mystics, the *Via moderna,* and the various schools that have emerged since the 16th century. In this spirituality, the place assigned to the charismatic has been very slight, and progressively less and less.

Never, however, was it totally absent. The early Middle Ages maintained a lively awareness of the reality of the miraculous and of the diabolic, which modern rationalism has too easily dismissed as simple credulity. The wave of mysticism which arose in the 12th century and peaked in the 14th and 15th drew attention (although only incidentally to the union with God which was its main concern) to another aspect of the charismatic—the role of visions and revelations. In the post-Reformation era, the Catholic Church stoutly defended the genuineness of the charismatic and the mystical in the face of the Reformers who looked upon them with scorn. In recent years, Lourdes, Fatima, Beauraing, Banneux, and countless other places where Mary has appeared to bring the grace of healing to pilgrims have maintained the role of the charismatic in still another form.

Likewise, there have been charismatic personalities in every epoch. Some of them had far-reaching effects on the life of the Church in their time, and even on the spiritual development of subsequent ages. Names such as those of St. Martin of Tours (d. 397), St. Bernard (1090-1153), St. Francis of Assisi (1181/2-1226), St. Catherine of Siena (1347?-1380), St. Margaret Mary (1647-1690) or the Cure of Ars (1786-1859) are still remembered today, and hold important positions in history. These are only a few examples out of a very long list. There have been many others whose mission was not to the universal Church, but to some restricted region or brief particular epoch. Their names are known only to scholars who research documents buried in the *Monumenta Germaniae Historiae* or the like; but they too were links in the maintenance of charismatic activity as an abiding and permanent factor in the growth of the Church.

The difference between the role which the charisms have played throughout the greater part of the Church's history, and that which they are taking on in the Pentecostal movement, seems to lie in this: in the past, they have been associated with extraordinary personages (or privileged places), whereas in the Pentecostal movement they appear as ordinary endowments of the (local) community. There is a double contrast to be noted here: between the ordinary and the extraordinary, and between the community and the individual person. In the past, charisms were seldom found in anyone except a person of outstanding sanctity, and one called to play an outstanding role in the Church (even if only a local church). Now, however, they are appearing in people who seem to be quite ordinary in both regards. Likewise, in the past the charisms seem to have been associated mostly with individuals, not with communities (except for certain very remarkable cases, such as the first Franciscans); now, however, it appears that the charisms are associated more properly with communities. They reside, of course, in individuals; but the individual seems to have them by reason of the community, to which he is called to minister.

Since, therefore, the charisms have taken on in the Pentecostal movement a role and an importance which they did not have in the Christian life during those centuries when the classical spiritual doctrine was being formed, one is naturally prone to expect that with regard to them at least the Pentecostal spirituality would clash with the classical. Close study of the matter, however, leads to a very different conclusion.

On the theoretical level, the classical doctrine, as formulated by St. Thomas Aquinas,[23] defines the charisms (i.e., *gratiae gratis datae)* as graces given primarily and directly, not to sanctify the recipient himself, but in order to help him bring others to union with God. This accords with the practice of the Church, which has always refused to consider charisms as a proof of sanctity.

Pentecostal spirituality, in its practical attitudes, is fully in accord with this view. Over and over in its literature and sermons one hears that the "spiritual gifts" are not given for oneself, but for the service of others. And the fact that in the

23. *Summa Theologiae* I-II, 111, 1. Besides this question, to get the full doctrine of St. Thomas on the charisms, it is necessary to read II-II, 171-178, where the individual charisms are treated.

Pentecostal movement the charisms have again become *ordinary* endowments of the *community* harmonizes much better with the Thomistic doctrine than does the experience of the past in which the charisms occurred almost exclusively in the lives of extraordinary saints!

Here it is interesting to note that the charismatic renewal is taking place at the very same time that a deep and lively sense of Christian community is sweeping through the Church (expressed, for example, in a powerful urge toward the formation of small communities). The Thomistic doctrine, that the charisms are for the sake of others, explains the connection between charisms and community, and compels us to ask whether these two developments are not complementary aspects of a single renewal action of the Holy Spirit. Furthermore, the charismatic and communitarian renewals, when thus viewed together in the light of Thomistic theory, correspond fully with the teaching of Ephesians 4:7 ff.: "Grace was given to each of us according to the measure of Christ's gift. . . . And he gave some as apostles, some as prophets, some as evangelists, some as pastors and teachers, for the equipment of the saints, for the work of ministry, for building up the body of Christ."

A second point of Thomistic doctrine (implicit in the first) is that the charisms are subordinate to those gifts and graces which *per se* sanctify (namely, sanctifying grace, actual grace, the infused virtues and the seven traditional "gifts of the Holy Spirit"). This is because the purpose of all the gifts and graces of the Holy Spirit is the direct, personal union of man with God. Consequently, those gifts which actually bring this about, or help to constitute it, are of greater worth than those which contribute to it only indirectly and remotely, e.g., by empowering a man to be a better witness to others.[24]

24. This doctrine is nothing other than the expression, in theological language, of St. Paul's teaching that without charity, tongues,

This hierarchy of values, which St. Thomas puts in a theoretical mode, has been rediscovered through personal experience by many Pentecostals who knew nothing whatever of Thomistic theology. They put it in different terms, of course. For example, they will say that the gift of tongues and the other charisms are not ends in themselves, but their purpose is to cultivate in us the "fruit of the Spirit," namely, love joy, peace, patience, etc. (Gal. 5:22). Likewise, it is widely recognized among the Pentecostals that the so-called "ministry gifts"—i.e., gifts meant to give power to a person's apostolic efforts—even though they are from the Holy Spirit, can be misused if they are not directed by love and wisdom. (The term *ministry gift,* it should be noted, is an excellent modern equivalent for the Thomistic *gratiae gratis datae.)*

It is true, as we have seen, that many Pentecostals attach excessive importance to the charisms. Whether they admit it or not, they look upon the charisms as the highest gifts of the Holy Spirit. They are more interested in prophecy, healing and tongues than they are in brotherly love and heartfelt prayer. They judge the quality of a prayer meeting by the amount of charismatic activity that has gone on in it, rather than by the intensity of prayer. However, this fault is not endemic to the Pentecostal movement as such; it comes from the human proneness to chase after signs and wonders. Christ and St. Paul already had to contend with it. This is an area in which the Thomistic theology, by the clarity of its view and the firmness of its principles, can help to direct and purify the Pentecostal movement.

On the practical level, the classical doctrine on the charisms has been formed chiefly by St. John of the Cross. He had

---

prophecy and all the other charisms are worth nothing (I Cor. 12); for the gifts which sanctify *per se* are all, at bottom, functions of charity.

an extensive experience with this matter both in his own life and in the lives of those for whom he served as spiritual director. His *Ascent of Mount Carmel* devotes a lengthy treatment to the charisms (Book III, ch. 29-31). The stand that he takes is predominantly negative: i.e., a warning against the harm that comes from rejoicing excessively in the possession of such gifts. The one who does so, he says, leaves himself open to deception, either by the devil or by his own imagination; in relying on these charisms, he loses some of the merit of faith; and finally, he is tempted to vainglory. Similarly, when St. John discusses supernatural communications that come by way of visions or words, particularly those that are perceived by the imagination or the bodily senses (Book II, ch. 14-20), he is mainly concerned to warn against the dangers of deception and of excessive attachment. He condemns the practice of seeking to obtain information from God through persons favored with such communications (ch. 20). Even when God answers the queries that are thus addressed to him, declares the saint, he does so out of condescension for our weakness, and not because he is pleased to be thus questioned. Reason, the gospel and the law suffice to give us the guidance we need, and God prefers that we go by them (ch. 19).

If there is anywhere that Pentecostal spirituality seems to conflict with the classical, it is here. Nevertheless, I believe that even here, right understanding will dissipate at least the greater part of the conflict. St. John was not trying to write a complete and integral treatise on the charisms, but was dealing with them only from a very restricted point of view. In the first place, he is concerned with the "night of the spirit," that is, the purification which the intellect (Book II), will and memory (Book III) must undergo in order to attain perfect union with God. Faith alone is the "proper and proportionate means" by which this union can be attained, he insists (II, 7 and *passim*). In order that the soul may adhere to God in pure faith, it must be detached from every good that is not God, and from every light other than faith.[25]

Thus, St. John is not denying the value of the charisms. He acknowledges expressly that they come from God, and are given for the service of others (III, 29). Likewise, he recognizes that God instructs the soul about many things by means of visions and kindred communications (II, 15). But his point is that such things do not of themselves bring a person into union with God, and that the excessive attachment which they easily arouse interferes with that pure faith which is the only means of union with God. Seen from this point of view, St. John's doctrine does not represent a view incompatible with the Pentecostal movement, but a warning that can be useful to the movement precisely because of the charismatic riches of the latter.

A second limitation on the doctrine of St. John is that he treated the charisms exclusively in view of the role they play in the spiritual development of the individual, and not of their role in the community. He recognizes that the charisms are given for the service of others, as we have just seen; but he does not treat them under that aspect. He lived at the dawn of the age of individualism; his life (1542-1591) spanned the gap between Luther (1483-1546) and Thomas Hobbes (1588-1679). His times lacked that acute consciousness of the meaning and exigency of community that are a privilege of our day. In the perspective of an individual life, abstracted from its role in the community, the charisms do indeed appear as "extraordinary phenomena"—the category in which most authors since John of the Cross have been accustomed to place them. But if it be granted that it is only in relationship to the community that the charisms have their full meaning, then one can see that the teachings of John of the Cross, while true

25. This does not mean, however, that the light of natural reason must be in any way put out. Reason is presupposed by faith.

enough as far as they go, are not sufficient for a full regulation of the charisms, especially in our age.

There is a remarkable confirmation of this position in a text of Vatican II:

> These charismatic gifts, whether they be the most outstanding *(clarissima)* or the more widely diffused, are to be received with thanksgiving and consolation, for they are exceedingly suitable and useful for the needs of the Church. Still, extraordinary gifts *(dona)* are not rashly *(temere)* to be sought after, nor are the fruits of apostolic labor to be presumptuously expected from them.[26]

Besides being a forthright, authoritative statement of the value and utility of the charisms, this text is remarkable for the carefully qualified mode in which it reechoes the warnings of John of the Cross. Instead of declaring simply that extraordinary gifts ought not to be sought for *at all,* as much modern spiritual literature might have led us to expect, the Council more moderately warns against seeking them *rashly*. What led it to make this surprising qualification? I have not been able to determine who, on the human plane, was responsible for it. But one who believes that the Holy Spirit works also through the episcopal college (cf. Acts 15:28) can hardly fail to be impressed by the fact that this statement came just at the moment when the Pentecostal movement was about to make official directives on this point necessary. This document stands as a sign that the Church itself recognizes that we have entered into an age in which the charisms have a greater role to play than in the days of John of the Cross and his disciples.

In summary, we can say that, on the theoretical level, the

26. *Dogmatic Constitution on the Church (Lumen gentium),* #12. The documents of Vatican II, ed. W. M. Abbott, Guild Press, New York, 1966, p. 30.

classical spiritual doctrine on the charisms harmonizes very well with Pentecostal spirituality—much better than it does with the relatively uncharismatic experience of the usual Christian life today. On the practical level, the classical doctrine is not adequate for the full life of the charisms, but is sound as far as it goes and can still teach the Pentecostal movement much that is useful.

On the other hand, classical theology also has much to learn from the Pentecostal experience. This applies above all to the practical level, but also to the theoretical. Especially on the subject of the nature of the individual charisms and the concrete conditions of their exercise, classical theology is quite rudimentary and defective. For example, the gift of tongues was completely misunderstood by the Fathers of the Church, who supposed that it was the miraculous power to communicate in a language one had never learned. This misconception has persisted ever since, as St. Thomas himself is a witness.[27]

Likewise, the gift of prophecy is understood by St. Thomas to consist chiefly in knowledge received by the prophet through a revelation.[28] When a person is moved by the Holy Spirit to say something, but does not know fully the significance of his message, this is, according to St. Thomas, not "perfect prophecy but a kind of prophetic instinct."[29] The Pentecostal experience, however, would seem to indicate that ordinarily the gift of prophecy functions in the latter mode.

There are other charisms also about which classical theology was unable to say much, because the bible gives so little information about them. Such, for example, are the "word of wisdom" and the "word of knowledge" mentioned in I Cor. 12:8, but nowhere else referred to in scripture.[30] It is to be

27. St. Thomas Aquinas, *Summa Theologiae,* II-II, 176.
28. *Ibid.* II-II, 171, 1, and 173.
29. *Ibid.* II-II, 173, 4.
30. It is a classical question among exegetes whether they are fully distinct from one another, and if they are, whether the distinc-

expected that experience of them will do much to clarify their nature.

The Baptism in the Holy Spirit

For many people, the strangeness of Pentecostal spirituality lies above all in the stress it lays on the "baptism in the Holy Spirit." For example, some will object that although they have studied religion, and perhaps even theology and spirituality, for years, they have never heard of the baptism in the Spirit before. But in the Pentecostal movement, it is spoken of constantly as a crucial topic: those who have not received it are encouraged to seek it; those who have already received it tend to measure their life from it as a decisive turning point and the real beginning of their new life in Christ. Does this fact not imply a basically new conception of the spiritual life?

It is true that the term, *baptism in the Spirit,* although biblical, has never been much used in classical theology. It occurs occasionally in some authors, but is not a standard designation for a distinct stage of spiritual growth. The Holiness churches in 19th-century America seem to have been chiefly responsible for drawing attention to the term,[31] and their preoccupation with it was one of the main roots of the Pentecostal movement, in which the baptism in the Spirit is thought to be the true introduction to what may be called life in the Spirit, and a phase through which every Christian life is meant to pass.

However, the use of a new term does not create a problem (above all when it is a biblical term!). The important question is whether this new terminology reflects a radically new con-

tion corresponds to that between apostles and teachers in v. 28, where approximately the same list is repeated, but with perplexing alterations.

31. Cf. Klaude Kendrick, *The Promise Fulfilled,* p. 33; F. D. Bruner, *A Theology of the Holy Spirit,* p. 43.

ception of the spiritual life. As I see it, there is nothing substantially new in what is called the baptism in the Spirit, but there is something new in the circumstances and mode of its occurrence. Substantially, it is an experience of the presence and action of the Holy Spirit. Such an experience is the normal flowering of the life of grace, a fulfillment of our status as sons of God; it is called for by the very nature of grace, the theological virtues, and the gifts of the Holy Spirit. Once one has taken full cognizance of the New Testament teaching on being born again of the Holy Spirit, and on being the temple in which he dwells, it is not the experience of this great mystery of faith that requires an explanation, but the fact that so many Christians seem to lack this experience. And as will be pointed out below (p. 276), such experience may not be as rare as is sometimes assumed.

But I do not mean to imply that any religious experience whatsoever can be identified with the baptism in the Spirit. It seems clear that the latter is a somewhat more specific type of experience. It is a turning point in one's spiritual development; it is the beginning of, the entry into, a new regime of life in which one is led and strengthened and enlightened by the Holy Spirit much more effectively and manifestly than before. On the other hand, the baptism in the Spirit is not so determinate an experience that one can say it is the same in everyone. As was pointed out in chapter 5, it seems to take on quite different modalities in different people. The one thing that seems to be common and specific is that with the baptism, the fruits and inspirations of the Holy Spirit begin to play a more manifest role in one's life.

Now it is a common phenomenon of the spiritual life for new phases to begin with a kind of Pentecost. In the lives both of individuals and of communities, it often happens that when God is introducing them to a deeper level of union with him, he begins by giving them a very powerful and manifest experience of this new way of life. It serves both as a sign that something new is beginning, and as a kind of type according to which they must try to live from now when the initial Pentecostal experience has passed.

What has just been said holds especially for that turning point described above, from a regime of life in which one is his own master and guide to one in which he is led more and more by the inspirations of the Holy Spirit. The transition often begins with a period of bewilderment and anguish, in which a person does not know where he is going or what is happening to him, and it often terminates in a flood of divine grace which leaves his cup filled and running over with the peace and joy of Christ, that are a sign that God is with him, that he has taken the right path through the trackless wilderness he just traversed, and is drawing near to the land of promise. This is a common experience of Christ's faithful disciples down through the centuries, and, if my understanding is correct, this is substantially the nature of the baptism in the Spirit.

What is new in the Pentecostal movement is that the baptism in the Spirit appears not merely as an event in the development of an individual soul, but as something communicated from one person to another or, more often, from the community to the individual. While it is certainly only Christ, and not any man, who can baptize with the Holy Spirit; and while the reception of this baptism depends crucially on the faith and prayer of the individual recipient; nevertheless, in a very real sense, people do "give the Holy Spirit" to one another, i.e., impart to one another the baptism in the Spirit.

But even this is not altogether new. Besides the fact that it corresponds to what we see happening in the primitive Church (Acts 8:15, 19:1-7), there have been throughout the Church's history individuals gifted with a special charism for bringing others into contact with God. What is distinctive in the Pentecostal movement is both the large number of individuals who have such a charism, and still more the fact that there is no need of such charismatic individuals. By that, I do not mean to minimize in any way the value of this charism, which is undoubtedly playing an important role in the spread of the movement. What I want to point out is that the "pneumatic wave," so to speak, that is going across the world today does not appear to be primarily the work of outstanding individuals, but something that quite transcends them. It is Christian communities, much more than outstanding individuals, that impart the baptism in the Spirit. There is a parallel here to the connection between the charisms and the community that was observed above.

In other words, what is new is not the baptism in the Spirit, but the fact that it seems to be a thing of the Christian community to a degree that never before was the case. The community is being renewed by it, and the community is the agent or the medium of its transmission. Moreover, individuals seem to be receiving the baptism not so much because they are particularly deserving individuals (although they do have certain requirements to meet), but because of their association with a charismatic community.

Hence, the question that needs to be asked is not about the *orthodoxy* of the baptism in the Spirit, which really poses no serious problem, but about the way it is taking place in our time. What accounts for this association of the baptism in the Spirit with the Christian community, whereas before it was merely a phase in the spiritual development of individuals? Also, why is this grace being given today apparently much more lavishly and frequently than in previous centuries? These are matters for speculation which I will not venture into here, except to point out that as regards the first point especially, this development harmonizes perfectly with the growing modern awareness of the meaning and need of community mentioned above. Among Christians, in particular, there has suddenly developed an acute distress over the lack of genuine community in Church life today, and there has emerged a conscious, articulate, and surprisingly confident determination to realize such community on an authentically Christian basis.

We have examined the four chief points on which Pentecostal spirituality might seem strange and unorthodox: its sense of the presence of God, its reliance on the guidance of the Holy Spirit, and the large roles played in it by the charisms and the baptism in the Holy Spirit. On each of these points, close examination has shown that Pentecostal spirituality is in deep accord with the spiritual doctrine that has become traditional in the Church's thought and life.

In sum, there is no substantial clash between Pentecostal and classical spirituality, but rather the exciting and exhilarating confirmation that fresh experience always brings to soundly established principles. The impression of a clash stems from three sources. On the one hand, the habits, attitudes and standards that are usual in much of the Christian life today, and which many people take as their criterion in judging the Pentecostal movement, often do not represent classical spirituality at all, but rather a half-hearted, compromised degeneration from it. On the other hand, Pentecostals are guilty of many exaggerations, oversimplifications and personal quirks that do not come from the authentic Pentecostal spirit, but from the human subjects that embody it. Finally, there does seem to be a new thing taking place in this movement, in that the Holy Spirit is using the charisms and communitarian values to a degree not seen since the primitive Church. But even this which is genuinely new accords with classical spirituality much better than does the lifeless, spiritless routine of much conventional Catholicism.

8

Dangers Inherent in Pentecostalism

Even when the Holy Spirit is the root power that has stirred up a movement, not everything in the latter can be attributed to him. When God acts in human history, his impact is refracted by human matter, and the energies thus released continue an operation of their own which may not always be according to his will. The gifts he has conferred may be exploited for wrong motives or in mistaken ways, and the genuine imitated by counterfeits. Yet all these things of such diverse values are mingled together concretely in the human reality of a "movement," and can hardly be separated from one another. Thus, the Pentecostal movement, even though it seems to be the work of the Holy Spirit in its root and principal impulse, is also a complex melange of human energies that in part correspond to the Spirit's plan, but in part deviate from it, conflict with it and counterfeit it.

Here and in the following chapter the chief dangers and problems which are beginning to appear in this movement will be considered.

1. Illuminism

Strictly speaking, illuminism refers to a false claim to be enlightened and directed from on high. It is typified by the

Spanish *alumbrados* of the 16th century (or at least by the image that history has given them), and is represented in every age by religious people who, on the grounds that God is leading them in a privileged and interior way, regard themselves as freed from submission to the authority of human society or the Church. Often they have a keen spiritual sensitivity, and perhaps rich graces. They give promise of advancing to great spiritual heights and leading others with them. But due to some subtle form of pride or self-will, they cannot submit to the human ministry and sacraments through which the Spirit of Jesus is imparted. In a kind of renewal of the sin of Lucifer, their spiritual gifts make them closed to the divine Spirit.

With illuminism in this strict sense, however, may be associated a raft of other aberrations that are more or less akin to it.

There is the person who cannot tell the difference between submitting his judgment to the Holy Spirit and simply failing to exercise judgment at all. Usually such a one is already used to being laughed at and taken lightly. The notion that he is being led by the Spirit furnishes him with a device for transforming his defects into mysterious powers and shielding him against criticism. And since the people who take part in prayer groups generally tend to be gentle and understanding toward those who have problems, their company is like an oasis in the harsh desert of human society for such a man.

Secondly, there is the person who has an unhealthy ambition for the role of religious leader. He experiences an exultation and sense of power in standing before others as God's representative and by his rhetoric stirring their emotions like a musician playing an instrument. There is a slightly different type who affects the role of prophet; he loves to cloak himself in the aura of divine mystery while others encircle him with awe as they await the heavenly messages expected from his lips.

Finally, there are people inspired in greater or lesser measure by an evil spirit rather than the Holy Spirit.

The danger of encouraging such aberrations is very real, not only in the Pentecostal movement, but in any attempt to live a truly spiritual life. It is a danger inherent in the very essence of Christianity. Whenever it is recognized that the Spirit of God is imparted to man as a source of strength and guidance superior to natural reason, one must be prepared to contend with people who will use the Holy Spirit as a cover for irrationality or wickedness. But this danger cannot be eliminated except by the suppression of a doctrine which is essential to Christianity and is in fact its supreme treasure.

Let us not forget that many other Christian doctrines also have dangers inherent in them. The doctrine of the sacraments can lead to a superstitious or mechanistic religious attitude. The remedy does not consist in suppressing the sacraments, but in fostering an authentic sacramental spirituality, which will overcome the dangers by its very own vigor. So in the present case, the fundamental safeguard lies in cultivating a true responsiveness to the Holy Spirit.

In addition, however, there is also need of firm pastoral authority in order to counteract aberrations. Otherwise, there may arise situations in which serious harm will be done because of some badly inspired action or remark. A single wrong person is sometimes capable of ruining a prayer meeting and even of breaking up a community. By his untimely or unspiritual remarks, he can destroy the atmosphere of prayer or interfere with the movement of the Spirit; by his unwise exhortations he can mislead some and disturb others. He can make the meetings so unpleasant that many people will stop coming to them, or make such a bad impression on visitors that they will reject the whole movement. By turning people against one another, he can split the community into cliques and factions and thus dissolve it.

Obviously, not every error needs to be corrected. Patience, tolerance and understanding need to be practiced by everyone who takes part in a prayer meeting. But there do arise problems which need to be dealt with definitely, firmly and promptly. For this, leadership and authority are indispensable, because the group as a whole is not capable of such action.

How authority is to be established, and what forms it should take, are questions about which it is impossible to say anything very specific here. The Pentecostal movement has tended to avoid organization and officialdom as much as possible, in order to encourage the fullest possible freedom and spontaneity. Nevertheless, some form of leadership and acknowledged authority seems eventually to emerge in the prayer groups everywhere. When and how they are to be exercised depend on particular circumstances. Moderation and tact should obviously be employed as much as possible. But it is essential to recognize that to fail to act with firmness where this is called for, out of a misguided sense of charity, is to leave the community exposed to serious harm.

The problem of spurious spirituals in the Pentecostal movement is not, however, nearly so great as is generally anticipated. The majority of people who come to the prayer meetings are sincerely in search of a deeper union with God, and their right orientation tends to set the tone of the meeting. Those who come looking for excitement or the gratification of some pseudo-spiritual urge often depart on their own volition. Prayer meetings are liable to be quite dull for one who has not a genuine sense of prayer. They require love, self-forgetfulness, humility, and recollection—precisely the qualities which are generally lacking in the false mystic.

It should also be noted that personality defects do not exclude a person from receiving the gifts of the Spirit. In fact, they can even help, both by making him more humble, and also because the Spirit often comes to aid us in our defects, whereas he doesn't give gifts that we don't need. Hence, the fact that someone is excessively emotional, or lacking in sound judgment, is not of itself grounds to exclude him from the prayer meetings. If he is open to the Spirit, he may be more abundantly blessed than others who have a more fully integrated natural personality. It may also be that his very psychic troubles will be healed, in whole or in part, by the Spirit. Grace does not only build on nature, it also comes to heal the defects of nature. Many people who were insecure, or who had never really known human trust or love, have come to know these things first supernaturally through the Spirit, and as a consequence found their human attitudes and relationships restored.

However, there is a real problem here, because not everyone is thus open to the Spirit. Some disturbed people are responsive only to the human factors in the prayer meetings and are likely to misinterpret even these. Such people may be adversely affected by prayer meetings. This is especially the case with those subject to illusions and hallucinations, and people who are excessively emotional. They need to learn to govern themselves by reason, and there is danger that they may use the Holy Spirit as a cover for what really amounts to surrendering to a vivid imagination or the dark forces of human nature. It is better for the prayer meeting, and for such persons themselves, that they not be admitted to it. And if they are excluded (or counseled not to come), one need not fear that they are being cut off from the Holy Spirit. He does not need the prayer meeting as the medium for his communication.

2. *Charismania*

Charismatic action and lay religious leadership are two features that strongly mark the Pentecostal movement. Both are in accord with the most authentic traditions of the Church as well as with the most modern religious developments. When carried too far, however, they turn into the deformities of *charismania* and *paraclericalism.*

"Charismania" consists in attributing excessive importance to the charisms. It has two forms, of which the first is the mentality which regards the charismatic as the sole or principal criterion of spiritual excellence. Thus, there are people who in effect identify spiritual growth with a more abundant exercise of charisms. The persons they admire and aspire to imitate are those whose charisms are the most spectacular. They forget that love alone is the measure of Christian spirituality. They know nothing of that life which is "hidden with Christ in God" (Col. 3:3) through the humility and meekness learned from the Savior (Matt. 11:29).

The same people are prone to evaluate prayer meetings by the amount of charismatic activity that occurs in them. When there have been several prophecies and perhaps a healing, they think the prayer meeting was great; whereas when nothing but prayer occurs, even though it has been a very deep prayer, they are disappointed.

To counteract this misconception, it needs to be stressed constantly 1) that the charisms are not goals in themselves, and are not given simply to be enjoyed, but are intended to promote the growth of love; 2) that a single moment of deep prayer is worth infinitely more than the most spectacular miracle or amazing prophecy. For true prayer is actual union with God, and this is the goal to which the charisms are subservient. The charisms can be abused (Matt. 7:22), but prayer cannot;[1] 3) that there can be deep spiritual life in one who has no (preternatural) charisms, and spectacular charis-

1. It is, of course, possible to use prayer as a pretext for neglecting one's duties. But in such a case, the prayer is not genuine. It is only a semblance just as external as the charisms, and hypocritical besides. That is why in the text I speak of *true* prayer.

matic works in one who is an enemy of Christ as was pointed out in the preceding chapter.

The second form of "charismania" consists in expecting charismatic activity to take the place of the natural exercise of the human faculties or the ordinary workings of Church office. Thus, there are people who want their entire lives to be guided by heavenly messages and revelations, and hence neglect the planning and deliberation that are within their power. Some people want all sicknesses to be healed miraculously, and refuse to see a doctor or to take medicine. On similar grounds, others would like to see theological study and sermon preparation replaced by a kerygma of purely charismatic inspiration, and the institutional offices in the Church, of bishop, pastor and clergy, replaced by a purely charismatic leadership.

Christ, however, did not build his Church on the charisms. He built it, in the first place, out of human beings. The natural human faculties of mind, will and emotions, as well as the cultural and social achievements that proceed from them, are not meant to be displaced by supernatural powers, but are themselves to be integrated into the fullness of the Kingdom of God and the Body of Christ. After all, man's natural faculties are gifts of God just as truly as are the charisms.

Secondly, Christ built a church structured upon offices appointed by him, not determined by the charisms. Not one of the Twelve had manifested any charismatic powers before Christ gave them their apostolic mission. Similarly, when it became necessary to find a replacement for Judas, the apostles did not wait for a charismatic figure to emerge, but selected the man who seemed best qualified, and appointed him (Acts 1:15-26).[2]

2. The fact that they cast lots in selecting Matthias over Joseph Barsabas does not affect the issue here. The point is that the man was appointed to the office by those already in authority; he did not establish himself in a position of leadership by his charismatic or other gifts.

But in this Church, composed of human beings, and given its structure by offices instituted by Christ, there also occur the charisms. These are free, unpredictable workings of the Spirit, that do not arise out of the natural resources of the human psyche, nor from the authoritative initiatives of the hierarchy, but from the direct intervention of the living Lord who wishes to demonstrate that he is still sovereign over nature and over the Church.

There are, therefore, three distinct sources of energy and activity in the Christian life: natural, ecclesiastical and charismatic. The natural includes all that arises from human nature. The ecclesiastical includes all that arises from Christ's institution. The charismatic, finally, includes that which arises from the free inspiration of the Holy Spirit.[3] Not one of these is meant to replace the others, but each has its own proper function.

3. *Paraclericalism*

One of the most striking and promising developments in Church life today is the rediscovery of the priesthood and apostolate of the laity. The charismatic renewal brings a powerful support to this development, for it is precisely the role of the charisms to equip a person for a religious ministry in the Church. It has already been pointed out, in chapter 5, that many lay people, by the charisms they have received, seem to be called to, and are in fact developing, a distinct ministry of teaching, preaching, prophecy, counseling, etc.

This development is fully in accord with the nature of the Church, and is a healthy reaction to the excessive clericalism of the past. Nevertheless, it can be carried too far, in which case it leads to what may be called *paraclericalism*. This is by

3. I am using the term *charismatic* here in a broad sense, to denote the entire operation of the Holy Spirit apart from Church office and sacraments. On p. 188, the term was defined in a much

no means the same thing as anticlericalism. The latter is a resentment against the clergy springing partly from their faults, and partly from the pride of a man who is unwilling to submit to spiritual office and authority in another. Pentecostals are, on the whole, among the least anticlerical people in the Church today. It is usually a joy for a priest to work among them, because their appreciation of the Word and sacraments he brings them has been heightened by the Holy Spirit. They generally welcome priests with an unfeigned affection and reverence that is not less real because it is more fraternal.

"Paraclericalism" occurs when lay religious leadership develops in such ways as to duplicate or supplant the functions proper to the ordained clergy. If allowed to develop to its full term, it would reduce the latter to a kind of ceremonial or sacramental chaplaincy, while the active work of evangelizing, teaching, pastoring and the like would be exercised by charismatic leaders.

It is inevitable that this problem should arise, since many charisms received by the laity do correspond closely to functions of the ordained priesthood. Furthermore, it must be admitted that the clergy have too often been remiss or ineffective in the exercise of their office, so that zealous laymen find themselves compelled in a sense to fill in for them. Nevertheless, it is always an unhealthy disorder for the functions proper to one organ to be duplicated or taken over by another. Both office and charism have their proper function and are meant to complement, not replace, one another.

The ordained priesthood is an office deriving from the commission given to the apostles. It comes, therefore, from Christ's institution, and constitutes a permanent structural element of the Church.[4] Charisms, on the other hand, represent

stricter sense, as denoting that work of the Spirit intended primarily for the sanctification of others rather than the subject.

4. This office is, of course, subject to considerable modification.

the free inspiration of the Spirit, who breathes where he wills, independently of any office. Both office and charism are used by Christ in ruling the Church. Likewise, the Holy Spirit sanctifies the Church through both, but the manner of operation differs.

Both the ordained priest and the charismatic are used by Christ and the Spirit as instruments, but in different ways. Holy Orders makes its bearer the personal representative of Christ. He is empowered to act, according to the traditional phrase, *in persona Christi*—in the very person of Christ. Not only when he consecrates the Eucharist or absolves from sin does he act in the name of Christ, but whenever he preaches or blesses or in any other way exercises a priestly function.

The charismatic, on the other hand, is the bearer of a *power* of Christ that is not conferred by Holy Orders. He has not the authority to speak or act in the name of Christ as the priest does, but he does speak or act with a spiritual power that establishes itself by its very efficacy.

Thus, although they are closely bound up with one another, the cleric and charismatic have distinct functions, neither of which can replace the other. Catherine of Siena was a charismatic sent by God to bring Pope Gregory XI back to Rome. But she could not replace him as pope, any more than he could do for himself that which the Spirit of God was doing through her. Each respected the gift and function of the other. So likewise today, the ordained priest and the charismatic layman are called to collaborate with one another in fraternal love and mutual respect for the building up of the body of Christ. Only harm will result for the body if either the priest

While the history of the development of office in the first two centuries is poorly known and quite confusing, it is clear that the distinction we now make between bishop and priest arose only later and gradually. (Cf. Y. Congar, *Lay People in the Church*, Newman, 1965, ch. 4.) But this in no way affects the principle of the permanence of the office instituted by Christ.

looks jealously on the charismatic as a competitor, or the charismatic disdains the priest as a functionary.[5]

There are, it is true, some historians who hold that all leadership in the primitive Church originated charismatically, and that the offices of bishop, deacon, and eventually all the orders, were nothing but institutional attempts to regulate or replace the charisms. I believe, however, that the balance of historical evidence, when it is not biased by theoretical conjectures, indicates that office and charism both go back to the very beginnings of Christianity (and even into the Old Testament). From a purely historical point of view, this topic is so complex that a person may well hesitate to take a firm position on it; however, from the point of view of Catholic dogma, the Church's teaching on Holy Orders clearly implies that the clerical office has a sacramental basis, nature and power quite distinct from the charismatic order.[6]

4. Neglect of Traditional Spirituality

Closely allied with the three foregoing dangers, as a kind of compound and summation of them, or, conversely, a key to them, is the inclination to build a new spiritual doctrine based

5. Some theologians would approach this topic by saying that ecclesiastical office is itself charismatic (e.g., Karl Rahner, *The Dynamic Element in the Church*, New York, Herder and Herder, p. 42 ff.). I believe there is here a problem of semantics, due to the ambiguity of this term *charism* which will be discussed elsewhere.
6. Although history can teach us much about the Church and its components, the Church does not have to wait until historical questions are settled in order to make pronouncements about itself. As the living body of Christ, animated by the Spirit of the Lord both in its existence and in its teaching, it can reflect upon itself and make authoritative judgments about the nature and distinction of its own powers, even though historical questions about their first manifestations and subsequent modifications remain obscure.

chiefly on personal experience. By *spiritual doctrine,* I mean a practical doctrine on how to grow in the spiritual life. A rich spiritual doctrine has grown up in the Church over the centuries; but there is in the Pentecostal movement a tendency to disregard it—not so much by contradiction as by simple neglect—and to begin to formulate a new one verified simply by personal insights and experience.

I repeat that this is only a tendency and inclination; the people in question are often guided, in their basic ideas, by the teaching of the Church, and have perhaps read St. John of the Cross and other spiritual classics. Also, their ideas are not formed simply from the raw material of their own experience, but are strongly influenced by the spiritual teaching of the main-line Pentecostals, about which more will be said in the following chapter. But the point here is that the traditional wisdom of the Church plays a weaker role than it should in the doctrine that is being disseminated among some of the Catholic Pentecostal prayer groups.

To be fully just in this matter, we must recognize that the Holy Spirit gives a real wisdom and insight to those who let themselves be led by him, and endows certain individuals in particular with a remarkable charism for discerning and depicting the laws, factors and phases of spiritual development which for the most part the human mind finds so hard to apprehend. This charism (to be identified with the "word of wisdom" and the "word of knowledge" of I Cor. 12:8?) has been manifested to a remarkable degree in the Pentecostal leaders of all denominations.

Furthermore, we must admit that the Spirit of the Lord is forever doing new works with the materials furnished him by human nature, and is forever giving new insights, even to "little ones." To suppose, therefore, that an academic mastery of the traditional doctrine gives a man the right to disdain the insights of newcomers would only prove that one has not learned one of the primary lessons of the ancient wisdom.

Finally, the priceless insights of Sts. John of the Cross, or Francis de Sales, or Ignatius of Loyola, or of many other great spiritual doctors, are often expressed in a language, and project an atmosphere or vision of the world, that makes them for one reason or another inaccessible to many modern readers. Therefore, it is necessary that even the perennial wisdom be continually reforged in the smithy of contemporary experience.

But when due regard is paid to all these considerations, the fact remains that sound spiritual doctrine valid for all cannot be fashioned from the experience of a single individual, or a small group, or even a particular period.

On the other hand, we are already in possession of a doctrine of proven wisdom and fecundity, to neglect which is to manifest an unnatural disloyalty toward one's own tradition, and a blindness toward what the Spirit has actually done in the Church. It is a great body of practical wisdom that has accumulated down through the ages through the very experience of the Church striving to carry out the commands of Christ in its daily living. For there is a great deal about the living of the Christian life that is not contained in scripture, but can be learned from those who have lived this life earnestly. This wisdom is the bequest of the saints. It is not the product of any one of them, but has been enriched by contributions from them all. It is more than the sum of their personal insights, because it has matured under the guidance of the *magisterium*. It is not a dogma of faith, but is nevertheless worthy of the highest esteem, as the fruit of the Holy Spirit animating the Church. In fact, the experience of innumerable people has shown that this doctrine is a rich and reliable guide to the life of the Spirit, which can save a person from many errors, advance him more rapidly, and illumine him about many things that would otherwise be a problem. This should make them appreciate what a great blessing it is for them to have ready access to a sound doctrine, as well as to a pastoral office which, despite all its human weaknesses, is still the medium through which Christ's own guidance is imparted in a sure and living manner to his flock.

5. *Significance of These Aberrations*

The foregoing pages are not meant to give the impression that Pentecostal Catholics are characteristically unorthodox in their religion. This assumption, which many people are rather quick to make, is quite false. It has already been pointed out above that the typical effect of the Pentecostal graces has been to give people a greater appreciation of the traditional doctrines and practices of the Church.

Nevertheless, the mistakes pointed out are real, and in some cases serious. Some people take them as a sign that the Spirit of Truth cannot be behind the Pentecostal movement. Such a conclusion would be simplistic. Certainly the Holy Spirit inclines people only toward the truth. However, his inspirations need to be interpreted, and here is where mistakes can enter in. Usually he leads people, not by clear messages, but by affective inclinations, which can readily be misunderstood. Thus, for example, when a baptized Christian feels that God is prompting him to be rebaptized, it may indeed be that the Holy Spirit is filling him with a new and deeper appreciation of the grace of baptism, which he mistakenly interprets as a signal to repeat the sacrament. Or a person may be inspired by the Holy Spirit on one point, even though he is in error on others. Or the substance of his action or belief may be inspired, even though errors enter into the execution or expression of it.

It should also be noted that the mistakes which occur in the Pentecostal movement are in part a sign of its liveliness. It is not when religion is dead that errors are so likely to arise as when it is alive. When people are vitally concerned about their faith, enthusiastic about communicating it to others, and energetic in making it effectual in their life and society, they inevitably make mistakes. But these are preferable to an orthodoxy that does not err because it is dead. Errors are as inseparable from a vigorous religious life as breaking things is from the life of a healthy child. To endeavor to prevent them at all costs would be to stultify all apostolate, spirituality and thought. Surely, it is better to welcome the liveliness which the Pentecostal movement is bringing into the Church, and be ready to deal pastorally with mistakes as they occur.

6. Role of the Pastoral Office

All those who exercise leadership in the prayer communities, whether they be priests or laymen, have a responsibility to guard against the dangers spoken of. It is the priest, however, who naturally has the graver charge here, since it is to the ordained ministers that the pastoral office in the Church has been committed. A few things need to be said here about the fulfillment of this responsibility.

The modern religious mentality tends to look upon Church authority (as contrasted with inspirational leadership) as occupied with maintaining order and discipline, but having only a negative and indirect relevance to the spiritual life. Similarly, the official dogmas of the Church are regarded as defining limits within which one must operate, but otherwise having little to do with growth in holiness.

These are gross misconceptions of the very nature of the Church, of faith and of spirituality. The pastoral office is a privileged instrument which Christ, the Supreme Shepherd, uses in guiding his flock. If there is any realm for which this guidance is intended, it is that of spirituality. Dogmatic definitions do not bear upon mere technicalities, of interest only to theologians, and they are not meant simply to provide emblems by which to distinguish the orthodox from the heretics. They are the very life-giving truths of the gospel expressed in the purest, surest and most exact form that the mind of man, aided by the Holy Spirit, has been able to give them. Dogmas may appear dull, but they make the most solid foundation on which a spiritual life can be built. Spiritual growth does not come about by the erection of some private little structure upon this foundation, but by assimilation of the very substance and nourishment these doctrines contain.

Besides the teachings of faith that are subject to dogmatic definition, there exists also what is called in a broader sense Catholic doctrine. It includes the practical spiritual wisdom discussed in the preceding section, as well as the great *corpus* of dogmatic and moral theology which has developed in the intellectual life of the Church down through the centuries. It is not directly a matter of faith, and it contains materials of quite diverse values; nevertheless, taken as a whole, it is a reliable source of precious guidance for anyone seriously concerned about his relationship with God.

But for this doctrine to be effective, those who exercise a teaching office in the Church, bishops and especially the local priests, must fulfill their role adequately and competently. If error sometimes finds its way into Pentecostal groups, this is largely due to the fact that it has encountered a doctrinal vacuum. Contemporary experience is making it clear that the lack of sound, deep and full instruction is one of the greatest and most dangerous weaknesses of American Catholicism today; and if this sometimes shows up in the Pentecostal movement with particular acuteness, it is only because the Pentecostals are making more of an effort to live out their religion than most other Christians.

Many priests are reluctant to give any instruction or counsel to Pentecostal groups, either because they are not convinced of the genuineness of the movement, or because they are intimidated by it. But Pentecostal Christians are members of the flock of Christ, and need the Church's guidance just as much as anyone else. Even when a priest is not convinced of the divine origin of the movement, he can still give doctrinal instruction to those who participate in it, and thereby will help both himself and them to make a better judgment concerning it. He will probably find them receptive and grateful.

Some people imagine that if a person is being guided by the Holy Spirit he has no need of the ordinary human guidance that comes through the pastoral office of the Church. This idea goes back to the free-thinking brethren of the late Middle Ages, and in various degrees it affected the Anabaptist, Lutheran, and other Reformation movements. It appears in a practical form in the attitude of priests who are afraid to give counsel or instruction to a person who seems in some degree to be the recipient of charisms or inspirations of the Holy Spirit. Such fear implies a false conception of both the priestly office and the Holy Spirit's activity. The priest's role is not primarily a function of his own spirituality, but of the doctrine of the Church of which he ought to be a competent exponent, and of the grace of his office, by which he is an instrument of Christ, the supreme shepherd. The Spirit guides the disciples of Jesus both through the interior graces given to them personally, and through the external guidance of the pastoral office. Often a person is not sure of what the Spirit wants of him until he receives a confirmation from the Church through one of its official representatives. By his training, and by the grace of his office, the priest is qualified to perform a doctrinal function that is needed not only by the "common" faithful, but also, and still more, by charismatics and mystics. And if he presents to them the authentic doctrine of the Church (and not some personal views compounded out of theology, psychology, sociology and contemporary fiction!), he will often be amazed to find what great help they get out of principles which to him are banal and commonplace.

9

Alienation from the Church

Although the foregoing pages have stressed the fact that one effect of the Pentecostal movement has been to deepen people's church life, it is also true that some Catholics and Protestants have been led to abandon the church to which they previously belonged, either to join a Pentecostal church, or to become a kind of free Pentecostal, unattached to any denomination. Others, without abandoning their church, have adopted beliefs and practices incompatible with its traditions. These developments pose a very grave problem and are one of the chief sources of resistance to the spread of the movement in the historic churches.

It is difficult to treat this delicate matter without offending anyone. Nevertheless, it has to be faced up to; and surely it will be more in the spirit of Christian love to examine it honestly and openly, than to pretend it does not exist. Before all else, it is essential that the problem be situated on a truly religious plane. If it is treated simply as a matter of denominational rivalry, it becomes insoluble because the basis is false to begin with. We must, therefore, address it as people seeking to live by the doctrine and will of Jesus Christ, but who differ in our interpretations of what these mean.

One of the greatest difficulties about discussing this subject is that it cannot be posed in the same terms for everyone, because the very meaning of *church* and of *religious doctrine* differs from one denomination to another. To try to take all the views into consideration would bring us into hopeless complications. The present chapter will, therefore, treat the matter in an essentially Catholic focus. I trust, however, that much of what is said here will, with some adjustment, be found meaningful from other theological viewpoints also.

As a first step, let us scrutinize a little more closely the thesis that has been maintained throughout this book, that Pentecostalism is not a new religion or a new church, but a movement of renewal affecting all the churches of Christianity. This thesis may be challenged on the ground that Pentecostalism has led to the formation of many new churches and ecclesial bodies, such as the Church of God (Cleveland, Tenn., 1907), the Assemblies of God (1914), the Pentecostal Church of America (1919), the United Pentecostal Church (1924 . . . 1945), the International Church of the Foursquare Gospel (1927), and innumerable others. These churches very early came to be known as "Pentecostal," in distinction from the Catholic and Protestant. Today they are beginning to be called "classical Pentecostal" to distinguish them from the "neo-Pentecostals" who remain in the established churches. I prefer to avoid that incongruous term, *classical Pentecostal,*[1] and to

1. The motive for this usage is understandable, but I find it incongruous to use the term *classical* in connection with anything so free, spirited and emotional as the original Pentecostal movement. In cultural history, *classical* connotes adherence to canons of order, proportion and moderation. Often it suggests formalism and rigidity, two qualities that the early Pentecostals, and many of their successors, found especially inimical. I prefer, therefore, the term *main-line Pentecostals* to designate those who belong to "Pentecostal churches," i.e., to any of those churches that have been formed during the present century for the express aim of recovering the primitive Pentecostal spirit.

Likewise, in preference to the term, *neo-Pentecostal,* which, with the passage of time, automatically becomes inappropriate, I speak of them as the "main-line Pentecostals," or even simply as "Pentecostals," where the context makes it clear who is meant. Regardless of what they are called, it was with them that the entire Pentecostal movement was for a long time identified;[2] they were its sole embodiment, and they have been the bastion from which the movement has spread to the other churches. It is this fact which creates the setting for the tensions and problems with which we are concerned.

The original Pentecostals, however, did not intend to found new churches. It was generally because they had been driven out of their parent denominations that they were compelled, often against their will, to form into communities which inevitably came to be regarded as churches.[3] Even today most Pentecostal leaders still insist that Pentecostalism is "not a church but an experience." To that it can be added that Pentecostalism is *not a theology,* but an experience. The explosion of energy that sent this movement across the country and around the world did not come from an idea but from the experience of the Holy Spirit. The same holds for the dynamism that kept the movement spreading so fast that within 50 or 60 years it became a major force to be reckoned with in the Christian world.

---

would prefer to speak of "Pentecostal Lutherans," "Pentecostal Catholics," or, globally, "Pentecostals in the established churches."

2. Even P. Damboriena's treatise on "Pentecostalism in Contemporary Christianity," entitled *Tongues as of Fire* (Corpus books, 1969), devotes only three of its 256 pages to the phenomenon of "Neo-Pentecostalism."
3. This fact taken by itself does not, of course, prove much. Most of those who, in the history of Christianity, have brought new churches into existence did not intend to do this, but only to reform the old. Nevertheless, the intention which brought the Pentecostal communities into existence is a real factor that must be borne in mind by anyone seeking to understand them.

The true Pentecostal, therefore, is not concerned primarily with spreading a doctrine, but with leading others to experience for themselves the life and power which he has experienced. It matters little to him how this life is conceptualized. In order to speak about it, he must, of course put it into words, and that entails a doctrine. However, the expressions he uses are meant to *draw attention to* the life of grace, not to *define* it with precision. If someone disagrees with his theology, he does not care, so long as the person's heart is open to the Lord.

It is true that the Pentecostals take matters of doctrine very seriously.[4] Many of the divisions among them (and there are very many) are due to doctrinal disagreements, some of which have been quite bitter. But this is because Christianity itself is based on a doctrine. What Pentecostalism has brought into the picture has simply been the strength and earnestness that experience imparts to a man's convictions. The tolerance with which modern man accepts religious differences is sometimes due simply to indifference. No one gets excited about a belief that doesn't mean much to him. If the Pentecostals do get concerned about doctrines, it is basically because they are concerned Christians. But the fact remains that what characterizes them is not doctrine as such, but experience.

Hence, the elements of ecclesiastical structure and official or quasi-official doctrine found in the Pentecostal churches would seem to be secondary and almost adventitious.[5] Realization of

4. The beliefs and practices of the Pentecostal churches, which vary considerably from one community to another and are for the most part rather flexible, are outlined in some detail by Nils Bloch Hoell, in *The Pentecostal Movement* (New York, Humanities Press, 1964) chapter VII. A briefer but more discriminating survey has been given by K. McDonnell, O.S.B., in "The Ecumenical Significance of the Pentecostal Movement," *Worship* 40 (1966), pp. 608-629.
5. Even if it be argued that these churches are already moving inevitably along the path that has led many other churches to

this point is crucial to an understanding of how the Pentecostal spirit can be admitted into the historic churches,[6] and to a solution of the two problems posed above.

1. The Adoption of Alien Beliefs and Practices

The first problem we will take up is that of people who remain in the historic churches, but who, in embracing the Pentecostal spirit, adopt along with it ideas and practices which are more or less alien to those of their own church. These may be nothing more than external mannerisms, attitudes, and turns of language—what Kilian McDonnell calls "cultural baggage."[7] They do not have any special religious significance, but create an atmosphere of strangeness that quickly irritates the members of their own church, and provokes suspicion. Even so prominent a Pentecostal spokesman as David Duplessis has often warned Catholics and Protestants to stop imitating the main-line Pentecostals in superficial matters that have nothing essential to do with life in the Spirit. On the other hand, those who are seeking to uphold ecclesiastical tradition also need to be warned against intolerance in matters that allow of considerable liberty.

In some cases, however, what is adopted is not merely an external mannerism, but a belief or practice contrary to those of one's church. Let us consider a few examples of such things that would be incompatible with the Catholic allegiance.

---

a fixed doctrine and a highly developed organizational structure, this does not nullify the point that the original and principal thrust of the Pentecostal movement has been toward the renewal of the existing church rather than the foundation of new churches.

6. "Because Pentecostalism is not a denomination, not a doctrine, but a spirituality, an experience, a way of life, which has a scriptural basis, it can fit into a Roman Catholic, a Lutheran, a Presbyterian context" (K. McDonnell, *Catholic Pentecostalism, Problems in Evaluation,* Dove publications, p. 17).

7. *Ibid.*, p. 14.

One is the practice of rebaptism. As a result of Baptist influence, many Pentecostal denominations hold that a person ought to be baptized as an adult, even though he may already have received baptism in infancy. These same denominations usually consider it of great importance, if not necessary, that the sacrament be conferred by complete immersion. Under the influence of such teaching, Catholics in several parts of the country have let themselves be rebaptized.

Paradoxically associated with the preceding views is a tendency to speak disparagingly of sacramental baptism as a mere external ritual in which the Holy Spirit is not communicated. It is equated with the baptism of John the Baptist, under the name, "water baptism," and is contrasted with the baptism in the Holy Spirit.[8]

I have no desire to belittle these ideas about baptism, which belong to the sincere religious beliefs of many good Christians. Neither is it my intention here to try to prove them wrong. What must be pointed out, however, is that they are incompatible with the Catholic doctrine on baptism as a sacrament. According to the latter, it is not by the power of the minister or the merits of the recipient (still less by the amount of water used!), but by the action of the Holy Spirit, that baptism incorporates a man into the body of Christ (I Cor. 12:13, Gal. 3:27), makes him participate in the death and resurrection of Christ (Rom. 6:3-5), and causes him to be reborn (John 3:5 ff.; Titus 3:5). This sacrament is, by its very nature, unrepeatable; for although a man who has separated himself from Christ by sin needs to be resuscitated, he can be "born" only once in the spiritual life, just as he can be born only once in his natural life. This has been recognized in the Church since the earliest days. Sinners have been restored

8. Some of the background to this paradox is supplied by K. McDonnell, "The Ecumenical Significance of the Pentecostal Movement," *Worship* 40 (Dec. 1966), p. 620 f.

to grace through repentance and confession, but never through rebaptism. Hence, while the practice of rebaptism may be a good and holy act when performed by a Pentecostal in the context of his beliefs, the Catholic who does it is separating himself from his Church in a very grave matter. If he does it because he does not believe in the efficacy of the sacrament he received, he is doing grave injury to the sacrament and is implicitly heretical. If he is doing it merely as a symbol of renewal, he is still violating the discipline of the Church and is doing something that is prone to cause misunderstanding and scandal. Finally, since this is the sacrament of incorporation into the body of Christ, when it is separated from that function, it is very liable to turn into superstitious magic, and become the instrument of the evil spirit.

A second example of a doctrine or doctrinal attitude that is sometimes taken over by Catholics illegitimately has to do with what is called the "salvation experience." This notion derives ultimately from Luther's concept of faith, but seems to have originated with the Puritans, and through the Methodist and Holiness traditions was transmitted to the main-line Pentecostals. It refers to an experience of the saving power of Christ, which occurs before the baptism in the Spirit. It gives a man the knowledge that he is *saved*. Interpretations vary considerably, but many hold that no one can be saved unless he has had this experience, and some add that one who has received it cannot be lost. This experience is a very definite and conscious one. Those who believe in it divide the world quite simply into the saved and the unsaved. They do not hesitate to enumerate which of their acquaintances have been saved and which have not, nor to ask a stranger quite simply, "Brother, have you been saved?"

While Catholic theology has never paid much attention to the idea of a "salvation experience," it would have no *a priori* objections to such an experience understood simply as a personal realization of Jesus' saving power. Moreover, the persistent and concordant testimonies of so many people suggest that this experience merits a more serious consideration than has heretofore been given to it. However, the doctrine that this is the only mode in which Christ's saving grace can be received, that it is necessary for salvation, and that it gives a man certitude about his state of grace (justification) and even about his ultimate salvation, besides being quite unscriptural[9] is in contradiction with a firm and unanimous Catholic tradition, and with the formal teaching of the Council of Trent.[10] According to Catholic doctrine, the experiential certitude of being in the grace of God is indeed possible by grace and can be a great blessing; but it is not a necessary part of faith, nor essential to the reception of grace.

I repeat that nothing that has been said here is intended to cast aspersions on any denomination whatsoever, Pentecostal or otherwise. My point is simply that membership in a church entails a certain commitment to its creed and way of life. If a person wants to belong to a church, there are certain essential tenets to which he must adhere.

Now, however, it must be added that the degree to which a person is committed to church doctrine varies from one denomination to another. In Catholic life, the importance attributed to Church doctrine is greater than in most other churches. The reason for this position is the belief that Christ's teaching was entrusted to the Church as a whole people, rather than to individuals as such. Individuals share in it by participating in the Church community.

Experience itself shows that different persons have dif-

9. For further reflections on this subject, see the article, "Saving Catholics," by Steve Clark in *Pastoral Newsletter* (Ann Arbor), October 1970, pp. 4,5.
10. Cf. Denzinger-Schonmetzer, *Enchiridion symbolorum* 1533, 1562, 1563.

ferent insights into the gospel. When they stay together, they complement one another, and thus help to maintain the message in its full integrity. But when an individual separates himself from the community of believers, he inevitably diminishes and distorts the message. Only the Church as such is capable of keeping the Word of God in its integrity and purity. This is why St. Paul was so urgent in writing, for example, to the Corinthians, "I appeal to you brethren, by the name of our Lord Jesus Christ, that all of you agree and that there be no dissensions among you, but that you be united in the same mind and the same judgment" (I Cor. 1:10).

In maintaining the doctrine of Christ, however, not everyone in the Church has the same role. Christ conferred a special responsibility for teaching and preaching on certain men, chosen by himself (Luke 9:2, 10:1-12; Matt. 28:19, 20, etc.). It was well recognized in the early Christian communities that those who held the teaching office were a gift from Christ to the Church (Eph. 4:11). The epistles to Timothy and Titus lay great stress on the responsibility of the bishop to teach sound doctrine and correct errors.

When, therefore, a question arises about the interpretation of Christ's doctrine, it is to the bishops of the Church[11] that the question is referred for decision. Thus, when the question arose whether circumcision should be required of the gentile converts, an assembly of apostles and elders was held in Jerusalem to decide it (Acts 15). This does not mean that the bishops are expected to do all the thinking for the Church; far from it. Their decisions are ordinarily prepared for by the reflection of the people at large, and an important aspect of their function is to listen to what the Spirit seems to be saying

11. Peter and his successors are, of course, believed to be at the head of the college of bishops, in accordance with Matt. 16:16, Luke 22:32, John 21:15 ff., etc. However, this is a point that need not detain us here.

through his people. But the bishops have to determine what is the authentic message of the Spirit, and to settle matters on which there is disagreement. When they do this, they are not imposing their private opinion on others, but are exercising the responsibility which Christ gave them. Hence, their decisions are regarded as binding, not just by a human force but in the name of Christ, who said, "Whatever you bind on earth shall be bound also in heaven . . ." (Matt. 18:18 and 16:19).[12]

The Spirit has many ways of speaking to us. He speaks to us in the silence of our hearts, in the events of our lives, and in the voices of our fellowmen. One of the most important channels through which he speaks to the Church is the teaching of those whom he has made bishops in it (Acts 20:28). In them, Christ's promise to send the Spirit of Truth to teach us all things (John 14:26, 16:13) is fulfilled in a special way. The apostles and elders at Jerusalem were evidently conscious of this, for in sending their decision to the Church at Antioch, they declared, "It has seemed good to the Holy Spirit and to us to lay upon you no greater burden than these necessary things . . ." (Acts 15:28).[13]

When, therefore, we take the doctrine of the Church as normative for our religious beliefs, we are not merely conforming to the party line. Rather, we are recognizing in faith the mysterious presence of Jesus Christ, living and acting in his Church. As the shepherd, he conducts his flock by means of the pastors he has set over it. On the other hand, when we refuse to heed the bishops' teaching, we shut off one of the chief organs through which the Spirit speaks to us. By the

12. St. Paul evidently recognized this same truth; otherwise he would not have written in such strong language as he does, e.g., in I Cor. 14:37: ". . . what I am writing to you is a command of the Lord."
13. This shows how unscriptural it is to equate the teachings of the Church with the "traditions of men" referred to in Mark 7:5.

same token, we make ourselves less sensitive to his interior voice, and we often give scandal to others and cause harmful divisions in the body of the Lord.

In addition to the official doctrines of the Church, there is also, as was mentioned in the preceding chapter, a whole body of practical wisdom that has grown up out of the experience of the saints in their efforts to realize the teachings of the Gospel in their daily life. Out of their insights, checked, qualified and complemented by one another, has arisen a kind of common doctrine which is not dogmatic or infallible, but is nevertheless a precious guide to others who follow them on the way to life. "Be imitators of me, as I also am of Christ," declared St. Paul many times.[14] Anyone who has a sense for the mystery of the Church will pay careful heed to this doctrine, which is a fruit of the Spirit's secret workings in the body of Christ. To adopt modes of spirituality which do not harmonize with this traditional spiritual doctrine, except in particular cases and for a very clear and sure reason, is to proceed out of great imprudence.

This does not mean that the Catholic must turn off his mind while studying scripture or reflecting on religious questions. It means that in making up his mind, he will set a higher value on the judgment of the Church, "the pillar and ground of the truth" (I Tim. 3:15) than on his own judgment. Likewise, it does not preclude acknowledging the valuable religious insights of other churches. The Vatican Council itself declared that ". . . whatever is done among our separated brethren by the grace of the Holy Spirit can contribute also to our upbuilding."[15]

In particular, Catholics and Pentecostals of other denominations have much to learn from one another, and where

14. I Cor. 11:1; cf. 4:16; Phil. 3:17; I Thess. 1:6, 2:14; II Thess. 3:7; Heb. 6:12, 13:7.
15. *Decree on Ecumenism (Unitatis redintegratio)*, #4.

both are loyal to the Spirit it is relatively easy for them to do so. Pentecostal fire and Catholic orthodoxy do not conflict with, but complement, one another. The intense personal union with Christ which the Pentecostal preaches does not destroy dogma but brings out the life that is in it. The firm, accurate and balanced doctrine of Catholicism does not smother the fire of the Holy Spirit, but nourishes, guides and protects it.

Some Catholics seem surprisingly ready to abandon the doctrines and discipline of the Church when they encounter the Pentecostal experience. Sometimes this is simply because they are not acquainted with the spiritual riches of their own tradition. This is certainly not always the case, however; for some of them, e.g., priests, have had extensive theological training. The basic reason seems to be that experience is stronger than theory. Take someone whose knowledge of God has come solely by way of doctrine devoid of experience (there are many Catholics in this condition). When such a one is brought for the first time to a personal contact with God and with the life of the Spirit, this new experience is liable to eclipse everything that went before it.

There are, moreover, two particular reasons why this occurs especially in the Pentecostal movement. They are rooted in the two most striking features of the movement, the charisms and the baptism in the Spirit. In the field of charisms, it is without a doubt the main-line Pentecostals who have, as a body, the greatest experience and fullest knowledge today. The major Protestant denominations have almost no doctrine in this realm, since they have been traditionally inclined to reject whatever pertains to the preternatural.[16] Catholic the-

16. The recent Presbyterian report, for example, declares candidly, "There is not much guidance . . . in the writings of Calvin and other Reformed theologians in the matters we have under con-

ology has a sound, even though undeveloped doctrine on the charisms (i.e., *gratiae gratis datae)* from a theoretical point of view.[17] Furthermore, the Catholic mind has always been kept open to the charismatic through the experiences of the saints, as well as through the miracles of Lourdes and similar places of pilgrimage. Nevertheless, the Catholic populace at large has had very little direct contact with the charismatic, and Catholic theology has relatively little to say on this subject that is practical and experiential. This situation has, of course, already begun to change, and will eventually be redressed as the Pentecostal movement becomes acclimated within the Church. For the present, however, the main-line Pentecostals occupy somewhat the position of experts in this field, and neophyte prayer groups in the historic churches often turn to them for instruction. This is altogether natural and honest, but it is not without danger. The astonishment produced by the charisms when encountered for the first time leads some people to look with uncritical awe upon anyone who is proficient in their use, and hence to accept his whole religious system, even on matters unrelated to the charisms.

As for baptism in the Spirit it often comes as an overwhelming revelation of God's loving, powerful action, which "makes all things new" (Apoc. 21:5). It has, to one degree

---

sideration [i.e., the workings of the Spirit, especially glossolalia and the other charisms], and the confessions have little to say about the gifts of the Spirit." *(Report of the Special Committee on the Work of the Holy Spirit to the 182nd General Assembly of the United Presbyterian Church in the United States of America,* 1970, p. 8.)

17. The principal treatise is to be found in the *Summa Theologiae* of St. Thomas Aquinas, Part I-II, Ques. 111, and Part II-II, Ques. 171-178. The chief elements of his doctrine were given above in chapter 7. See also St. John of the Cross, *The Ascent of Mount Carmel,* ch. 2, 9-31.

or another, the effect of shattering the system of values and practical rules by which a person has hitherto operated, and leaves him somewhat disoriented. Even people of sound theological formation may become for a while uncertain as to which of their former convictions remain valid. Like Saul at Damascus, they are so overwhelmed by the glory of the Lord that they are blind to everything else. After a while, when the bright light subsides and the dust settles, they discover that all the essentials of their faith remain firm, and have even been reconfirmed; it is only some human extrapolations that have been stripped away. But in the interim, they may be excessively open and susceptible to alien influences. What occurs is by no means a psychological breakdown or a condition of inordinate suggestibility brought about through impairment of the faculties or destruction of personal autonomy and responsibility. It is much more comparable to the humility that comes upon a man at the sudden discovery that the universe is much vaster, or the human soul much richer, than he had ever dreamed. Along with his cocksureness, he loses the simple set of rules with which he had operated successfully (he thought) in the little world which he had previously mapped out. It is a salutary experience for anyone; but for a while it creates real problems.

2. *Leaving the Church*

There are no statistics on the number of people who have left their church due to the influence of the Pentecostal movement. So far as Catholics are concerned, the number is certainly not great enough to be alarming, but it does merit serious reflection. Whenever a Catholic speaks in a Pentecostal church, or to an interdenominational Pentecostal group such as the Full Gospel Business Men, one or more people are likely to come up from the audience and declare, "I used to be a Catholic too."[18] There have even been several instances of priests and nuns who left the Church on the grounds that they had found the true life in the Spirit elsewhere. Many but not all of these people join Pentecostal churches. Some of them try, at least for a while, to fulfill the requirements of both churches; it is not rare to find a person who goes to Mass on Sunday morning, and spends Sunday evening at a Pentecostal prayer service.

Such facts naturally arouse the concern of Church authorities, not from motives of ambition or of ill-will toward other denominations, but because of their grave responsibility for building up the body of Christ where they find it and as they understand it. Because of their concern, it is necessary to counterbalance the above facts with the following considerations. First of all, there are also numerous instances of Catholics who have *remained in* the Church because of the Pentecostal movement. These are people who had been tempted to leave due to their distress over the condition of the Church, but have had their faith in the Church restored by the movement. There are others who, while their adherence to the Church was never in doubt, are now rejoicing that the prayer they had admired in some Pentecostal neighbor, and to which they had perhaps been introduced by that neighbor, was now available under unequivocally Catholic auspices. Similarly, there are several avowed cases of priests and nuns who were on the point of renouncing their vocations when contact with the charismatic renewal rejuvenated their will to persevere.

Moreover, as regards the people who have left the Church, my own experience would seem to indicate that very few were influenced by Catholic prayer groups. In fact, the great majority seem to have made their move before the Pentecostal movement appeared in the Catholic Church. In their contact with Pentecostalism they were relatively isolated. Perhaps if

18. I can say this from my own experience, as I have often spoken to such groups.

they had had the support of a Catholic charismatic community, many of them would have remained Catholic.

It also happens at times that people who are disenchanted with the Church try the Pentecostal prayer meetings for a while to see if these will satisfy them. If this does not prove to be the case, they may go on to complete their rupture with the Church. But the prayer group can hardly be blamed for causing their departure; it may even have helped to detain them for a while. On balance, therefore, it seems that the effect of the Pentecostal movement has been to save people for the Church, the priesthood, and the religious life, rather than to lose them.

This subject, however, calls for reflection at a deeper level. Nearly all those Catholics (or members of other historic churches) who are drawn to leave their church for one of the Pentecostal denominations allege as their motive the fact that they find a more lively religious spirit among the latter. They frequently aver that they have been brought to a deeper awareness of God and a fuller prayer life by the intermediary of members of these denominations. Sometimes they are people who had suffered for years because of the emptiness or superficiality of their religious life. Others were religiously indifferent, content to practice their faith in a merely routine and external fashion, until, through some Pentecostal neighbor or friend, they discovered the presence of God, and began to experience his peace, joy and love, and the power of prayer. Sometimes this has come about through a very dramatic moral conversion, or physical healing obtained through the exhortations and prayers of the Pentecostals.

Whatever be the way it has come about, it is a fact that a number of Catholics in this country right now find themselves torn between loyalty to the Church in which they still believe, and an attraction toward some Pentecostal community, in which the presence and power of the Spirit seem to be more manifest than among their brethren. One young man in Chicago spoke of having been tormented for months by this tension. "When I got up this morning," he said, "the first thing that came into my mind was dread of the torture I expected to go through this day on account of it." The news that it was possible to experience the Pentecostal nearness to God within the Catholic Church came to him as a deliverance from this terrible dilemma.

We dare not dismiss such problems lightly. The Church exists in order to be a community of men living by the Spirit of Christ. If Catholics who are disappointed, troubled or famished for want of a deep spiritual life in their own parishes, find it, or seem to find it, in a Pentecostal church, this fact summons us to an examination of conscience. Are we failing to furnish our people with the example, motivation, guidance, encouragement or support they need to foster their spiritual aspirations? Have we compromised with the world that does not know Christ, and thus succumbed to a spirit of mediocrity? Has a lifeless formalism made us too stiff to respond to the action of the Spirit in us?

We do not need to worry when people leave the Church because they find its standards too high. But when they leave it in search of a deeper spiritual life, then it is time to ask what has gone out of ourselves. People ought to be *attracted* to the Church by its spirituality. When this is not the case, our reaction perhaps ought not to be to erect a Berlin wall to keep them in, but to bestir ourselves to recover a spirit that will make them want to stay.

It is in this perspective that we can perceive the significance of the Pentecostal movement within the Catholic Church. In an effective way it makes accessible to people the deep spirituality which many of them crave. It seems altogether reasonable to suppose, as the evidence cited above suggests, that as the movement spreads it will restore faith in the Church to many of those who are now tempted to go elsewhere. And it will be doing this, not by adding onto the Church an extrinsic supplement to make up for its deficiencies, but by reawakening in it that life that is essentially congenial to it.

On the other hand, I would not wish to drop this subject without pointing out in the firmest possible terms my conviction that those who leave the Church with the idea that they will find a greater fullness of the Holy Spirit elsewhere are following a delusion. The same applies to those who, while remaining members of the Church, separate themselves from it in a partial way, for example, by fulfilling its requirements minimally, while carrying on their truly personal religious activity in an autonomous way that has little connection with the Church. Whether they realize it or not, such people are trying to live the life of the Spirit in a manner that contradicts the very economy in which the Spirit of Christ is given.

Jesus did not impart his Spirit as a private bequest to the individual disciples as such but to the disciples gathered together in community, and a community into which he himself had formed them. The Spirit resides in each individual, to be sure, but the individual is a member of the Body of Christ, and is meant to live the life of the Spirit in that body: "By the one Spirit we were all baptized into one body. . . . Now there are varieties of gifts, but the same Spirit. . . . To each one is given the manifestation of the Spirit for the common good" (I Cor. 13:4, 7). This is why St. Paul insisted so strongly on the need of preserving the unity of Christ's Body: "I exhort you . . . (be) careful to preserve the unity of the Spirit in the bond of peace: one body and one Spirit, just as you were called in one hope of your calling . . ." (Eph. 4:4).

It is noteworthy that St. Paul applies the figure, "temple of the Holy Spirit," directly to the community, although this is somewhat obscured by the ambiguity of the English word *you:* "You (plural) are God's temple, and . . . God's Spirit dwells in you (plural)" (I Cor. 3:16).[19] The individual disciple is only a stone in that temple—a "living stone" as I Peter 2:5 says (cf. Eph. 2:21 f.). Thus one who separates himself from the Church is an organ cutting itself off from the body, a stone pulling loose from the wall of the temple. By this separation he also cuts himself off from the Spirit who animates the body and dwells in the temple.

The Body of Christ is nothing other than the Church, according to St. Paul's plain statements (Col. 1:18; Eph. 1:23; 5:29). This does not mean that someone who, without realizing or intending it, is externally separated from the Church is thereby deprived interiorly of the Holy Spirit. All men are God's children, and everyone who sincerely believes in Christ receives the gift of the Holy Spirit (John 7:38, 39). The Good Shepherd himself declared, "Other sheep I have that are not of this fold" (John 10:16). Neither does the identity of Church and Body mean that all those who belong visibly to the Church really have the Spirit of Christ living in them; there are always those who have the name of being alive, but are dead (Apoc. 3:1).

But it does mean that the indwelling of the Spirit in the individual is meant to be supported and confirmed by his indwelling in the whole Church. Hence, the Spirit-filled Christian who is separated from the Church is in an unnatural and perilous condition, even though it be through no fault of his

19. In I Cor. 6:19, St. Paul says, "Do you (plural) not know that your (plural) body (singular) is the temple of the Holy Spirit within you (plural)?" Here the confusing passage from plural to singular and back leaves room to justify the traditional view that the individual body also can be regarded as a temple of the Holy Spirit. And, of course, there is no doubt that the entire New Testament sees the Holy Spirit as coming into each person individually.

own. And the person who would knowingly and deliberately separate himself from the Church would by that very act close himself to the Spirit of Christ also.

The point I have just made will be accepted, I suppose, by most Christians. The issue on which they divide is in the answer to the question, "Where is the Church of Christ to be found?" The various answers given are too numerous to be discussed here. The most radical difference, however, is between those who hold that the community of followers which Christ gathered around himself was a concrete, historical community that has maintained its identity through all the vicissitudes of its history, and those who hold that Church comes into being wherever men gather together in the name of Jesus. The latter concept, with many diverse modulations, underlies much Protestant and (main-line) Pentecostal ecclesiology. The former concept is basic to Catholic thought, and explains why separation from the visible Church is a matter of far more serious concern to Catholics than it is to Christians of most other persuasions.

The Catholic concept of the Church is not always well understood, even by Catholics themselves. As a result, some people are perplexed, offended or scandalized by the tenacious fidelity of Catholics to their Church which may give the appearance of arrogant bigotry or blind adherence to a moribund institution. For this reason, a brief explanation may be useful here.

The biggest objection to the concept of the Church as a visible community that has preserved its continuity with that of the primitive disciples comes from the fact that any given historical community is prone to lose the energy which initially animated it. The Church, as a community of human beings, is not exempt from this law, and the unchristian attitudes and practices which every age and culture import into it have often provoked zealous Christians to sever their ties with the historic Church and seek to live by the Spirit elsewhere. Their motivation is understandable, and the evils to which they are reacting are often real (although just as often they have been monstrously exaggerated by morbid critics).

However, the Church of Jesus Christ is not just a society of men, operating by the dynamics of human sociology. It is a mystery, the deepest reality of which can only be discovered by faith. The Holy Spirit is the true source of its life and energy, and explains its perennial vitality. No other founder can impart his spirit indelibly to the institution that derives from him. But this is precisely what Jesus Christ can and has done. Into the body which he molded for himself out of the fickle flesh of his disciples, he breathed his own Spirit, a personal Spirit, a Spirit of life and power. This Spirit abides inseparably in the Body of Christ, and does not allow it to perish. Any individual, if he is unfaithful, may be abandoned by the Spirit, but not the Church. It is the Bride of Christ, espoused to him in a faith that will never be broken.

This is not due to the fidelity of the members of the Church considered simply as men, but to the fidelity of God, whose word will not pass away even if heaven and earth should pass away (Matt. 24:35). It is not due to any hold that the Church has on the Spirit, but due to the hold that the Spirit has on the Church. Unlike the Old Covenant, which was but a preparation for a more definitive one (Heb. 8-10), unlike the old temple, which was but a figure of the Body of Christ (cf. John 2:21), unlike the Israel of the flesh, called to provide the flesh in which Christ should come (Rom. 9:5), the New Covenant (the covenant of the Spirit: cf. Jer. 31:31-34 and Ezech. 36:27), the new temple (in which God dwells; I Cor. 3:16), the new people (among whom God himself lives and moves; II Cor. 6:16), are destined to remain forever.

The scriptural basis for this view is not to be found in any single text, but in a convergence of interrelated themes (which explains why it has been so much debated). Thus, for example, Christ promises his disciples, "I will be with you all days, even to the end of the world" (Matt. 28:20); and it is by his Spirit that he remains present among them. Likewise, he guarantees that the Church which he has built upon a rock will not be overwhelmed by the powers of hell (Matt. 16:18); and it is by the Spirit that the Church is made strong (Luke 24:49). Similarly, it is the Church's vocation to "proclaim the death of the Lord until he comes" (I Cor. 11-26); and the bride of the Lamb, together with the Spirit, cries "Come" until her prayer is answered (Apoc. 22:17, 20).

Many more texts and considerations would need to be presented to establish this view adequately. But it is not my purpose here to press one side of an argument, but only to clarify a position. This is the position that the Church which Christ himself built, and the community which he formed into his body, remains for all time the locale in which his Spirit can be found, and the connatural milieu in which the life of the Spirit is meant to be lived. One may regret that the body does not always reflect adequately the countenance of its head; one may, and at times indeed ought, to undertake reforms of institutions and personnel within the Church that are not fulfilling their function. But there is never need, and it can never be right, to sever oneself from it. Those who go elsewhere in quest of a greater fullness of the Spirit are misdirected, no matter how well-intentioned they may be.

Experience often seems to confirm that this is so. The argument from experience must, of course, be used with great caution in such a matter, because the human mind is not able to make an absolute judgment about the moral condition of a human heart; God alone can see objectively and adequately all the motives that inspire a man. In what I am about to say, therefore, I do not intend to pass judgment on any man. Above all, I do not mean to generalize about all cases. Within such limits, however, I believe there are grounds in experience for saying that many of those who leave the Church in order to deepen their spiritual life elsewhere betray in various ways that they have made a mistake. Sometimes this can be detected in the bitterness and even hatred of their denunciations of the Church, which in no way savor the Spirit of love by whom they claim to be inspired. Sometimes, when people vaunt the great new life and joy they have discovered outside the Church, one has the distinct sensation that a pall of melancholy hangs about them and thoroughly pervades them, belying every word they say. In other cases, a depressing flatness or dullness suggests that some deep core of their being has died. The devout things which they say, and the enthusiasm which they manifest, seem to be imitations of what they have observed in others, or efforts toward what they would like to be, rather than the genuine expression of their actual feelings and convictions.

I repeat that I do not intend to generalize. Although I believe that objectively it is always a mistake to leave the Church, no matter what the provocation, I can understand how a person might in good faith believe that he is justified in so doing.[20] Moreover, the position I have explained here is based on a theology of the Church as Christ seems to have intended it, not on a criticism of any particular church whatsoever. In fact, personal observation convinces me that the Holy Spirit is at work powerfully and beautifully in many churches, and wherever men of sincere faith gather together

20. If someone has left the Church because he felt that his spiritual life would receive greater nourishment elsewhere, rather than impugn his motives we should redouble efforts to make the presence of Christ more manifest in ourselves and in the Church. Whatever the fault of the one who leaves, it may be that the greater blame falls on those who do not leave, but by their presence obstruct rather than communicate the life of the Spirit.

to seek the Lord. Nevertheless, it seems clear that it was the intention of Jesus that those who live by the Spirit should remain united in one body (Gal. 4:4), just as those who follow the one Shepherd are meant to be gathered into a single flock (John 10:16).

10

A Theological Assessment[1]

The preceding chapters have presented the Pentecostal movement in its concreteness, and scrutinized particular aspects of it. Now we must try to grasp it as a whole and determine its significance. There seem to be three points by which the movement is characterized, and in reference to which it must be evaluated: 1) lively faith in the Holy Spirit, 2) experience of his action, and 3) the operation of his charisms.

I

LIVELY FAITH IN THE HOLY SPIRIT

The faith referred to here is the belief that the Holy Spirit is a real power that needs to be taken into practical account in the life of a Christian; that he is not a figment or projection of human psychology, but comes to us from outside ourselves, and produces in us effects of which we ourselves are quite incapable; that he comes to us, not from any human source, such as the inspiring words of a fellowman (although these

1. The present chapter is an elaboration of the essay, "The Catholic Pentecostal Movement: A Theological Assessment," read at the Twenty-fourth Annual Convention of the Catholic Theological Society of America, June 16-19, 1969, and published in the *Proceedings* of the Society, Vol. 24 (Yonkers, N.Y., 1970), pp. 90-108.

commonly mediate his coming), but from God; that he is in truth a divine person, God himself communicated to us, to dwell in us personally, and to be the inspiration of our life by his cleansing, healing, sanctifying, teaching, guiding and strengthening presence. Since it is Christ who sends the Spirit and operates in the world through him, so that the presence and action of the Spirit are nothing other than the presence and action of Christ, the foregoing doctrine can be reformulated in the declaration that Jesus Christ still lives and reigns in his Church. That is to say, belief in the Spirit means belief that Jesus Christ is not merely a dead hero, nor a great seer whose doctrine still enlightens and inspires mankind, but a Lord who actually and effectively rules his people.

There is nothing new in this belief; it is part of the primitive and fundamental teaching of the Christian faith. But this is precisely the point: the Pentecostal movement is not characterized by a new doctrine on the Holy Spirit, but by the fact that the traditional doctrines have come to life with new freshness and vigor. They are *believed* with a conviction and a meaningfulness that are not usual in Christian life generally.

For the majority of Christians, faith in the Holy Spirit seems to be vague and almost inoperative. They may profess their belief in the third person of the Blessed Trinity, but he means little to them. Pentecostal Christians, on the other hand, are characterized by a lively consciousness of the presence and action of the Spirit. He is not only real for them, he is the pivotal reality of their existence.

There have, of course, always been people in the Church for whom the Holy Spirit was living and real in just this way. No monopoly can be claimed for the Pentecostal or any other movement in this regard. But that does not detract from the fact that in and through this movement many have received a keen appreciation of the Holy Spirit which they did not have before.

It should also be noted that the Pentecostal movement is only a part of a much broader development throughout the Church today. The vagueness of faith alluded to above is due largely to the fact that, since the close of the patristic era, the Holy Spirit's presence in the individual Christian has been somewhat neglected by the common consciousness of the faithful, at least in the West. Attention has been confined mainly to his special work of inspiring the prophets of the Old and New Testaments, and guiding the hierarchy of the Church. Today, however, the Church is reawakening to a fresh awareness of the presence of the Spirit in all the faithful. Never has so much been said in Catholic literature about openness to the Spirit as during the past decade. This suggests that the Church is entering into a "pneumatic era," an age of the Spirit, of which the Pentecostal movement is only a particular factor.[2]

There is need of a great deal of discrimination, however, in evaluating this pneumatism. Some of those who make continual appeal to the Holy Spirit seem to be doing nothing more than using a sacred name to hallow what is merely the natural, spontaneous activity of the human psyche. This kind of counterfeiting may be a greater peril to the doctrine of the Holy Spirit than outright denial of his existence. By identifying the Spirit with everything, it reduces him to nothing. While seeming to show great appreciation for him, it annihilates his distinction and transcendence. In fact, it is not rare to find the name of the Holy Spirit used to cover what is little else than the willfulness of a human spirit that refuses to submit to order or authority. In this case, the Spirit becomes identified with what St. Paul called the "flesh" or the "old man," by

2. I have sketched the outlines of this development in the article, "Holy Spirit in Catholic Thought," *Commonweal,* 89 (Nov. 8, 1968), 179-185, reproduced in *God, Jesus and Spirit,* edited by Daniel Callahan, Herder and Herder, New York, 1965.

which he meant to designate the very antithesis of the Spirit.

In view of this, it is not surprising that there is still another current of thought today which rejects the doctrine of the Holy Spirit, declaring it to be only a mythical expression of the more sublime workings of the subconscious—that pregnant but unchartable source of so many of the impulses and so-called inspirations that emerge mysteriously into the daylight of human consciousness. Some who do not hold this in theory, and with regard to the very being of the Holy Spirit, do so at least in practice, and with regard to any possible experience or manifestation of his working. That is to say, they will admit as an article of faith that there is a divine person called the Holy Spirit, and that he is mysteriously communicated to men; but when confronted with anything which might be considered a palpable instance of his operation, they are bound and determined to reduce it to some psychological explanation. They are ready, if need be, to accept even the most improbable theory of extrasensory perception or psychosomatic action, rather than recognize in faith that Christ is really fulfilling his promises. It is one of the chief types of unbelief (and, may one not say, of blasphemy against the Holy Spirit? cf. Matt. 12:24-32) to be willing to admit the existence of the Holy Spirit so long as he never does anything that really has to be taken into account.

The views and attitudes just indicated all represent a diminution, abandonment, or denial of the New Testament doctrine. In response to them, the Pentecostal movement comes as a vigorous reaffirmation of faith in the "promise of the Father" which we have heard from the mouth of the Lord Jesus, who, having been glorified by the Father, and having received in his own flesh the fullness of the Spirit, has now poured forth this Spirit "upon all flesh" (Acts 2).[3]

3. By way of appendix to this first point, let me add that along with this lively new faith in the Holy Spirit, there comes also a rein-

II

EXPERIENCE OF THE SPIRIT'S ACTION

The second characteristic of the Pentecostal movement is experience of the Holy Spirit's action. This at any rate is its claim with evidence, examples of which we have seen. There is no doubt that the reason why the Pentecostals' belief in the Holy Spirit is so lively is their conviction that they really have experienced the peace, joy, love, freedom and power given by Christ through the Spirit. They consider such experience to be not the benchmark of the rare mystic, but the common property to which any Christian can lay claim by simply responding with faith to the promises of God.

This stress on experience arouses the suspicions of many people today. The notion of religious experience is generally mistrusted by the modern mind (except for youth, who are more and more frequently seeking such experience avidly). In part, this is due to good common sense, which learns to be wary in realms that are so prone to illusion and deception. Modern psychology has popularized the awareness of the fantastic power of religious imagination, especially when excited by emotion, to generate convincing illusions. Anyone engaged in the pastoral ministry seldom goes very long without encountering some religious enthusiast who claims to have seen visions, heard voices, or received an extraordinary call from God, which, upon investigation often gives every indication of being the product of a sick imagination. (It is largely for this reason that priests sometimes seem to be more skepti-

---

forcement of belief in the evil spirit. It has been a frequent experience in the Pentecostal movement that when the Holy Spirit begins to act in a more manifest way, the evil spirit does likewise. Even more than the doctrine of the Holy Spirit, the doctrine of the evil spirit has been discarded by the sophisticated theology that has sprung from the Enlightenment and demythologization.

cal about supernatural manifestations than almost any other class of believing Christians.)

Several historical factors explain why mistrust of religious experience had been ascendant during the 19th and early 20th centuries. In Catholic tradition, the spurious mysticism of the Quietists during the 18th century provoked an anti-mystical reaction. Among Protestants, there has been a similar reaction against the stress on experience of certain traditions such as the Anabaptist, Pietist and Evangelical.[4] In the United States, the emotional religious revivals of the 19th century were a cause of embarrassment and irritation to many. Finally, the pervasive scientism of the modern period threw discredit on all things religious to such a degree that timid believers often saved themselves from discomfiture by confining religion wholly to the sphere of the unobservable. They preferred that God keep out of sight and leave the affairs of this earth—even religious affairs—to the minds of men and the decisions of ecclesiastical administration.

Besides these transitory historical factors, however, there is also a deep theological reason which cautions against giving too much importance to religious experience. Christianity is based on faith, rather than on religious experience. The latter comes and goes and is deceptive; faith alone furnishes the solid basis on which a real spiritual life can be built. There are moments when a person must live by pure faith, without any sense of the presence of God to support him; if he has been depending too much on the latter, he will collapse. Like-

4. It is interesting that the same reaction against exaggeration has occurred even within some of these traditions. Hence, although on historical and ideological grounds one would expect to find the Methodists more sympathetic and open to Pentecostalism than almost any other denomination, they have so far been in fact one of the most closed to it. By contrast, the Presbyterians, despite their tradition of austere and unemotional rationality, have been more receptive.

wise, there is the danger that too eager a craving for religious experience may attach a person to the gift instead of the Giver.

However, the caution which is right and due in such matters has been pathologically exaggerated by overreaction to the dangers. The "theological principles" by which it is guided often consist of flippant catchwords only speciously rooted in the authentic spiritual traditions of the Church. There has been an unbalanced focusing on a few maxims of St. John of the Cross, excerpted from context and divorced from the spiritual experience necessary to put them in perspective.

This has resulted in an interpretation of Christianity which offers man little in this life except a grace that is invisible and the promise of a better world to come. It knows none of the joy of actual union with God here below, and it imposes a religious ideal of indifference and impassivity that is more stoic than Christian. It turns some people away and discourages others. Since no human being can pursue a joyless existence for long, this kind of Christianity tends to make people shrink from taking God wholeheartedly as the center and meaning of their existence. Instead, it almost compels them to look upon religion as a set of disagreeable requirements to be fulfilled while the real meaning and joy of life are sought elsewhere. Such desiccated religion has undoubtedly contributed to the hunger for religious experience in our young people today. Their clamor for meaningful and relevant religion, and their pursuit of mystical experience by means of exotic cults and drugs, may be exaggerated and misguided, but it is at least in germ an inevitable and healthy reaction against a Christianity that is not only inhuman but inauthentic.

Christ never summoned his followers to a walk in a spiritual desert unrelieved by any experiential contact with God. Rather, he promised them a peace which this world cannot give (John 14:27) and a joy no man could take from them (John 16:22). These are by their very nature of the experiential order. St. Paul obviously had personal knowledge of these gifts when he prayed, "May the peace of God which surpasses all understanding guard your hearts and your minds in Christ Jesus" (Phil. 4:7; cf. Col. 3:15). Paul also congratulated the Thessalonians for "receiving the word in great tribulation with joy of the Holy Spirit" (I Thess. 1:6) and could advise the Philippians to "rejoice in the Lord always" (4:4). The experience of such joy is presupposed when Paul urged the Colossians to sing in their hearts to God by his grace (3:16). Song springs spontaneously only from joy that is *experienced* (the fact that it is so hard to get Catholic congregations to sing today is perhaps not unconnected with the fact that they have so little experience of God's presence and action!).

The rest and refreshment which Jesus offers to those who labor and are burdened (Matt. 11:28-30) are likewise of their very nature experiential. Moreover, many other things of which he speaks are naturally to be understood of something experiential so long as no contrary indication is found in the text. Such are the rivers of living water (John 7:37 ff.) and the spring of water welling up unto eternal life (John 4:14). The same applies to other scriptural expressions, such as being born again (John 3:3), regenerated and renewed (Titus 3:5; Eph. 4:23), and changed into new creatures (II Cor. 5:17; Gal. 6:15). We are accustomed to reading these texts as referring to matters of faith about which one should normally expect to have no personal experience. But there is nothing in the texts themselves to authorize this hermeneutical principle; it is being imported from elsewhere. From where? Not from any other texts, nor from any authentic ecclesiastical tradition, but, I fear, from the simple fact that often, having had no personal experience of these things, we make a virtue out of our poverty and suppose that the way things are with us is the way they are meant to be.

Not only does the New Testament not support such a principle, it plainly teaches the contrary. When Christ spoke of the divine indwelling, he put it in terms of manifesting himself to his disciples: "He who loves me will be loved by my Father, and I will love him and manifest myself to him" (John 14:21; note also 22). He associated this with the sending of the Paraclete, "the Spirit of truth whom the world cannot receive, because it neither sees him nor knows him. But *you shall know him,* because he will dwell with you and be in you" (John 14:17).

That the early Christians did in fact have a personal experience of the presence of the Holy Spirit is obvious in many texts. For example, St. Paul, in arguing with the Galatians who had begun to revert to Judaism, could appeal to their awareness of what they had received:

> Did you receive the Spirit in virtue of the works of the law, or in virtue of hearing and believing? . . . He therefore who gives the Spirit to you, and works miracles among you, does he do it by the works of the law or by the message of faith? (Gal. 3:2-5)

The Galatians must have been aware of the reception of the Spirit, or this argument would have had no force.

Elsewhere St. Paul speaks of the Holy Spirit as the pledge of the inheritance we are to receive (Eph. 1:14; II Cor. 1:22, 5:5, cf. Rom. 8:23 and Eph. 4:30). This would make no sense if our possession of the Spirit were not in some way experiential. A pledge, in the sense indicated by this text, is a kind of down payment, a first installment put into our hands as an assurance that the rest will follow. If the pledge itself is purely a matter of faith, just as much as that which is awaited, it ceases to fulfill the function of giving assurance.

St. John, in his first Epistle, is even more explicit: "In this we know that we abide in him and he in us, because he has given us of his Spirit" (4:13; also 3:24). And the author of the Apocalypse tells us quite candidly, "I was in the Spirit on the Lord's day" (Apoc. 1:10), when receiving the revelations that gave rise to his book. Conversely, when Paul met some Ephesian Christians who had not received the Holy Spirit, their lack was apparent to the Apostle (Acts 19:4). Not only Paul, but even Simon the magician, who clearly did not have the Spirit himself, could perceive when the Spirit came to others (Acts 8:18). This shows how manifest the reception of the Spirit must have been.

It is an experiential knowledge that St. Paul seeks for his readers when he prays that they "may be strengthened with power through his Spirit *to know Christ's love* which surpasses knowledge . . ." (Eph. 3:16-19; see also 1:17). It was surely not academic knowledge that led Paul to declare:

> I count everything loss because of the excelling knowledge of Jesus Christ, my Lord. . . . For his sake I have suffered the loss of all things . . . that I may know him and the power of his resurrection and the fellowship of his sufferings (Phil. 3:7-10).

Paul's deep appreciation of the value of religious "consolations" is evident in his glowing lines to the Corinthians:

> Blessed be the God and Father of our Lord Jesus Christ, the Father of mercies and the God of all comfort, who comforts us in all our afflictions . . . (II Cor. 1:3-5. See also Phil. 2:1).

There are numerous examples which show that the early

Christians were consciously guided by the Holy Spirit. For example, Philip the deacon was told by the Spirit to catch up with the chariot of the Ethiopian eunuch (Acts 8:29), Peter was told by the Spirit to go without hesitation to visit Cornelius (Acts 10:19), Paul was forbidden by the Spirit to preach in Asia and Bithynia (Acts 16:6, 7), and compelled by the Spirit to make his journey to Jerusalem, while at the same time being warned of the persecutions in store for him (Acts 20:22).

The spiritual doctrine of the New Testament therefore takes religious experience for granted, and recommends it. This same attitude is perpetuated in the great spiritual literature of the Church. The mediaeval authors commonly conceived the summit of Christian perfection as a wisdom resulting from personal contact with God. Thus, in a famous text, the Pseudo-Dionysius (ca. 500) says that Hierotheus knew the things of God "not just from learning about them, but by experiencing them."[5] Hugh of St. Victor is spokesman for a long and settled tradition when he declares:

> *Sapientia* (wisdom) gets its name from *sapor* (savor); for the mind that has tasted interior sweetness gathers itself together within by its desires, and is no longer dissipated externally in carnal delectation.[6]

St. Thomas Aquinas adopted and synthesized the doctrines of Dionysius and Hugh.[7] Furthermore, he added an original doctrine of his own, namely, that the "gifts of the Spirit," which are indispensable to salvation[8], function by making a man docile to the inspiration of the Holy Spirit.[9] This

5. *De divinis nominibus* II, 9 (PG 3:648).
6. *De quinque septenis* IV:7 (PL 175:405-414).
7. Thomas Aquinas, *Summa Theologiae,* I, 1, 7 and 3; II-II, 45, 2.
8. I-II, 68, 2.
9. I-II, 68, 1.

doctrine has been ratified by a quasi-universal acceptance among subsequent theologians and mystics.

Even St. John of the Cross, who writes with greater emphasis and authority than anyone else against the danger of excessive attachment to consolations and delights in prayer, never speaks of religious experience as rare, useless or unimportant. On the contrary, he says, for example, of the "night of the senses":

> Often in the midst of these times of aridity and hardship, God communicates to the soul, when it is least expecting it, the purest spiritual sweetness and love, together with a spiritual knowledge which is sometimes very delicate, each manifestation of which is of greater benefit and worth than those which the soul enjoyed aforetime . . .[10]

Similar remarks are to be found elsewhere in his writings.[11] It should also be remembered that few mystics have been blessed so abundantly, or have described so specifically, as St. John the various types of experience which may occur in the life of the Spirit. The true balance between esteem for religious experience and warning against excessive attachment is well expressed in one of his spiritual maxims:

> Beware of seeking to walk in the way of spiritual delight, for thou shalt not be constant. But choose for thyself spiritual vigor, and have attachment to naught, and thou shalt find sweetness and peace in abundance.[12]

10. *Dark Night of the Soul* I, 13, 10 (*The Complete Works of St. John of the Cross,* E. A. Peers transl., Newman, 1953, vol. I, p. 369).
11. E.g., *ibid.* II, 7, 4 (p. 390); II, 11, 7 (p. 409) II, 12, 4-6 (p. 411 f.); II, 23, 11-12 (p. 452); *Spiritual Canticle,* st. 1, 9 (vol. II, p. 34), etc.
12. *Spiritual Sentences and Maxims,* no. 39 (III, p. 223). Note also

To put this question in perspective, we must recall that man's destiny and glory consist in nothing other than that incredibly full and immediate experience of God which is the beatific vision. While this is realized only in the next life, it would be false to think that the present life is meant to be lived in a stark night of faith unrelieved by any light of personal contact with God. On the contrary, God begins here below to communicate glimpses and touches of his presence as a foretaste of that which is to come. These are precious because of the very fact that they are a communication of the divine persons, and they serve useful and important functions in the growth of the life of grace. They orientate man toward the goal to which he is called, which he would otherwise misconceive. They encourage and sustain the weak, who would succumb to the rigors of an arctic night of sheer faith.

They are not contradictory to the regime of faith under which we must live; on the contrary, they are made necessary by the severity of this regime. Anyone who looks disdainfully on this need, or despises the weakness that creates it, has not even begun to know the exigencies of a life lived in faith. As the Transfiguration was shared with the greatest of the apostles to prepare them for the Crucifixion, so experience of the goodness and power of God gives men the strength and courage to endure trials.

Finally, the experience of God's presence stimulates man's energies and awakens a new keenness in his pursuit of the divine goal. It is a kind of a visit from the Beloved that makes his love dilate and intensify. To serve God for a long time in an unrelieved darkness of faith develops fidelity and strength (and that is why this also is required of us); but there are

38 *ibid.* It should not be overlooked that the problem with which St. John was dealing, that of excessive attachment to religious experience, does not even arise except for those for whom such experience is a fact of life.

qualities of confidence and expansiveness that can develop only through experience of the goodness of the Beloved.

Someone may object that many faithful Christians seem to lead lives quite void of experiential contact with God. How can that be explained if religious experience is held to be a normal development of the life of grace? It is impossible to speak very positively on a topic so mysterious; however, the following suggestions may be offered.

In the first place, religious experience is probably not nearly so rare as is commonly supposed. There are many instances of it that enter so gently and naturally into our psychic life that they go almost unnoticed, or are dismissed as mere sentimentality by a harsh modern mentality that has an almost psychotic distrust of religious sentiment. Children educated in a climate of faith not rarely have a familiar sense of the nearness and reality of Jesus or of the Blessed Mother. There are no grounds for dismissing this *a priori* as a mere effect of childish credulity. It seems far more plausible to suppose that in many cases it is an authentic religious experience proportioned to the psychology of the child. We need not be put off by the fact that it does not startle or overwhelm him. With the simple faith that is his privilege, he believes in God, and is not surprised at sensing the reality of that which he *knows* to be there. The fact that so many grow out of this simple life of faith and never recover it again is no argument against its genuineness. It only confirms one lesson in the parable of the Sower (Matt. 13:3 ff., 36 ff.), namely, that even plants which spring from the seed of the Word may later die for lack of deep roots, or be choked out by other concerns.

In adolescence there occurs a new type of religious experience in keeping with the psychology of that age: a sudden encounter with God in the depths of one's interior and in the secret, melodious harmony of the soul with the world of nature. It is usually accompanied by an outburst (often a quiet and gentle outburst) of religious feeling of great strength. It may disappear in a few hours, or it may last for days, even weeks; but it opens new vistas. It may be the starting point of a permanent religious orientation in a person's life, or it may exhaust itself in the writing of a poem or two, or in some short-lived practices of piety. Here, too, we should beware of the inclination to dismiss this experience as just another outburst of adolescent emotion. It may be a genuine encounter with God, accommodated indeed to the emotional stirrings of adolescence, and complicated therefore by many factors other than the pure work of grace, but a work of the Spirit nevertheless.

Similarly, people who have just made a radical personal commitment to Christ, such as novices and seminarians, or people who have gone through a religious conversion, not rarely experience a loving encounter with God that enables them to "taste the sweetness of the Lord."

These experiences of childhood and youth are not meant to continue into old age. They fall away like booster rockets, after the satellite has—hopefully—been put into orbit. They are meant to be succeeded in time by a deeper and purer sort of experience of God, as the soul, advancing in wisdom and grace as well as in age, is more and more proximately acclimated by the Spirit to the life of the beatific vision. This does not mean that one should continue to experience dramatic, memorable encounters. Very often, the presence of God lingers in a person's life like the diffuse sunlight of an overcast day. It is so pervasive, and its source is so hidden, one does not advert consciously to the fact that the sun is there. Only the horrible darkness that descends at moments when the light is suppressed makes him aware how important and precious a factor the light has been.

But when due allowance has been made for religious experience of these unobtrusive sorts, the fact still remains that many people seem to know little of it. With the coming of adulthood, they settle into the routine of a life more or less governed by faith, and seem progressively to lose that close contact with God which perhaps at certain moments of their younger age had been warm and lively. (It may be this fact, as much as anything else, which leads many people to dismiss their previous experience as emotional illusions, and to conclude that religious experience is not meant to be a part of their lives, and perhaps not even of the normal Christian life.)

How are we to account for this attitude which has come to be so usual today even among people who call themselves Christian? In some cases, perhaps, involvement in worldly concerns has taken the earnestness out of their search for God. Some may have faltered under the trials to which their faith was subjected. Even those who persevere in faith perhaps do so in a plodding, spiritless fashion that receives nothing more from God because it expects nothing more. The case of these last would seem to be the most tragic of all because, after having paid almost the entire price, they have defaulted on the last installment. They have done everything required of them, except to look to God with confident expectation that he will do that which they are not able to do. God deals with us according to our faith; and the peace, joy and vitality of intimacy with him are received only by those whose faith is lively enough really to expect him to fulfill his promises.

The spiritual torpor that has descended upon so much of modern Christendom may be due to the fact that our faith is often dull and spiritless. It cannot energize our lives because it has barely strength enough to maintain its own crawling existence. In any case, the remoteness from God of which so many people complain today, and to which so many more have uncomplainingly adjusted themselves (this is an even greater tragedy) cannot be taken as the normal regime of Christian existence. Christ promised us a life of familiar intimacy with himself, and this promise alone can be taken as the norm of what our life should be. By its measurement, the Pentecostal experience seems to correspond to authentic Christianity, and the lifeless patterns to which we have grown accustomed seem to be the sign not of fidelity to authentic tradition, but of resignation to an uninspired mediocrity which needs a new breath of the Spirit to stir it.

III

CHARISMATIC MANIFESTATIONS

The third, and undoubtedly the most striking, feature of the Pentecostal movement has been the rebirth of charismatic manifestations like those of the primitive Church. The New Testament shows that preternatural charismatic activity was a familiar thing in the life of the Christian communities. In the church at Corinth so many people were endowed with the gifts of prophecy, tongues and interpretation, that there was a real practical problem about integrating the exercise of these gifts into the liturgical assemblies. St. Paul had to spend three chapters (12-14) of his first letter to this church on this problem. He sums up his advice in a few lines that would astound us today if any bishop addressed them to his diocese:

> When you come together, each one has a hymn, a lesson, a revelation, a tongue, or an interpretation. Let all things be done for edification. If any speak in a tongue, let there be only two or at most three, and each in turn; and let one interpret. But if there is no one to interpret, let each of them keep silence in church and speak to himself and to God. Let two or three prophets speak, and let the others weigh what is said. If a revelation is made to another sitting by, let the first be silent. For you can all prophesy one by one, so that all may learn and all be

encouraged; and the spirits of the prophets are subject to prophets (I Cor. 14:26-33).

However, the commonplace occurrence of the charisms which this paragraph supposes does not seem to have lasted much beyond the apostolic age. During the second century, or the third at the very latest, the Church passed into a regime in which miraculous and extraordinary charisms, without disappearing altogether, became rare and exceptional. In seeking to explain the change which had come about long before his time, St. John Chrysostom, toward the end of the fourth century, declared:

> In the beginning, charisms were given even to the unworthy, because the ancient period needed this help to foster the faith; but now they are not given even to the worthy because the faith is strong and firm enough not to need this support (*In principium Actorum, PG* 51:81).

This view of things came to be accepted pretty generally throughout the Christian world right down to modern times.

There is nothing, however, in the text of St. Paul or any other New Testament text which would indicate that the charisms were meant to endure only for a limited time.[13] On the contrary, they always seem to be spoken of as a normal function of the Christian life. Thus, in the canonical conclusion to St. Mark's Gospel, the risen Christ sends the apostles forth, saying:

13. I Cor. 13:8 ff. teaches that the charisms will cease when "that which is perfect has come." This means that they are limited to life in this world, but not that, within this world, they have any further limitation.

> These signs will accompany those who believe: in my name they will cast out demons; they will speak in new tongues; they will pick up serpents, and if they drink any deadly thing, it will not hurt them; they will lay their hands on the sick, and they will recover (Mark 16:16-18).

Whatever is to be said about the origin and historical value of this text, at the very least it expresses a primitive Christian community's understanding of the role of the charisms in the lives of believers. It is confirmed by Hebrews 2:4, which declares that when the apostles proclaimed the message of Christ, "God also bore witness by signs and wonders and various miracles and by gifts of the Holy Spirit distributed according to his own will." The book of Acts is one long, rich testimony to the charismatic dimension of life in the early Christian community.

This same conception can be documented in the writings of St. Paul, by whom in fact the word *charisma* was put into circulation. In order that the Corinthians not be ignorant about spiritual phenomena, he gives a long list of charisms (I Cor. 12:8-10), which he likens to organs in the body of Christ, collaborating for its welfare. With no apparent sense of incongruity, he sets miraculous and preternatural gifts, such as healing and tongues, side by side with the most ordinary and routine functions, such as administration, service and works of mercy (I Cor. 12:28 and Rom. 12:8). His principle is stated in Ephesians 4:4-12:[14]

14. Whether the letter to the Ephesians was written by St. Paul is not a question that concerns me here, because I am not trying to distinguish the various steps and contributions in the development of the New Testament doctrine, but simply surveying that doctrine as a whole, and taking the Pauline corpus as a convenient practical subdivision.

> There is one body and one Spirit. . . . But grace was given to each of us according to the measure of Christ's gift. . . . He gave some as apostles, some prophets, others again as evangelists, and others as pastors and teachers, for the equipment of the saints, for the work of the ministry, for building up the body of Christ.

The charism of prophecy had a role of special importance in St. Paul's concept of the spiritual equipment of the body of Christ. As in the above passage, so also in I Cor. 12:28 ff., he lists prophets along with apostles, teachers and others as leaders of the Christian community. When Ephesians 2:20 declares that the Church is built "upon the foundation of the apostles and prophets," it is undoubtedly prophets of the New Testament that are intended.[15] Three times in a single letter Paul urges the Corinthians to seek earnestly for the charisms, and especially prophecy (I Cor. 12:21; 14:1, 39). Paul himself is listed among the "prophets and teachers" of the Church at Antioch (Acts 13:1). Romans 12:6 puts prophecy on the same plane as service, teaching, exhorting, making contributions, giving aid, and acts of mercy, as gifts to be used for the body of Christ.

The considerations just summarized have received increasing attention from theologians during the past hundred years,[16] and more and more of them have tended to adopt the view, of which Karl Rahner has become the foremost spokesman, that "the charismatic belongs to the essence of the Church just as necessarily and permanently as do hierarchical office and the sacraments."[17]

15. Cf. Eph. 3:5 and Apoc. 18:20.
16. I have surveyed this development in "The new theology of charisms in the Church," *American Ecclesiastical Review* CLXI/3 (Sept., 1969), 145-159.
17. *Lexikon fur Theologie und Kirche,* 2nd ed., II (1958), 1027.

This is the view that Cardinal Suenens upheld at the Vatican Council in his famous speech, "On the Charismatic Dimension of the Church."[18] The Council itself endorsed this view, as can be seen in many of its texts, most notably the *Constitution on the Church,* #12, and the *Decree on the Lay Apostolate,* #3.[19]

There are two types of gifts which the Spirit bestows on the Church, it says: hierarchical and charismatic.[20] For the Holy Spirit sanctifies and directs the Church not only by means of the sacraments and official ministries, but also by means of special graces which he confers on the faithful of every rank. In this way, he makes them willing and able to undertake various works for the renewal and upbuilding of the Church.[21] Because these charisms are useful and adapted to the needs of the Church (this is a point to be noted: the free breath of the Spirit has a versatility not possible to an institution as such), they are to be received with thanks and consolation.[22]

The Council even goes so far as to lay down practical directives for the exercise of the charisms. The reception of a charism, it says, brings with it the right and duty to use it in the liberty of the Spirit; however, it must also be exercised in

18. Cf. *Council Speeches of Vatican II,* ed. Congar, Kung, and O'Hanlon, New York, Deus Books, 1964, pp. 18-21.
19. See also *The Church in the Modern World,* #11, 15, 26, and 38; *Ecumenism* #2 (cf. #3 and 4), and *The Missions,* #4, etc. The doctrine of *Lumen Gentium* on the Holy Spirit has been summed up by Gonzales-Hernandez in *L'Eglise de Vatican II (Unam Sanctam* 51B), Cerf, Paris, 1966, pp. 192-94.
20. *The Church,* #4.
21. *The Church,* #12. Cf. *The Apostolate of the Laity,* #3: *"peculiaria dona." The Decree on Ecumenism* (#2) also speaks of various spiritual gifts and ministries distributed by the Spirit to enrich the Church, and of a variety of functions energized *(operante)* by the Holy Spirit.
22. *The Church,* #12; *The Apostolate of the Laity,* #3.

communion with our brethren in the Church, and above all with our pastors.[23] It belongs to the office of the latter to pass judgment on the charisms, both as to whether they are genuine, and as to their orderly use. Both the *Constitution on the Church* and the *Decree on the Lay Apostolate* make this point, and go on at once to recall the warning of St. Paul, "Do not quench the Spirit, do not despise prophesying, but test everything; hold fast what is good" (I Thess. 5:19-21).[24]

It may be objected that most of the theologians who maintain that charisms belong to the ordinary life of the Church also insist that the notion of charisms is not confined to the preternatural or miraculous, but includes the most commonplace gifts of grace whereby one is qualified to serve others. Thus, for example, Karl Rahner and Cardinal Suenens. And it is the commonplace gifts that they obviously have foremost in mind when they say that the charismatic dimension belongs to the essential and permanent structure of the Church. Hence, one may question whether their statements have much real relevance to the preternatural charisms which are so characteristic of the Pentecostal movement.

There are many things to be said on this topic;[25] but here two points will have to suffice. In the first place, no matter what one may hold about the meaning of the term *charisma* in St. Paul, and about the relative importance of the different types of charisms, there can be no doubt that the preternatural gifts such as prophecy, tongues or discernment of spirits are genuine charisms in both the Pauline and conventional theological senses of the word. If you agree (in either sense) that the charismatic pertains to the ordinary regime of Christianity, then you must at least leave the door open to the

23. *The Apostolate of the Laity*, #3.
24. See references in note 21.
25. They are reserved for the forthcoming volume mentioned above in chapter 1.

preternatural charisms; you certainly cannot exclude them on principle. And that is all that is necessary to justify (if such a term be appropriate) what is taking place in the Pentecostal movement.

In the second place, the Vatican Council expressly distinguishes between two types of charisms: the outstanding *(clarissima)*[26] and commonplace *(simpliciora, simplicia)*.[27] In a text cited above, it declares that both types are given to the faithful for the upbuilding of the Church. Moreover, it goes on to add that extraordinary gifts *(dona extraordinaria)* are not rashly to be sought after, and that one must not look presumptuously to them for the fruits which ordinarily come from apostolic labor.[28] In saying this, the Council tacitly acknowledges that the extraordinary gifts are a factor to be reckoned with.

Moreover, the moderation of this advice ought to be taken note of. In view of the cautious warnings about extraordinary phenomena often given by spiritual writers, one might have expected the Council to say that extraordinary gifts ought *never* to be sought. Instead, it warns against seeking them *rashly*, thereby implying that there are situations in which it is right to seek them.

In fact, it can be said that Vatican II promulgated precisely those doctrinal and pastoral norms that were needed for the approbation and guidance of the charismatic renewal. (When you reflect that at the time of the Council there was not yet the faintest glimmer of this renewal, which did not begin, so far as the Catholic Church is concerned, until the year after the Council ended, the providential timing of these decrees is striking.)

In conclusion, many other points about the Pentecostal

26. *The Church*, #12.
27. *Ibid.*, and *The Apostolate of the Laity*, #3.
28. *The Church*, #12.

movement would merit to be discussed for one reason or another. But the essential configurations of the movement, from a theological point of view, seem to lie in the three points that have been treated here: a lively and convinced faith in the Holy Spirit, the experience of his powerful action, and the reappearance of his charisms. On all three points, the movement appears to be in full accord with the teaching of the New Testament as the texts cited have shown. There is likewise accord with the doctrine and traditions of the Roman Catholic Church, although in ways that are different for each of the three points. Belief in the Holy Spirit is nothing other than basic Christianity. The normality of religious experience is in accord with the best and most traditional spiritual doctrine of the Church, although one that has become somewhat obscured in modern times. Finally, the reappearance of the charisms corresponds to something of an innovation in Catholic thought, but an innovation which has already taken place out of the inner dynamics of theological progress, quite independently of the Pentecostal movement.

Epilogue

Pope John hoped to see "a new Pentecost" take place in the Church. In one of his earliest public announcements about the Second Vatican Council, made on the feast of Pentecost, 1959, he said that at this council, "all the bishops of the Church . . . should be gathered together as at a new Pentecost."[1] He composed a prayer for the Council which was said every day by people all over the world until the end of the last session:

O Holy Spirit, sent by the Father in the name of Jesus, you are present in the Church, guiding it infallibly. We pray you to pour forth the fullness of your gifts upon the Ecumenical Council.

. . .

Renew your wonders in this, our day, as by a new Pentecost. Grant that your Church, persevering in prayer with Mary, the Mother of Jesus, united in heart and mind, and

1. Pope John XXIII, "Volge il Settimo," address delivered May 17, 1959. Cf. *Acta et documenta Concilio oecumenico Vaticano II apparando* 1 (1960), p. 24. English translation, "Sorrows and Joys of the Church," in *The Pope Speaks* 5 (1959), 403-404. I have slightly altered the translation.

   The first announcement of the Council had been made on January 29 of that same year.

   On the feast of Pentecost the following year, Pope John said, "It is in the light of the teaching and spirit of Pentecost that the great event of the ecumenical council takes on life and substance." "La Nostra Prima," op. cit., p. 105. English translation: "Light on the Ecumenical Council," *The Pope Speaks* 6 (1960), 236.

led by Saint Peter, may extend the Divine Savior's reign of truth and justice, love and peace.[2]

The Council did in fact prove to be a kind of Pentecostal experience. Many of the participants reported with awe their sense of the presence of the Holy Spirit amid their deliberations, notwithstanding the continual frustrations and mounting weariness. Observers noted the profound change that gradually took place in the thinking of many of the Council Fathers as the sessions advanced. The world was surprised at the vigor and reforming spirit of the decrees which issued from what is surely one of the most conservative governing bodies in the world, about which many had predicted that it would merely rubber-stamp a set of innocuous tracts drawn up by the Roman Curia.

On December 8, 1965, the Council closed and the individual bishops hurried home, preoccupied with all the business that had been neglected during their absence. Then arose a question that has tormented many minds ever since: is the ambitious program of renewal formulated by the Council to be translated effectively into the real life and activity of the Church or is it to remain only a monument of noble aspirations?

Assessments of what has taken place in the five years since that date have been incredibly diverse. Some people are

2. *Acta Apostolicae Sedis* 51 (1959), p. 832. Cf. *ibid.* 54 (1962), p. 13. English translation of the entire prayer can be found in *The Documents of Vatican II,* edited by Walter M. Abbott, S.J., New York, 1966, p. 793, and in Pope John XXIII's *Journal of a Soul,* translated by Dorothy White, New York, McGraw-Hill, 1965, p. 391. The translation in the text is my own.

I am indebted to Sister Mary Dolores, of the St. Louis Province of the Sisters of Mercy, for these and other texts which she assembled in an excellent term paper, "The Role of the Holy Spirit in the Second Vatican Council," presented in the theology department of the University of Notre Dame.

wracked with cold fury because the Church has been so slow to put the conciliar program into effect. Others protest that the changes have come so fast and unprepared that they have brought the Church close to disintegration. "It was the best of times, it was the worst of times . . ."

Here is not the place to evaluate the undertakings of this controversial period. But while they were taking place, amid the blare of publicity, the Holy Spirit seems to have been quietly starting a renewal of his own. It was just a few months after the end of the Council that the events discussed in this book began to occur. In the spring of 1966 the two professors at Duquesne began to pray the *Veni Sancte Spiritus* for each other. They were not seeking specifically to implement the Council decrees, and the idea of starting a new movement was nowhere near their thoughts. Nevertheless, when we look back over the movement that has developed out of their innocent initiative, it is impossible to avoid posing the question whether God himself was not answering the appeal of the Council for Church renewal and the prayer of Pope John for a new Pentecost.[3]

3. It is perhaps not irrelevant to recall that Pope John himself often spoke of the idea for the Council as an inspiration from heaven. Cf. Antoine Wenger, *Vatican II, Premiere Session* (Paris, Ed. du Centurion, 1963), pp. 17-18.

Appendix: Report of the American Bishops*

The Pentecostal Movement in the Catholic Church in the U.S.A.

Beginning in 1967, the so-called Pentecostal movement has spread among our Catholic faithful. It has attracted especially college students. This report will restrict itself to the phenomenon among Catholics. It does not intend to treat classic Pentecostalism as it appears in certain Protestant ecclesial communities.

In the Catholic Church the reaction to this movement seems to be one of caution and somewhat unhappy. Judgments are often based on superficial knowledge. It seems to be too soon to draw definitive conclusions regarding the phenomenon and more scholarly research is needed. For one reason or another the understanding of this movement is colored by emotionalism. For this there is some historical justification and we live with a suspicion of unusual religious experience. We are also face to face with socially somewhat

*Report of the Committee on Doctrine of the National Conference of Catholic Bishops submitted to the bishops in their meeting in Washington, D.C., Nov. 14, 1969. The report was presented by Bishop Alexander Zaleski of Lansing, Michigan, Chairman of the Committee. See above, p. 20.

unacceptable norms of religious behavior. It should be kept in mind that this phenomenon is not a movement in the full sense of the word. It has no national structure and each individual prayer meeting may differ from another.

Many would prefer to speak of it as a charismatic renewal. In calling it a Pentecostal movement we must be careful to disassociate it from classic Pentecostalism as it appears in Protestant denominations, such as the Assemblies of God, the United Pentecostal Church, and others. The Pentecostal movement in the Catholic Church is not the acceptance of the ideology or practices of any denomination, but likes to consider itself a renewal in the spirit of the first Pentecost. It would be an error to suppose that the emotional, demonstrative style of prayer characteristic of the Protestant denominations has been adopted by Catholic Pentecostals. The Catholic prayer groups tend to be quiet and somewhat reserved. It is true that in some cases it has attracted emotionally unstable people. Those who come with such a disposition usually do not continue. Participants in these prayer meetings can also exclude them. In this they are not always successful.

It must be admitted that theologically the movement has legitimate reasons for existence. It has a strong biblical basis. It would be difficult to inhibit the work of the Spirit which manifested itself so abundantly in the early Church. The participants in the Catholic Pentecostal movement claim that they receive certain charismatic gifts. Admittedly, there have been abuses, but the cure is not a denial of their existence but their proper use. We still need further research on the matter of charismatic gifts. Certainly, the recent Vatican Council presumes that the Spirit is active continuously in the Church.

Perhaps our most prudent way to judge the validity of the claims of the Pentecostal Movement is to observe the effects on those who participate in the prayer meetings. There are many indications that this participation leads to a better understanding of the role the Christian plays in the Church. Many have experienced progress in their spiritual life. They are attracted to the reading of the scriptures and a deeper understanding of their faith. They seem to grow in their attachment to certain established devotional patterns such as devotion to the real presence and the rosary.

It is the conclusion of the Committee on Doctrine that the movement should at this point not be inhibited but allowed to develop. Certain cautions, however, must be expressed. Proper supervision can be effectively exercised only if the bishops keep in mind their pastoral responsibility to oversee and guide this movement in the Church. We must be on guard that they avoid the mistakes of classic Pentecostalism. It must be recognized that in our culture there is a tendency to substitute religious experience for religious doctrine. In practice we recommend that bishops involve prudent priests to be associated with this movement. Such involvement and guidance would be welcomed by the Catholic Pentecostals.

Bibliography

I. *The Pentecostal Movement in the Non-Catholic World*[1]

A. POPULAR ACCOUNTS

Harper, Michael. *As at the Beginning: The Twentieth Century Pentecostal Revival.* London, Hodder and Stoughton, 1965.

Sherrill, John L. *They Speak With Other Tongues.* Westwood, N.J., Revell, 1964.

B. SCHOLARLY STUDIES

Bloch-Hoell, Neils. *The Pentecostal Movement: Its Origin, Development and Character.* Copenhagen, 1964. (A thorough but belittling and naturalistically interpreted account of the early history and the theology of the movement by a Protestant theologian.)

Bruner, Frederick Dale. *A Theology of the Holy Spirit: The Pentecostal Experience and the New Testament Witness.* Grand Rapids, 1970. (An excellent survey of the doctrines of the main-line Pentecostals, followed by a hostile and not very discerning critique from the standpoint of the classical Protestant doctrine of justification by faith alone. Doctoral thesis.)

Damboriena, Prudencio. *Tongues as of Fire: Pentecostalism in Contemporary Christianity.* Washington and Cleveland, Corpus Books, 1969. (An unsympathetic survey of the main tenets and branches of the movement by a Catholic theologian. Very useful for factual data, but not very understanding in its interpretations.)

Kendrick, Klaude. *The Promise Fulfilled: A History of the Modern Pentecostal Movement.* Springfield, Mo., Gospel Publishing House, 1961. (A doctoral thesis.)

McDonnell, Kilian, O.S.B. "The Ecumenical Significance of the Pentecostal Movement," *Worship* 40 (Dec. 1966), 608-633. (A brief but very discerning interpretation by a Catholic theologian.)

Nichol, John T. *Pentecostalism.* New York, Harper and Row, 1966. (Doctoral thesis by an historian who comes from a Pentecostal

1. A more exhaustive bibliography will be found in the work of F. D. Bruner, cited here.

background. A very good general history of the movement, but somewhat superficial as regards doctrine.)

II. *The Pentecostal Movement in the Roman Catholic Church*

A. GENERAL PRESENTATIONS: BOOKS

Ranaghan, Kevin and Dorothy. *Catholic Pentecostals.* Paulist Press, New York et al., 1969. (The pioneering work on this subject, and one that has rendered an incomparable service by making this branch of the movement known to Catholics and non-Catholics alike.)

——— (editors). *As the Spirit Leads Us. Ibid.,* 1971. (A collection of essays by many of the leaders of the movement.)

Gelpi, Donald, S.J., *Pentecostalism: A Theological Viewpoint. Ibid.,* 1971. (A description and theological assessment.)

B. GENERAL PRESENTATIONS: ARTICLES AND PAMPHLETS

In the first place, attention should be called here to the *New Covenant,* a monthly publication edited by Ralph Martin (P.O.B. 102, Main St. Station, Ann Arbor, Mich. 48107). This is one of the best sources for news about and reflections upon the charismatic renewal. From June, 1970, until June, 1971, inclusive, it was published under the title, *Pastoral Newsletter.*

Byrne, James. "A Vision of the Charismatic Renewal," *Pastoral Newsletter* (Ann Arbor), January, 1971. (A brief but sensitive presentation of the meaning and aims of the movement.)

De Monleon, A. M. O.P. "Le 'renouveau charismatique' aux Etats-Unis," in *Vers l'Unite chretienne,* Paris, Oct.-Nov. 1970, 81-85. (Perhaps the most discerning statement that has yet been published on the significance of the movement.)

McDonnell, Kilian, O.S.B. "Catholic Pentecostalism: Problems in Evaluation," in *Dialog,* vol. 9 (Winter 1970) 35-54; reprinted as a Dove Publication, Pecos, N. Mex. (A sober, objective appraisal, thoroughly documented, but written with insight and zest.)

O'Connor, Edward, C.S.C., "Pentecost in the Catholic Church," Pecos, N. Mex., Dove Publications. (A revised reprint of articles which originally appeared in 1967 and 1968 in the *Ave Maria* and *Ecumenist.* An abridged translation of the first article was published in *Informations catholiques internationales,* 298 (15 octobre 1967), under the title, "Ceux qui le peuvent parlent en langues."

——— "To Roman Catholic Priests Enquiring About the Pentecostal Movement." (An open letter published in the spring of 1968, revised as of Pentecost, 1970; circulated in mimeographed form from the Communication Center, Box 12, South Bend, Indiana 46556.)

Osowski, Fabian, O.C.S.O. "Pentecost and Pentecostals: A Happening" in *Review for Religious,* vol. 27 (Nov. 1968), 1064-1088. (An outline history of the entire Pentecostal movement, with the Catholic experience situated in it.)

C. PARTICULAR ASPECTS OF THE MOVEMENT

Cavnar, James. *Prayer Meetings,* Pecos, N. Mex., Dove Publications.
Clark, Stephen. *Baptized in the Spirit, ibid.*
——— *Confirmation and the Baptism of the Holy Spirit, ibid.*
——— *Spiritual Gifts, ibid.*
Ford, Josephine M. *The Pentecostal Experience.* Paulist Press, New York et al., 1970.
——— "The Theology of Tongues in Relationship to the Individual," in *Bible Today,* April 1970, 3314-3320.
O'Connor, Edward, C.S.C. *The Laying on of Hands,* Pecos, N. Mex., Dove Publications.

D. CONTROVERSIES

1. The *National Catholic Reporter,* 1967.
   April 19: Anonymous article, "Notre Dame Priests and Students Hold Pentecostal Prayer Meetings."
   April 26: Letter in reply by Kevin Ranaghan. (The earliest statement in the public press by a qualified spokesman for the Pentecostal movement among Catholics. It is noteworthy for the Christocentric emphasis which is already strong in it.)
2. *Our Sunday Visitor,* 1967.
   April 30: Editorial, "The Easy Way."
   May 7. Letters in reply by Jerome Esper and Kerry Koller; editorial, "We Get Letters," responding to the letters.
   May 14, 1967, letter of Bishop Pursley, replying to K. Koller's letter; editorial, "Pentecostals."
   May 21: Letter by Edward O'Connor, C.S.C.; editorial response, "Pentecostal Postscript—I."
   May 28: Letter by Richard Giloth.

3. The *Ave Maria,* 1967.
June 3: Article by Henri Nouwen, "A Critical Analysis" (reprinted as a chapter of his book, *Intimacy,* Notre Dame, Fides Press, 1969, pp. 77-90).
August 19: Article in response to the foregoing by Edward O'Connor, C.S.C., "Baptism of the Spirit, Emotional Therapy?" (reprinted in the pamphlet, *Pentecost in the Catholic Church,* cited above, II B).

4. The *Northwest Progress,* 1968.
October 18: Article by Father George McLean.[2]
October 25: Letters in reply by Father James Eblen and Earl LaBerge.
November 10: A summary of this debate by Marvin Read appeared in the *National Register,* p. 3, entitled, "Controversial Pentecostals Invade Northwest Territory."

5. *Triumph,* 1969.
April: Article by Thomas J. Barbarie, "Tongues, Si! Latin, No!", pp. 20-22.
July: Letter in reply by Edward O'Connor, C.S.C., p. 5, with retort by Barbarie, p. 40.

6. The *National Catholic Reporter,* 1970.
October 2: Article by Andrew Greeley, "Glossolalia: 'It's Rooted in Emotional Disturbance,'" p. 17.
October 16: Letters in reply by Christopher Burch, Frank Manning and Edward O'Connor, C.S.C.
October 23: Further letters by Louis Broussard, B. N. DeVrees, C.M., and Jim O'Neill.
October 30: Another letter by Kilian McDonnell, O.S.B.

7. The *Catholic Weekly* (Diocese of Saginaw), 1970.
October 9: Article by I. J. Mikulski, "Are Pentecostals Able to Speak in Tongues?"
October 23: Letter in reply by Edward O'Connor, C.S.C.

III. *Church documents*

(Only those of Bishop Carter and the Committee on Doctrine of the American Bishops are concerned with the Pentecostal movement. The others deal with the role of the Holy Spirit in the Church.)

Leo XIII. *The Holy Spirit* (Encyclical letter, *Divinum illud munus,* published May 9, 1897. Latin text in *Acta Sanctae Sedis* XXIX,

2. I have been unable to ascertain the exact title of this article.

1896-1897, 644-658. English translations are now hard to come by. The pamphlet editions published by the America Press (1944) and Paulist Press are out of print. The letter can, however, be found in *The Great Encyclical Letters of Pope Leo XIII,* New York, Benziger, and as an appendix to Bede Jarrett's *Abiding Presence of the Holy Ghost in the Soul,* Newman 1943.)

Pius XII. *The Mystical Body of Christ* (Encyclical letter, *Mystici corporis,* June 29, 1943; Latin text, *Acta Apostolicae Sedis,* 35, 1953, 193-248. English translation published in pamphlet form by the National Catholic Welfare Conference, Washington, D.C. See especially paragraphs 55-57 and 61-64; also 17.)

John XXIII. "Prayer to the Holy Spirit for the Success of the Ecumenical Council," in *The Documents of Vatican II,* edited by Walter M. Abbott, New York, 1966, p. 793. (Latin text in *Acta Apostolicae Sedis* 51, 1959, p. 832.)

——— *"Humanae Salutis"* (Apostolic constitution convoking the Second Vatican Council), *ibid.* p. 709. (Latin text in *Acta et documenta concilio Vaticano II apparando,* Series II, vol. 1, 132-139.)

Vatican II, Documents of (see Abbott edition just mentioned):
"On the Church" *(Lumen gentium),* especially #4, 12, 15, 21, and 34.
"The Church Today" *(Gaudium et spes),* #11, 15, 26, 38.
"Apostolate of the Laity" *(Apostolicam actuositatem),* #3.
"Missionary Activity of the Church" *(Ad gentes),* #4.

Paul VI, Pope. "The Spirit and the Hierarchy" (Address of May 18, 1966. Italian text in *Osservatore Romano,* May 19, 1966; English translation: *Social Justice Review* 59, Sept. 1966.)

——— "The Holy Spirit and the Life of the Church" (Address of Oct. 12, 1966; Latin text in *Osservatore Romano,* Oct. 15, 1966; English: *The Pope Speaks* 12, 1967, 79-81.)

——— "The Work of the Spirit for Renewal and Unity" (Address of Oct. 26, 1967; Latin text in *Osservatore Romano,* Oct. 27, 1967; English: *The Pope Speaks* 12, 1967, 342-346.)

Committee on Doctrine of the National Conference of Catholic Bishops of the United States of America: "Report on the Pentecostal Movement in the Catholic Church." (See the text above, in Appendix I.)

Suenens, Leo Cardinal. "The Charismatic Dimension of the Church," speech addressed to the Second Session of the Second Vatican Council, Oct. 22, 1963; cf. *Council Speeches of Vatican II,* ed. by Y. Congar, H. Kung, and D. O'Hanlon, Paulist Press, New Jersey, 1964, 29-34.

Carter, G. Emmett, Bishop of London (Ontario). Circular letter #8, to the priests of the Diocese of London. (See essential text above, p. 20.)

IV. *The Holy Spirit in Catholic Theology and Spirituality*

I have given a historical survey of the literature in, "The Holy Spirit in Catholic Thought," *Commonweal* LXXXIX (Nov. 8, 1968), 179-185; republished in D. Callahan, *God, Jesus and Spirit,* Herder and Herder, New York, 1969. Some of the more important and accessible literature is:

Congar, Yves. "The Church and Pentecost," and "The Holy Spirit and the Apostolic Body, Continuators of the Work of Christ," in *The Mystery of the Church,* Helicon, Baltimore, 1960.

Dillenschneider, Clement. *The Holy Spirit and the Priest: Toward an Interiorization of Our Priesthood.* Herder, St. Louis, 1965.

Froget, Barthelemy. *The Indwelling of the Holy Spirit in the Souls of the Just According to the Teaching of St. Thomas Aquinas,* Carroll Press, Baltimore, 1950.

Gardeil, Ambroise. *The Holy Spirit in the Christian Life.* Herder, St. Louis, 1953.

Garrigou-Lagrange, R. *Christian Perfection and Contemplation.* Herder, St. Louis, 1937. (See Chap. IV, art. 5, 6; Chap. VI, conclusion.)

Gleason, Robert. *The Indwelling Spirit.* Alba House, New York, 1966.

Henry, A. M. *The Holy Spirit.* Hawthorn, New York, 1960.

Jarrett, Bede. *The Abiding Presence of the Holy Ghost in the Soul.* Newman, Westminster, 1943.

John of Avila, Blessed (1500-1569). *The Holy Ghost.* Scepter Press, Chicago et al. 1959.

John of St. Thomas (1589-1644). *The Gifts of the Holy Spirit.* Trans., Dominic Hughes, O.P., Sheed and Ward, New Jersey, 1951.

Leen, Edward, C.S.Sp. *The Holy Ghost and His Work in Souls.* Sheed and Ward, New York, 1939.

McMahon, John T. *The Gift of God, Come Holy Spirit.* Newman, Westminster, 1958.

Maertens, Dom Thierry, O.S.B. *The Spirit of God in Scripture.* Baltimore, Helicon, 1966. (Living Word Series #6.)

Marmion, Columba. *Fire of Love.* Herder, St. Louis, 1964. (Anthology of Marmion's writings on the Holy Spirit, compiled by Charles Dollen.)

Martinez, Luis, M. *The Sanctifier*. St. Anthony Guild Press, Paterson, 1954.

O'Driscoll, S. *The Holy Spirit and the Art of Living*. St. Louis, Herder, 1959. (Short spiritual conferences on each of the seven gifts.)

Thomas Aquinas (1224-1274). *Summa Theologiae,* Part I, Questions 36-38, 43; Part I-II, Questions 68, 70, 111; Part II-II, Questions 8, 9, 14, 15, 16, 19, 22, 45, 46, 52, 121, 139, 140, 171-178.

Vonier, Anscar. *The Spirit and the Bride*. Reprinted in *Collected Works,* vol. ii, Newman, Westminster, 1953.

V. *Charisms*

This is not the place for an extensive bibliography on this subject. Good general introductions are to be found in the article, "Charism," in both the *New Catholic Encyclopedia* and the old *Catholic Encyclopedia.* I have published a survey of the modern literature in, "The New Theology of Charisms in the Church," in *American Ecclesiastical Review,* CLXI/3 (1969), 145-159.